公共经济学

戴文标　主　编
舒泽虎　副主编

图书在版编目（CIP）数据

公共经济学/戴文标主编．—杭州：浙江大学出版社，2012.9
ISBN 978-7-308-10493-7

Ⅰ.①公… Ⅱ.①戴… Ⅲ.①公共经济学 Ⅳ.①F062.6

中国版本图书馆 CIP 数据核字（2012）第 204724 号

公共经济学
戴文标　主　编
舒泽虎　副主编

出版发行　浙江大学出版社
（杭州市天目山路 148 号　邮政编码 310007）
（网址：http://www.zjupress.com）
责任编辑　傅百荣
封面设计　俞亚彤
排　　版　杭州中大图文设计有限公司
印　　刷　德清县第二印刷厂
开　　本　710mm×1000mm　1/16
印　　张　15
字　　数　293 千
版 印 次　2012 年 9 月第 1 版　2012 年 9 月第 1 次印刷
书　　号　ISBN 978-7-308-10493-7
定　　价　33.00 元

浙江大学出版社发行部邮购电话　(0571)88925591

目 录

第一章
公共经济学的基础

【本章提要】

本章主要介绍公共经济学研究的基本方法。公共经济学作为一门经济学的基础理论课，有好的研究方法显得尤为重要，它不能只是某一门学科的研究方法的翻版，而在研究方法上应充分体现其综合性、基础性与现代性的特征。所以我们在这里吸取了实证分析与规范分析，演绎法与归纳法，博弈法，成本—收益法等方法。虽然我们在本章没有详细讲过辩证法、唯物论等方法，但这只是限于篇幅和为了避免重复，其实本章的内容体现了这两种方法。

方法的介绍是一回事，方法论与学科结合得如何又是另一回事，希望在正确的方法指领下，我们对这一学科的认识理解能更深入。

【主要概念】

实证分析　规范分析　博弈论　利己主义　利他主义　公平与效率　货币的边际效用　帕累托原理

【案例导读】

上海市人民政府 2011 年 1 月 27 日印发了《上海市开展对部分个人住房征收房产税试点的暂行办法》的通知，要求从 2011 年 1 月 28 日起将开展对部分个人住房征收房产税试点。

通知称，征收对象为本市居民家庭在本市新购且属于该居民家庭第二套及以上的住房（包括新购的二手存量住房和新建商品住房）和非本市居民家庭在本市新购的住房。试点初期，暂以应税住房的市场交易价格作为计税依据。房产税暂按应税住房市场交易价格的 70％计算缴纳，适用税率暂定为 0.6％。应税住房每平方米市场交易价格低于本市上年度新建商品住房平均销售价格 2 倍（含 2 倍）的，税率暂减为 0.4％。

（案例来源：《上海将于 1 月 28 日起征收房产税 税率暂定为 0.6％》
中国新闻网：http://www.chinanews.com 2011 年 1 月 27 日）

上海房产税试点推出，引起社会普遍关注。试点对推动房产税改革有什么重要意义？开征房产税是否会增加普通百姓的负担？收上来的钱又将如何使用？请运用公共经济学研究的基本方法，对以上问题进行分析？

第一节　公共经济学的方法论基础

一、实证分析与规范分析

公共经济学既是一门理论学科，又有很强的应用性，它可以通过对公共产品提供的量的增长与支出变化等关系的分析，来明确公共产品的性质、公共产品生产与发展变化的趋势等，在这样一门学科中进行实证分析与规范分析显然是必然的。

所谓实证分析，是指与事实相关的分析，而规范分析则是指与价值判断有关的分析。前者关注的问题在于"是什么"，强调经济理论要客观描述事实；后者所解决的问题在于回答"应该怎么样"，并力图按照特定的价值判断调整或改变现实。它们之间存在"是"和"应该是"的区分，是事实和价值之间的区分，是想象中的关于世界客观性的论述和对世界带有主观性的叙述之间的区别。这里所指的价值与商品价值的概念是不同的，这里的价值实际上是对一种事物好恶的社会评价。人们通常将描述经济究竟是如何运行的或人们的经济行为到底怎样的学问称为实证经济学；而那些充满激情地赞美或诋毁某种经济运行机制或人们的经济行为的做法，往往被认为属于规范经济学之所为。

实证经济学企图超脱或排斥一切价值判断，只研究经济本身的内在规律，并根据这些规律，分析和预测人们经济行为的效果并作出量的测定。正如弗里德曼所概括的那样："实证经济学不受候选人价值观念或伦理观点的约束，它的目的不是描述'应该怎么样'，而是'实际怎么样'。实证经济学的任务是提供某种概括性体系，用来预见影响人类活动和人类环境的某些变化及其后果。实证经济学的效果是根据其预测与现实中可能观察到的现象在多大程度上达到一致来决定的。总之，实证经济学是一门客观性科学，与大部分所谓的物理科学完全相同。"

规范经济学则以一定的价值判断为基础，提出某些标准作为分析处理经济问题的指南，建立经济理论的前提，作为制定经济政策的依据，并研究如何才能符合这些标准。我们知道的价值判断是对某一经济事物作是非好坏的判断。所谓好坏也就是对社会是有积极意义还是有消极意义。价值判断属于社会伦理学范畴，具有强烈的主观性与阶级性。所以说作为规范经济学架构内的经济学理论是会受到个人的经济地位、学说、生活环境的不同而不同的。

实证分析要确认事实本身，研究经济本身的客观规律与内在逻辑，指出经济变量之间的因果关系，它不仅要能够反映或解释已经观察到的事实，还要能够对有关现象将来会出现的情况作出正确的分析与预测，也就是要经受将来发生的事实的检验。规范分析则要说明事物本身是否符合某种价值判断，或对社会有什么意义，从而为私人或政府旨在实现某种目标提供行之有效的行动方针和政策处方。它所涉及的问题就不是有关事物之间是否存在某种因果关系，而是涉及应该怎样的问题。显然，实证分析的内容具有客观性，所得出的结论可以根据事实来进行检验，也不会以人们的主观意志为转移；规范分析所得出的结论则要受到不同价值观的影响。

但实证分析与规范分析两者并不是绝对地互相排斥的。规范分析要以实证分析为基础；而实证分析也离不开规范分析的指导。一般来说，越是具体的问题，实证分析的成分越多；而越是高层次、带有决策性的问题，越具有规范性。即使是最彻底的实证分析，也不可避免地带有以效率为准绳的价值判断，至于提出对什么问题进行研究，采用什么研究方法，突出强调哪些因素，实际上都涉及研究者个人的价值判断问题。在绝大多数情况下，一个经济学者之所以提出某一理论，是要为他所主张的政策提供理论依据的，而政策主张之所以不同，除了可能由于实证分析有不同的结论以外，在许多情况下，实际上是由于各人有不同的价值判断而形成的。

公共经济学的研究自然既离不开实证分析，也离不开规范分析。通过实证分析可能提示出公共经济学中最基本的效率、公平、福利的增加与损失等范畴与原理。而规范分析可以给处理公平与效率的关系，公共产品供给实施主体，政府在市场经济中作用的定位，社会成员的利益保护等问题给予明确的回答。

二、演绎方法与归纳方法

在古典政治经济学的创始人威廉·配第和亚当·斯密的著作中，既有抽象的基本原理推论，又有历史的统计资料分析，马克思的政治经济学更是理论逻辑与历史逻辑的高度统一。而从大卫·李嘉图开始一直到马歇尔（除历史学派外），经济学家基本上只注重理论的演绎而忽略历史的归纳，从而使理论经济学和经济史学逐渐变为两个互不相干的分支学科。以后在以现代经济学家诺斯为代表的新经济史学中，才又恢复了归纳方法与演绎方法相统一的历史传统。

演绎方法的标准是：理论是否能够容纳或包含更多的经验内容。经验内容越多，越具有可检验性（证伪性），从而越是较好的或进步的理论。归纳方法的准则是：理论与经验证据是否最相符合，即理论越是符合经验证据就概率越高，从而就越好。按照这一标准，一个理论所对应或包含的事实或经验内容越少，其概率就越高；相反，事实越多，其中可能与理论不相符的部分也就越多，从而理论的概率越低。这与演绎方法的标准正好相反。演绎方法认为经验内容越多，理论的概率越低，越能证伪，理论的科学成分越高；而归纳方法则认为经验内容越少，理论的概率越高，越能证实，理论也就越好。

从特殊到一般的归纳方法得出的结论不可能是全真的，仅仅是一个概率问题，换句话说，归纳方法蕴含有使结论随意性或任意性之虞。相比之下，从一般到特殊的演绎方法长处更加明显，但它需要作为演绎前提的假设（公理）；而归纳方法正是找到最佳假设的工具，即从对众多个别经验或事实的考察分析中找出答案，并且通过观察事实来证明一个理论的正确，这正是归纳法的主题。经济学需用归纳法和演绎法，正如左右两足是走路所不可缺少的一样，但为了不同的目的，采用这两种方法的比重是不同的。显然，归纳法和演绎法之间存在着互补性。假设从归纳事实或借助逻辑力量的约定而来（如经济学中的完全竞争假设就没有经验基础）；演绎用逻辑演算来找出或描述各概念之间的联系。如果你承认前提，就不容你否定结论，这就是演绎逻辑的力量。检验既可以是经验性的列举归纳，也可以是完善推导的逻辑演算。

三、博弈论方法

博弈论最早是由德国数学家莱布尼兹于 1710 年提出，1713 年詹姆斯·瓦尔德格雷夫首次提出了博弈论中的极大中的极小定理，即损失的大中取小法，犹如中国古话中的两害相权取其轻。1838 年和 1883 年，古诺与伯特兰德分别提出了关于产量决策的古诺模型和关于价格决策的伯特兰德模型。但博弈论的真正发展时期是在 20 世纪 20 年代，德国数学家波雷尔用最佳策略的概念研究了下棋和其他许多具体的决策问题，并试图把它们作为应用数学的分支加以系统研究，但他最终没能完成博弈论的理论体系。在这一时期有不少数学家都对博弈问题的研究投入了精力。第二次世界大战期间，博弈论的思想方法、研究方法被运用到军事领域和战时的其他活动之中，显示出它的重要作用和威力。1944 年数学家冯·诺依曼（Von Neuman）和经济学家摩根斯坦（Morgensten）通过长达 8 年的合作，在《博弈论和经济行为》一书中首次把博弈论应用于经济研究，取得了成功，并在以后的纳什、泽尔腾和海萨尼等一批数学家和经济学家的努力下逐渐发展起来。

严格来说，博弈论并不属于一门经济学科，博弈论是研究决策者在某种竞争下，当成果无法由个人完全掌握，而结局须视局中人共同决策而定时，个人为了取胜应采取何种策略的一种数学理论和方法。它包括合作博弈（cooperative game）和非合作博弈（non-cooperative game）两种类型。合作博弈是假设存在一种制度，对于局中人之间的任何协议都有约束力；在非合作博弈中则不存在这种制度，而唯一有约束力的协议是自我实施的协议，即若给定其他局中人打算按该协议行动，局中人为追求自己的最大利益，也将按该协议行动。因此，如果说合作博弈论的重点在群体，探讨合作的形成过程以及合作中的成员如何分配他们的得利。那么非合作博弈论的重点则在个体，揭示他应采取的对策。纳什均衡(Nash equilibrium)就是指这种自我实施协议的非合作博弈论状态。在这种状态下，若其他局中人不改变其策略，任何一个局中人都不能通过改变自己的策略来增加自己的效用。换言之，在其他局中人的策略已定的情况下，一个人只能采取某种策略才能获得最大利益，其他任何策略的改变都不能使他的得利进一步增加，达到这种状态就称为纳什均衡。纳什均衡的核心思想是要针对其他局中人的行为方式和可能采取的行动，来作出自己的决策，以谋取利益最大化。

作为一种研究方法，博弈论在公共经济学中具有广泛的应用前景。

公共经济学作为主要研究政府行为方式的科学，它的研究涉及人与人之间相互影响，社会集团与集团之间的相互合作、相互交易等问题，这一系列的“相互”加到一起就构成了我们通常所说的经济关系、生产关系或社会关系。在一个经济社会中，每个人、每个集团、每个阶层都有自己的特殊利益，都想通过自己的某种行动谋取自身利益的最大化。但公共经济学的出发点是要使社会福利(利益)达到最大化，在利益最大化的同时又不影响公共产品生产和供给的效率，它就要处理好一定量的资源状况的合理配置问题，我们的政策制定者应该用博弈论的观点来看待这些问题，考虑解决你有政策别人有对策的问题；你要想使自己的政策有效，就必须充分考虑到别人可能采取的各种对策，以使你的政策本身符合纳什均衡的要求，这样才能达到预期的效果。我们不能认为个人为自己的利益而努力这是件坏事，你该做的只是要想出更好的办法与他博弈。要承认博弈的对方为自己利益而奋斗的平等权利，而不是简单地付诸道义，幻想他能自动退出利益的角逐。

四、成本—收益分析方法

成本—收益分析方法又称交易费用分析法。在交易费用为正的世界上，经济人的基本行为准则就是行为的预期收益≥预期成本(即 $R \geqslant C$)，这是经济人决定是否采取行动的必要条件，而采取行动的程度则在于边界条件：边际收益=边际成本(即 $MR=MC$)，因为这时已实现了净收益($NR=R-C$)的最大化。经济人的行为就是成本—收益分析的结果。人们的基本行为动机没有什么根本不同，都是追求利益最大化，而人们行为的差异则在于其收益较之成本的差异，这一差异来源于各人价值观的不同。在同一事件中，不同的人对收益和成本的主观评价是不同的。在此，意识形态起着一定的作用。本书对政府行为与公共产品的生产与供给的分析正是以这一原则为基本出发点的，尽管有人认为“精细的成本—收益分析只不过是经济学家们玩的智力游戏”，但事实上成本—收益分析对提高效用的作用是十分明显的。为了我们的分析，在此对成本和收益的概念内涵进行具体说明。

1.经济人行为的成本函数

经济人在追求效用最大化的过程中，一切给他们带来负效用的因素，都要进入其行为的成本函数，即成本是为获得收益而付出的代价，它具有机会成本的属性。经济人具有随机应变、投机取巧、利用一切机会为自己谋取更大利益的行为倾向，因此，除生产性支出外，经济人行为的成本就来自别的经济人损人利己的机会主义行为。于是，在市场交易过程中产生了度量、界定和保证产权(即提供交易条件)的成本，寻找生产对象和消费对象的成本，打探交易价格和讨价还价的成本，订立交易契约的成本，履行契约的成本(生产性成本)，监督契约履行的成本，违约造成的损失成本和制裁违约行为的成本，以及维护交易秩序的成本等。这一切成本都表现为对人的时间(包括闲暇)、脑力、体力的消耗，对实物形态的各种资源的消耗，以及对货币财富的消耗。总之，所有的交易成本都表现为人力成本、物力成本和财务成本。

除交易成本外，还有一种心理成本。例如，采取机会主义行为损人利己要冒受法律制裁、舆论谴责和名誉扫地的风险，以及受到良知的责备。这些因素引发了心理成本。在这里，意识形态对心理成本的高低起到了相当大的作用。一般来说，拥有意识形态资本越多的人，越是风险厌恶者，机会主义行为的心理成本也就越高；反之，拥有意识形态资本越少的人，越是风险偏好者，机会主义行为的心理成本越低。因此，面对相同的收益，可能出现前者觉得得不偿失而放弃机会主义行为，后者则觉得有利可图而采取机会主义行为的情况。

对于我们上面所讲的情况，经济人行为的成本函数可用公式表示为：

$$C=C_1+C_2=f_1(r,w,c)+f_2(p,q,d)$$

式中：C_1——交易成本，它由所消耗的人力 r、物力 w 和财力 c 所决定；

C_2——心理成本，它由机会主义行为被查处的概率 p、发生次数 q 和惩罚强度 d 所决定。

意识形态成本的影响主要体现在 C_2 上，即具有不同意识形态资本的人对 p 和 d 的主观评价不同，从而有不同的 C_2 和不同的总成本 C。从另一个角度来看，博弈对手拥有意识形态资本的多少，将直接决定他采取机会主义行为的概率，从而对自己的 C_1 产生影响，只是这不是从自己这一方面能加以有效控制的，属于外生变量，但据此可以对 C_1 作出预期。

2.经济人行为的收益函数

凡是能给经济人带来正效用的一切因素都要进入其收益函数。这些因素正是经济人行为所追求的目标，如追求生理需要、安全需要、社交需要、尊重需要和自我实现(含利他主义)需要的满足，都能给自身带来正效用。它们可被分为物质(或经济)因素和精神(或非经济)因素两大类。一般而言，物质需要属于基本层次需要，而精神需要则属于较高层次需要。意识形态在这里的作用表现为：当社会发展到一定阶段以后，尤其基本的物质需要能够得到满足时，拥有较多意识形态资本的人不仅偏好物质因素，而且更偏好精神因素。当“鱼与熊掌不可兼得”时，他们往往宁愿牺牲物质因素而保全精神因素，因为较高层次需要的满足能给其带来更多的效用，从而使他们在行为上追求更高层次需要的满足。而对拥有较少意识形态资本的人来说，他们的偏好主要局限于物质因素，即注重基本层次需要的满足。意识形态就是这样通过改变人们的偏好体系来影响其收益函数的。

对于我们上面所讲的情况，经济人行为的收益函数可表示为：

$$R=f(s,m)$$

式中：s——物质因素；

m——精神因素。

意识形态的影响主要体现在 s 和 m 上，即具有不同意识形态资本的人对 s 和 m 的主观评价不同，从而有不同的 R。

我们这里所讲的意识形态是人们的价值观念、受教育的程度、思想水平、文化水平等的综合，是人的一种精神素质。

3. 成本—收益的分析

成本—收益分析是了解和引导经济人行为的有效工具。无论是收益还是成本都将以效用得失的形式出现，并最终都转化为以个体保留价格的形式加以计量。因此，根据成本—收益计算，便可解释和预测经济人的行为倾向。我们只要掌握了个人意识形态资本的存量，就能对他某一行为的成本函数和收益函数的值进行预期，从而判断其行为倾向。反过来，我们可以通过对个人进行意识形态投资，改变他的成本函数和收益函数，从而改变其行为倾向，达到引导、控制其行为之目的。在公共经济学里不仅单个个人具有经济人性质，要获取利益最大化，就是某一组织、政党、政府都有经济人性质，都要达到利益最大化，政府只是公共权力的社会占有者，在对公共权力分配的过程中也存在考虑自身利益的问题，从而也有自己的成本—收益的核算方法。

第二节　公共经济学的理论基础

一、公共经济学的理论架构

任何一门学科都是由一些要素构成其基本理论框架的，这些要素通常是：基本假设、概念、现象范围、特定理论、问题、检验方法和价值观念等。公共经济学也不例外。在公共经济学分析中，基本的理论架构应该包括：

第一是“基本假设”。对研究对象来说，如同公理，不言自明。在公共经济学领域内，经济人与理性经济人假设、资源的稀缺性假设、人们对福利标准判断的主观性的假设、公平与效率关系的对立统一假设、政府职能随经济增量变化而变化的假设等等。显然，基本假设扮演的是演绎推理的逻辑前提这一角色，是理论赖以建立的前提。

第二是有一系列准确的概念。任何理论架构都不外乎是由一系列“概念”所组成的。一般来说，概念是对社会现实可以定义的最小单位，同时也是理论的浓缩。一门学科不能确立科学、精确的基本概念，这门学科就无法最终建立起来。各种概念之间还应有内在的必然联系，有些看似松散与间断的概念，实际上是有着内在联系的。在公共经济学中最基本而且使用频率最高的概念大概是公共产品、私人产品、准公共产品、福利、效率等，没有这些概念，要想形成一门公共经济学是不可想象的。

“现象范围”指的是某种研究所确认的最重要的社会现象领域。现象范围是使一门学科或同一门学科内的某一领域的研究有别于其他学科研究的基本特征之一。本书所涉及的现象范围，是用公共经济学的范式，以公平效率为核心，对公共产品的生产、供给、公共支出、公共收入、政府职能等范畴加以分析。

第三是有“特定理论”。“特定理论”则是关于两个或多个概念的陈述。其实，理论无非是在多个概念(包括假设)之间用推理架起的因果关系的桥梁，是对许多社会问题在概念基础上的说明。

所谓“问题”，则是指建立在某种假设之上的，以特定概念为构件的特定理论所提出的某一现象范围内尚未得到适当解释的现象或疑惑。具体到公共经济学，其要解答或加以系统说明的，就是政府与个人有目的的行为如何会在不同的制度环境中有不同的表现，或人们在追求自身利益过程中的行为规律及其社会影响。在此，问题等价于假说。表面上看，基本假设和假说相去不远，但实则是有着某种根本的区别。前者是进行演绎推理的前提，而后者则是指被解决和论证的陈述。

第四要有“检验方法”。检验方法讲的是如何判定理论本身可信度的手段。一般而言，人们通常使用两种检验方法，即经验检验和逻辑检验。在借助理论来解答或阐述问题的过程中，所运用的事实支持和推理论证，本身就带有检验的色彩。

说任何经济理论或模型均明确地或含蓄地带有“价值”色彩这话是丝毫没有夸张的。这一方面是因为对公共经济学的分析和对公共经济学评价割裂开来根本无法做到，其结果只能是要么支持这种价值，要么反对它；另一方面是因为在对公共经济学进行分析之前，价值判断可能就早已悄然而入了。这无疑给了规范分析及意识形态一个显要的位置。

重视基本假设、概念及理论构建，强调基本假设、概念和问题，尤其是关于问题的解答。因为正是它们构成了整个理论的“基本要件”。按照理论基本要件的要求，即区别各种不同理论的关键，在方法论上至少要具有基本要件的部分性质，因为方法论上的差别，如方法论的个人主义和集体主义、实证研究和规范研究，极可能导出各异的理论及有天壤之别的结论。

二、从利己主义到利他主义的观念调整

市场经济遵循利己主义的观念，但利己主义造成对自己利益的损害则是客观存在的，这一点人们可以从嫌犯的两难选择中得到证实。嫌犯的两难选择是用博弈论(game theory)来证明的，当每个个人都以自己利益最大化为原则来行事时，将使所有的人都蒙受损失，其结果被称为零和对策(Zero-Sum Game)或纳什均衡(Nash equalibrium)。假设有两个人(A 和 B)因共同犯罪而被捕，两人被分开关押不能串谋，警方要他们分别交代罪行。警方告诉他们，根据已有证据可判每人 1 年监禁，如果有 1 人坦白交代，则此人可以释放，另一人因不交代则要判 10 年监禁；如果两人都坦白交代则各判 4 年监禁。对 A 和 B 两人来说，都有交代与不交代两种选择，每种选择则因为对方的选择可能出现两种不同的结果。例如，对 A 来说，当不交代时，如果 B 也不交代，则各判 1 年，如果 B 已交代，则 A 要判 10 年；当 A 交代时，如果 B 不交代，A 可以释放，如果此时 B 已交代，则两人各判 4 年。对这两个嫌犯而言，应如何选择呢？这就是嫌犯的两难选择(prisoners' dilemma)，用表 1.1 表示：

表 1.1

A 的选择 / B的选择	交代	不交代
交代	(1)4,4	(3)0,10
不交代	(2)10,0	(4)1,1

最终的表现是两种选择四种结果：

(1)都交代各判 4 年；

(2)A 交代，B 不交代，A 获释，B 判 10 年；

(3)A 不交代，B 交代，A 判 10 年，B 获释；

(4)都不交代各判 1 年。

对 A 来说最好的结果是(2)，最差的结果是(3)；对 B 来说最好的结果是(3)，最差的结果是(2)；对他们双方来说最好的结果是(4)，最差的结果是(1)。如果 A、B 两人都是从自己利益出发进行选择，即都为了得到自己最好的结果而坦白交代，

结果就是双方都得到了最坏的结果(1),如果两人都从对方的利益出发进行选择,即都为了对方得到最好的结果而不交代,结果就是双方都得到了最好的结果(4)。

嫌犯的两难选择说明,如果每个人都仅仅从自己利益最大化出发来行事,则包括自己在内的所有人都会得到较坏的结果。

有学者说过,利己主义是指最恰当或最有效的对个体现象或过程的研究方法,利己主义认为除了个人利益之外,根本就不存在任何其他的什么集体利益;而利他主义,则是指最恰当或最有效的对群体现象或过程的研究方法,利他主义强调确实存在着某种超越个人利益的集体利益,如阶级利益、国家利益等,这在经济发达的国家中,体现得越来越充分。从表面上看,利己主义与利他主义是针锋相对,实际上两者之间也是相辅相成,有着内在联系的。

按传统的经济学理论讲,人们行事总是从个人利益出发来考虑的,集体利益只是追求个人利益的结果,而不是目的,方法论上的利己主义把个人(他或她的行为和利益)看作是分析和规范化的基础,而社会则被视为一种个人追求其自身利益的总量效果,相应地,政府和国家便成为个人得以通过它而寻求自身利益的一种机构。它认为所有的社会现象和社会变化都只能通过考察个人的行为、愿望、信仰来得到解释。如哈耶克所说的那样:"我们在理解社会现象时没有任何其他方法,只有通过对那些作用于其他人并且由其预期行为所引起的个人活动的理解来理解社会现象。"米塞斯对利己主义进行最系统地阐述,并把它当做原理来加以推崇。他认为,经济学的恰当名称应该是行为学,其研究对象是各个个人的行为。米塞斯指出,构成方法论的利己主义原理的内容有三项,即:第一,任何行为都是由一些个人做出来的。一个集体之所以有所作为,总是经由一个人或多个人做些有关这个集体的行动而表现出来的。一种行为的性质取决于行为的个人和受该行为影响的各个个人对于这一行为所赋予的意义。第二,人生就是社会动物,但这个过程是发生于人与人之间的。个人行为的变动不拘就是这个过程的进展。除掉个人,也就没有这样的过程;除掉了个人行为,也就没有任何社会基础。各种分工下的社会合作,只有在某些个人的行为中才能看得出来。第三,集体是无法被具体化的。集体被认识,总是由于那些行为的个人赋予它的意义。公共选择学派的经济学家曼瑟·奥尔森认为,由于集体行动的结果是一种公共产品,集体中的每一个经济人都具有"搭便车"的动机,而不会为集体的共同利益采取行动,从而使集体行动陷入困境。这时利益主体之间是一种零和博弈,甚至可能是负和博弈。为此,要组织成功的集体行动,必须具备如下四个条件:第一,在拥有潜在共同利益的人们之间,必须有一套行之有效的奖惩规则,或是"有选择性的激励",它要求对集团的每一个成员区别对待,赏罚分明,以此来超越集体行动的障碍。第二,拥有一致潜在利益的人数必须足够地少,从而一方面可相对地增大个人参与集体行动的预期收益,另一方面可降低奖惩制度的实施成本。第三，拥有潜在共同利益的个人之间进行的交互行为是重复博弈，只要他们有足够的再次交易的机会。第四，必须拥有领袖人物，其勇气与献身精神是唤起人们的共同潜在利益的意识，激发起人们参与集体行动之热情的重要条件。在利益一致的前提下，利益或预期收益量上的差异或曰不对称，通常构成领袖们“奉献”的动机，同时也有一些领袖人物具有与众不同的效用函数，他们似乎更看重精神上的需求。

作为传统经济学假设的利己主义，越来越受到了现代经济理论的挑战，至少认为利己主义对人的行为的假设是不完整的，现代经济学，尤其是公共经济学更加倾向于将利己主义与利他主义统一起来，嫌犯的两难选择就是有力的说明。

现代经济学家所认为当个人从自身的利益出发，认识到了采取集体行动的潜在或预期收益时，分散的个人行动才有可能汇聚成为集体行动。这时利益主体之间是一种正和博弈。因此，集体行动是多位个人为了各自的利益而共同制定，并承诺要一道遵守特定制度安排的一种合作式选择。事实上利他的重要性、集体行为对他人的积极作用是显而易见的，不考虑利他还会造成相互损害而得不到修正。

三、公平与效率原理

处理好公平与效率的关系是政府宏观调控的重要经济目标，抽象地讲公平与效率的关系究竟如何，存在着很多种不同的观点。我们这里只从政府宏观调控的角度来讲公平与效率的关系问题。

公平，它是指如何处理社会经济活动中各种利益关系，也就是所谓合理分配。效率，它是指人们工作所消耗的劳动量与所获得的劳动成果的比率。在处理公平与效率的关系时，我们必须坚持效率优先，兼顾公平。效率优先兼顾公平不能简单地理解为将公平从属于效率，只能表明提高效率是实现公平的物质保障，而公平是提高效率的社会环境。处理好公平与效率的关系往往与一个国家的发展阶段与发展方式相联系，要是一个国家的国有资本在生产活动中所占比率很高，政府资本大规模地介入生产过程，那么这个国家就一定会提出效率优先的原则。因为只有提高效率，鼓励先进，发展生产，才能为实现社会公平提供必要的物质基础，真正实现公平。另一方面提出效率优先的国家，在政策措施上为了实现公平也会对过高的个人收入采取有效的措施进行调节，完善社会保障制度，防止两极分化，实现社会财富的福利最大化和社会稳定，为进一步提高效率创造良好的社会环境。

公平与效率在同一时空上是存在矛盾的，这种矛盾与社会制度没有必然的联系。政府调控如果过多地向公平倾斜就会牺牲效率，过多地向公平倾斜，就会使一部分生产要素的价值得不到实现，劳动者与资本在市场上的活力就会下降，从而降低效率。从组织行为学的角度看，劳动者积极性的发挥，劳动效率的提高，是受分配是否合理影响的。政府假如将劳动者或者资本在市场上获得的正常收入(可能差距很大),过多地通过税收集中起来,重新进行有利于低收入者的分配,意味着对一部分劳动者劳动收入的剥夺,久而久之这部分人的劳动效率就会下降。但如果过分向效率倾斜,任凭市场机制作用的调节,因种种原因,不同社会成员间的收入差距无限扩大,出现贫富过度分化,穷人生活水平不断恶化,那样不仅市场消费会出现萎缩,而且社会稳定也会受到威胁,更谈不上提高效率促进经济发展的问题。

假定我们将公平看作是收入差距不断缩小,效率是收入差距的不断扩大,那么一个发展中国家可以多考虑讲效率,而发达国家则更应该讲公平。假定一个社会的盈利性生产活动是由私人企业进行的,政府只是从事非盈利性活动,那么这个政府的首要出发点就是讲究公平而不是效率,效率由市场来决定,私人企业为了追求利润和在竞争中站稳脚跟,必然会提高效率,政府只要管住社会公平就行了,这类国家讲公平的同时才是去兼顾市场或企业的效率问题,比如不要有过高的税率,毕竟过重的税负也是要影响市场或企业的效率的。

判断公平与效率处理是否得当的一般标准可以是这样的,当向效率倾斜影响了公平最终使效率也不能提高时,就表明政府需及时调控原有政策而向公平倾斜了,因为这时很可能已是消费持续走低,货币的边际总效用下降,有效需求不足,企业生产的产品销售不出去,企业面临破产了。这时只有向公平倾斜,增加转移支付,提高社会公平程度才能提高效率。而当政府在向公平倾斜的时候,牺牲了效率最终社会公平也得不到实现时,这说明原来的政策已过多地向公平倾斜,应该考虑充分发挥市场机制的作用,调整各种生产要素的利用程度,允许不同劳动者、不同生产要素的所有者收入的不同,鼓励一部分人、一部分地区先富起来,为实现社会公平创造条件。

公平与效率作为一对矛盾需要不断地加以调整,不能认为这对矛盾在一定制度下可以一劳永逸地自我运作。

四、边际效用论

学习公共经济学理论需要我们掌握机会成本、边际成本与边际收益的概念和含义。机会成本是指当把一定资源用于生产某一种产品时所放弃的用于生产另一种产品所获得的收益,这一概念现在已被延伸到很多领域,表明人们为获得某一利益而牺牲的其他利益等。边际成本等于边际收益($MC=MR$),它的含义是指生产厂商处在投入品与收益之间的最佳状态,在边际收益 MR 大于边际成本 MC 时,说明增加投资可继续获利;相反当边际成本 $MC>$边际收益 MR 时,继续增加投资成本就增加更快了。

这些概念与含义均源于一个边际效用理论,它属于边际革命的主要成果。边际效用论起源于19世纪70年代，英国的威廉·斯坦莱·杰文斯、奥地利的卡尔·门格尔和瑞士的里昂·瓦尔拉斯几乎同时而独立发表的三部具有相同经济理论倾向的著作。这三部著作以经济人最终如何获得最大效用、最大满足为研究对象，把研究范围限定在资源的合理使用或最优配置的领域之内；它们强调消费、效用和需求，把经济学看成是以消费、交换、生产及分配为序的一个理论整体；它们以边际均衡原理阐明经济人所遵守的法则，并大多借以数学方法或数学模型及心理学分析来加以说明。这种理论对传统的劳动价值论提出极具威慑力的挑战，以后经过了马歇尔等经济学家的改造，成为西方经济学中的一种重要的经济学分析工具和原理。

边际效用论以消费者消费某一产品所感到的满足程度即效用作为出发点，它们将效用看作两个方面，一方面是产品自身客观存在的效用；另一方面是消费者对产品的主观感受的效用。

产品的边际效用是指该产品的消费量每增加或减少一个单位所引起的总效用的增加或减少的量。换言之，边际效用是指所消费产品的一定数量中最后增加的那个单位提供的效用。边际效用有两种衡量方法，即基数效用和序数效用，基数效用就是以我们日常在计数的1,2,3,4,5…来求解；序数效用就是以第一、第二、第三、第四、第五……的排列来表示。原因主要是经济学家们认为类似于香、臭、美、丑等之类的效用是无法具体用基数来测定的，这类效用的比较只能通过顺序或等级来表示。

边际效用是递减的。按照经济学家们的观点：对一个饥饿的人来说第一块面包获得的效用最大，假定为10个单位，第二块面包获得的效用为7个单位，第三块面包获得的效用为4个单位，第四块面包获得的效用为1个单位，第五块面包获得的效用为0。对他来说再吃第五块面包已没有意义，如果他继续吃下去，身体会感到不舒服，边际效用就为负数，总效用也会下降。所以这个饥饿的消费者只要四块面包就能满足自己的需要，而这四块面包的总效用是22个单位，边际效用为1个单位，边际效用变化的过程从10个单位到7个单位到4个单位直到1个单位，呈现出递减规律。边际效用递减规律的内容可表述为：在一定时间内，随着一个人的消费的某一产品的效用增加，它的总效用也会相应增加，但每增加的一个消费产品，对消费者的满足程度是递减的。总效用（TU）是指消费者在一定时间内从一定数量的商品的消费中所得到的效用量的总和。边际效用（MU）是指消费者在一定时间内增加一单位商品的消费所得到的效用量的增量。假定消费者对一种商品的消费数量为Q，则总效用函数为

$$TU=f(Q)$$

相应的边际效用函数为：$MU=\frac{\Delta TU(Q)}{\Delta Q}$

当商品的增加量趋于无穷小，即 $\Delta Q\to 0$ 时有：

$$MU=\lim_{\Delta Q\to 0}\frac{\Delta TU(Q)}{\Delta Q}=\frac{\mathrm{d}TU(Q)}{\mathrm{d}Q}$$

在西方经济学中，利用边际分析方法是最基本的分析方法之一，“边际”概念使用十分广泛。

边际效用为什么会递减呢？一般有两种解释：一是生理和心理的原因。对消费者来讲增加同一物品的消费，由于重复使用，生理上的满足和心理上的刺激效应就减弱了。再是说，假定一种商品有多种用途，这些用途的效用又是不同的，作为一个理性的消费者，肯定是将物品首先用于效用最大的地方，依此办理，这样物品被消费的边际效用也是递减的。

边际效用递减规律可以用在分析货币边际效用递减上，货币边际效用在穷人与富人间的不同，应该说在市场经济条件下对分析生产、分配等问题也有一定的启发作用。

我们认为穷人货币的边际效用区别于富人货币的边际效用，虽说现代社会消费品的种类繁多，富人的货币可以有多种用途，不会在某一商品上无穷使用，但不可忽视的是现代经济条件下，贫富分化非常严重，作为市场势力又在不断推动这种分化，一些人可以有上亿美元的货币财富积累，另一些人则食不果腹。究其原因讲：(1)人的生活消费在一定阶段并不是像人们认识的那样是无限的，而是有终极的。(2)投资环境较差，资本利润率存在递减等。对于富人来说现金与其他财富最后成为“遗产”是常有的事，所以不能因此否定货币边际效用在不同社会成员之间的不同效用。

穷人货币的边际效用大是因为穷人拥有的可支配收入少，每增加一个货币单位的支出对自己的需求而言，满足的效用大。富人货币的边际效用小是因为富人拥有的可支配收入多，每增加一个货币单位的支出对自己的需求而言满足的效用在不断下降，其最后的边际效用就小。为进一步说明穷人货币的边际效用与富人货币的边际效用的区别，我们作下面举例：从静态看，如果将 1000 万元现金货币分给一万个刚开始生活的人，每人 1000 元，与将 1000 万元分给新开始生活的一个人，货币的边际效用前者为 90%以上，后者则只有 20%左右。要是从动态看，问题就会更加严重。假如将 1000 万元现金货币，分给一万个只有 1000 元存款的一千个穷人，那这些人有可能为了享受生活而去取出存款，连动新增加的 1 千元钱买一台彩电，要是真的那样话，新增货币的边际效用就超过 100%了。而将 1000 万元现金货币，给一个有 1000 万元存款的富人，那么这新增 1000 万元的货币边际效用就趋向于0了。有人或许会说富人不花钱，货币的边际效用不就提高了吗？如何看待这一点呢？我们说：(1)富人节欲不是不存在的，但不是普遍现象；(2)我们说富人的“节欲”使货币支出减少，影响了消费，导致商品流通不畅，部分商品的价值得不到实现；(3)货币边际效用不同表明政府应该加强宏观调控，缩小贫富之间的差异，使生产和消费达到两旺。

五、帕累托原理

帕累托原理是由意大利经济学家帕累托(Vilfredo Pareto, 1848—1923)于1896—1897年撰写的《政治经济学讲义》中提出来考察生产资源最佳配置的理论，帕累托认为一个社会的生产资源配置是否已达到最佳状态，获得的社会经济福利是否达到最大值，可以由下面的标准来加以检验：假如任何重新改变资源配置的方法已经不可能在无损于任何一个人的福利的前提下，使其他任何一个人的福利比从前变得更好，这就意味着目前社会在既定的生产技术和既定的每个消费者偏好函数条件下，生产资源的配置情况已达到了最佳状态。这种所谓资源配置的最佳状态，也就是指用一定总量的生产资源从不同途径生产出来的国民收入达到了社会福利的最大值。帕累托原理中除了帕累托最佳(亦称帕累托最优)以外，还有帕累托无效和帕累托改进。帕累托无效是指资源配置没有造成某个个人福利损失的情况下，通过资源配置的重新调整还能使其他人的福利得到增加，这意味着原由资源配置还没有达到最佳状态，还有调整的余地，这时的生产资源配置称为帕累托无效。帕累托改进则是将帕累托无效状态调整到帕累托最优的过程，是指使资源的重新配置从没有牺牲某个个人的福利损失，就可以增加其他人福利的状态，调整达到要想重新配置使得增加某个个人的福利，必然将牺牲其他人福利的状态。

帕累托原理有三个方面的内容：

1. 交换的帕累托最佳条件

假如有两种商品、两个人，如图1-1所示。现在决定在两个人H和J之间分配X和Y两种商品。如果两者开始时的分配决策是D点，那么可以进一步改变交换点而不会使任何一个消费者失去什么福利。这是什么意思呢？我们从图上来说明，如果消费者H从D点开始沿着他的无差异曲线向下移动，对于他没有什么损失，因为他仍然处在相同的无差异曲线上，而对于消费者J却会增加福利，因为向下移动使消费者J处于比D点高的无差异曲线上。也就是说，对消费者H没有坏处，对消费者J却有好处。所以说，D点不是福利最佳条件所规定的点。

再看图中的E点，它不同于D点。如果再作变动，无论向哪个方向移动都会对其中一个消费者不利。例如从E点开始，沿着H的无差异曲线移动，结果就会使消费者J处于较低的无差异曲线上，对消费者J产生不利的影响；如果沿着J

的无差异曲线移动，结果就会使消费者 H 处于较低的无差异曲线上，对消费者 H 产生不利的影响。所以最佳消费者福利的条件是：达到这样一种状态，如果再作任何一种改变都不可能使任何一个人的境况变好而不使另一个人的境况变坏。

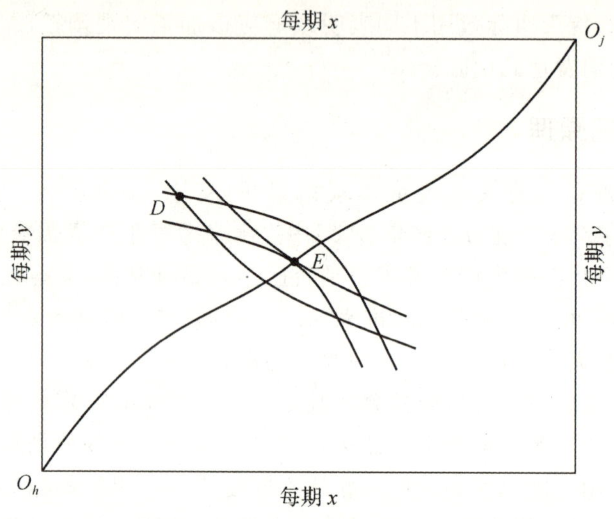

图 1-1　最佳消费者福利

从数学上说，我们可以看到，在 E 点上消费者 H 和 J 的两条无差异曲线正好相切，因此这两条无差异曲线的边际替代率恰好相等，即

$$\mathrm{MRS}_{XY}{}^{h}=\mathrm{MRS}_{XY}{}^{j}$$

这里 MRS_{XY} 就是商品 X 替代商品 Y 的边际替代率，h，j 代表消费者 H 和 J。把消费者 H 和 J 这些无差异曲线相切的点连在一起，可得到最佳消费条件的"契约曲线"，如图 1-1 所示连接两个原点的曲线。

2. 生产的帕累托最佳条件

假定拥有两种资源和两种产品的情况。利用两种资源 A 和 B 分别可以生产两种产品 X 和 Y。任何资源分配都要考虑到 X 和 Y 两种产品的生产效率。从图 1-2 来看，最佳资源分配点是在 E 点上，道理与消费者福利最佳条件相类似，也就是如果离开 E 点，在任何一条无差异曲线（代表产出水平）上移动都会使某一种产品的收益受到损失。例如沿着产品 X 的无差异曲线向下移动，结果使产品 Y 就处在低于 E 点的无差异曲线上，结果使相同的资源结合 A 和 B 获得了较少的产品 Y，这样，资源的配置就不合理了。所以只有 E 点才是最合理的，在两条无差异曲线相切之外的点（诸如 N 点）都是不合理的。

从数学上说，我们可以看到在 E 点上，生产产品 X 和 Y 的两条无差异曲线正好相切，因此，这两条无差异曲线的边际技术替代率恰好相等，即

$$MRTS_{ab}^{x}=MRTS_{ab}^{y}$$

这里 $MRTS_{ab}$ 就是资源 A 替代资源 B 的边际技术替代率，x 和 y 代表产品 X 和 Y。我们把生产产品 X 和 Y 的无差异曲线相切的点连在一起，可得到最佳生产条件的“契约曲线”，如图 1-2 所示连接两个原点的曲线。

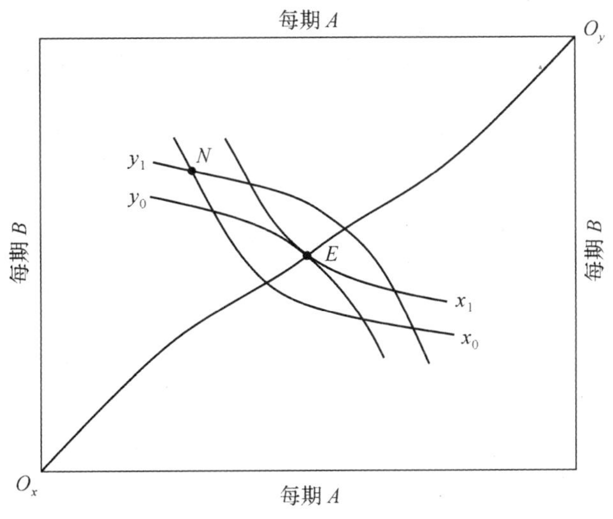

图 1-2　最佳生产效率

3. 产品替代的帕累托最佳条件

可以把上面最佳生产条件的契约曲线改画为产品 X 和 Y 之间的生产转换线，如图 1-3 所示。这条 TT' 曲线也叫做生产可能线，也就是如果要增加生产 X，就必须要减少生产 Y 的曲线（MRT_{XY}），那么哪一个边际转换率为最佳呢？那就是要求生产产品 X 和 Y 的边际转换率恰好等于消费者的边际替代率（MRS_{XY}），也就是资源的利用不仅使生产者获得最大经济效益，并且使消费者也获得最大的效益，这就要求做到：

$$MRS_{XY}=MRT_{XY}$$

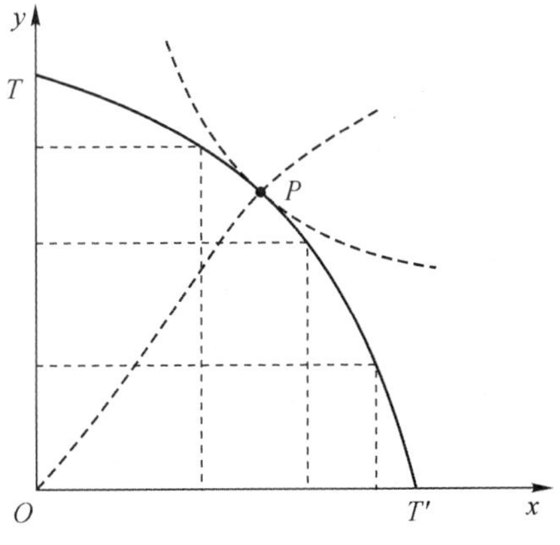

图 1-3　产品替代最佳条件

在图 1-3 中，这个条件也就是在 P 点上。

以上就是“帕累托最佳条件”的三个必要组成部分。西方经济学家认为，如果每一个消费者、每一个企业、每一个经济部门、每一个生产要素的市场都是完全竞争的，并且商品都没有外部负效应问题，那么社会福利就将达到极大值。不过这里我们应当指出，帕累托最佳条件一点也没有谈及由于社会制度造成的贫富悬殊和收入不均问题，所以在这些“契约曲线”中是不涉及收入分配问题的，而只是以消费者、生产者的趣味和偏好来衡量社会福利的最优条件，这是一个明显的“漏洞”。

帕累托原理的广泛运用还成为福利经济学分析经济现象的重要基础。福利经济学作为规范经济学有着丰富的内涵。

帕累托原理中包含了价值判断的因素，是以个人对自己的满足（效用）和痛苦（无效用）作出评价为前提的。但往往会出现一个人评价与另一个人的评价不同的情况。帕累托原理中明显包含了现行资本主义经济关系是处于合理状态的前提。

公共经济学以帕累托原理作为基本的前提之一，是因为公共经济学涉及政府经济行为中如何评价自己的价值，最终服务于什么的问题，没有这一原理作为基础，有许多公共经济学的基本问题也难以说清楚。

六、委托与代理理论

1. 所有权与控制权的分离及其委托代理关系的产生

随着生产社会化程度的提高，早期企业那种靠个人投资与管理越来越适应不了社会发展的需要，随着交易范围的扩大及资本的不断积累，企业的规模也随之扩大。于是，由资本所有者完全独立控制企业的经营活动越来越受到所有者所具有的精力、专业知识、时间、组织协调能力的局限性的限制。当所有者不能在进行风险决策的同时又圆满地从事上述活动时，就可能去委托专业人员代理执行监控企业的职能，这时便产生了委托代理关系（principal-agent）。委托代理关系被定义为一种契约关系。在这种契约下，一个或一些人（委托人）授权另一个人（代理人）为实现委托人的利益而从事某些活动，其中包括授予代理人某些决策权力。

典型的委托代理关系只是在股份公司，尤其是股票上市公司中才成为普遍的现象。资本所有权与控制权完全分离的上市公司的产权结构具有以下特征：

（1）投资者资本的自由转移；

（2）股东承担有限责任；

（3）公司具有独立的法人资格；

（4）经营控制权高度集中，法律规定股东是公司的所有者，拥有剩余索取权，享有经营利润，并承担有限责任。

可以说，委托代理关系产生的首要原因是资本所有权与控制权的分离。但是，代理关系并不必然导致代理问题（agency problem）。代理问题的核心是动力问题。如果代理人的效用函数与委托人的效用函数完全一致，则不会引发代理问题。因此，代理问题的产生还依赖于另一个条件，即代理人与委托人的效用函数的不一致性。

2.代理成本及降低代理成本的途径

由于委托人与代理人目标函数的不一致性，这就很难避免代理人利用委托人的授权从事与委托人的根本利益不相一致的活动，从而导致委托人利益的损失。这种损失便被视为所有权与控制权分离下的"代理成本"。它包括：

(1)向代理人支付的薪金、资金等费用；

(2)代理人为追求非货币物品所导致的企业成本上升和利润减少；

(3)由代理人的决策与委托人利润最大化的最佳决策之间存在的差异所导致的企业效率的损失。

为了降低代理成本，委托人就需要通过契约关系和对代理人行为的密切监督来约束代理人的那些有悖于委托人利益的活动。问题是这种契约关系及监督规则能否适应环境的不确定性，这将直接影响约束成本的大小。如果不能在契约关系中充分考虑到环境的各种可能变动，那么为代理人规定一般的行为规则或决策程序就会限制代理人的经营活动，使代理人丧失适应无法预料的未来的不确定性。契约关系中确定的约束规则越是完整、明晰，代理人的选择空间就越是狭窄，企业行为就越僵化，可能丧失的获利机会就会越多。因此，为了有效地通过契约关系从外部约束代理人的经营行为，契约双方必须掌握足够的信息，能预见到环境的各种可能变化。信息理论告诉我们，收集、传输、贮存、整理信息是需要费用的，信息需求越大，信息费用就越高。在信息不对称和不确定性环境下，若要获取真实和充分的信息不仅是困难的，而且代价常常是很高的。此外，通过谈判传递信息、起草合约和签约还要支付谈判费用；为保证契约的履行，还需要支付对双方行为进行调查、监督和检测的执行费用。以上这些旨在规范代理人经营行为的交易费用，以及代理人的经营行为受限制而产生的效率损失被统称为约束成本。在不确定性环境下，必然存在正值的约束成本，且随不确定性程度的增长，约束成本也相应增加。

一般来说，契约越是完整、明晰，越能约束代理人的机会主义行为，代理成本就越低，但也会带来更高的约束成本。代理成本和约束成本之间存在此消彼长的替代关系。这种替代关系就有可能使委托人在它们之间进行选择，调整约束强度。如果约束成本大于代理成本，宁可放松约束；反之，当约束成本低于代理成本时，就会强化约束。理性的委托人将在约束成本在边际上等于代理成本的水平上实现对代理人的外部约束均衡，这一均衡调整过程将使约束成本和代理成本之和达到最小化。这个最小化的约束成本和代理成本之和也可以称之为代理成本，它是在所有权与控制权相分离时，委托代理人经营的交易成本。代理成本的大小显然与监督和约束的难易程度及委托人与代理人利益的一致程度有关。利益越一致，监督越容易，代理成本就越低；反之，代理成本就越高。

通过获取代理人行为的信息，设计出最优的激励约束机制，使代理人对个人效用最大化的追求转化为对企业利润最大化的追求，可以有效地控制代理成本。除此之外，在所有权与控制权相分离的条件下，还可通过以下途径降低代理成本。

(1)经理劳务市场的竞争对代理人行为的约束。法马(Fama)认为，经理劳务市场的竞争将对经理施加有效的压力。如果经理在任职期间被发现有严重侵害所有者利益的行为，或者因决策失误造成企业亏损，那么在经理劳务市场上，他的人力资本价值就会贬值。由于经理市场会根据经理过去的表现计算出他的将来价值，经理要顾及长远利益，就必须努力工作，因此即使不考虑直接报酬的作用，代理成本也不会太高。霍姆斯特龙(Holmstrom)根据法马的上述思想建立了如下模型:假定经理的实际能力未知，并且假定时间是无限的，在这种情况下，经理有可能努力工作，尽管没有任何监督。这是由于市场根据他过去的表现，对他未知的能力作出估计。虽然在某一均衡点上，市场不会被欺骗，但是由于经理害怕市场对他作出不利的判断，为了长远利益考虑，他会努力工作。

(2)产品市场的竞争对代理人行为的约束。哈特(Hart)认为，如果企业面对的产品市场是充分竞争的，那么这种竞争会对经理形成压力。假定同一产品市场上有许多企业，它们的生产成本是不确定的，但统计是相关的，这样，产品市场的价格便包含着其他企业成本的信息。同时，相关性使得这个价格也包含了被考虑的企业的成本信息。如果被考虑的企业的所有权与控制权相分离，那么只有代理人最清楚企业的成本，委托人并不拥有足够的信息，即信息具有不对称性(asymmetric information)。如果产品市场上的竞争是充分的，则产品市场的价格可以向所有者提供有关企业成本的信息。假定社会中的一部分企业由经理控制，另一部分企业由所有者直接控制，在后一场合，所有者会努力通过降低生产成本来压低产品的市场价格，以便在竞争中占据有利的地位。这样，由所有者控制的企业越多，“竞争”就越激烈，价格就压得越低，因而对所有权与控制权相分离的企业中的经理的压力就越大，从而促使经理努力降低成本。哈特的模型说明，所有权与控制权相分离所产生的代理成本，在有市场竞争的环境下和有大量所有者直接控制企业经营的企业存在的条件下，就可以被大大地降低。

(3)资本市场的竞争对代理人行为的约束。资本市场竞争的实质是对公司控制权的争夺，它的主要形式是接管。接管被认为是防止经理损害股东利益的最后一种武器。在现代市场经济中，尽管每一个投资者在某一股份公司中所占的股份比例很小，不足以直接对经理实行有效的监督，但是，由于股份可以自由买卖，分散在千百万人手中的股份就可能被集中起来。如果公司经理过分侵害股东的利益，或者因经营不善引起公司亏损，或者代理成本过高，这些都会导致公司股票价格的下跌。于是，有能力的企业家或其他公司就能用低价买进足够的股份，从而接管该公司，赶走现任经理，重新组织经营，获取利润。沙尔夫斯坦(Scharfstein)据此建立了一个模型，用以证明资本市场的竞争确实可以刺激经理努力工作。假定企业的生产条件只为经理所知而不为企业股东所知，于是，股东可以同经理签订某种契约来激励经理。由于信息具有不对称性，这种契约的效率并不高。假定在资本市场上有一些“袭击者”(raiders)，他们可以获得有关企业的生产条件的信息。可以证明，由于企业有被接管的可能性，经理为保住自己的职位，就会自觉地约束自己对非货币物品的过度追求，努力使企业利润达到最大化。因此，经理会比在没有“袭击者”的条件下要更努力地工作。

如果在经理劳务市场、产品市场、资本市场缺乏或严重扭曲的条件下实行企业所有权与控制权的分离，则一旦所有者放松控制，代理成本就会上升；一旦所有者通过制定详尽的契约关系来监控经理的行为，约束成本将会上升。相反，在自由市场经济中，即使在所有者与控制权相分离的情况下，由于存在充分的市场竞争，经理所受到的压力是多方面的。当然这种制约不可能是完全的，因此，一定程度的代理费用是不可能消除的。但是，市场机制保证了这种费用被限制在某一限度内，不可能无限制地增长。

我国的国有企业存在着委托代理关系，在不放弃国家拥有剩余索取权的前提下，在国有企业建立现代企业产权制度，其实质就是通过出资人所有权与法人财产权的分离，在国家与企业法人之间形成特定的委托代理关系，从而使公有制与市场经济相兼容。既然委托代理关系是现代企业产权制度的一个显著特征，那么前述的委托代理理论可为我国企业改革方案的选择提供若干有益的启示。

为了更好说明委托代理关系，我们借用数理方法来加以求得。将委托代理的相关理论作相应的假设，假定代理人 A 必须从既定的努力集合(x)中进行选择。他的这种选择所导致的特定产出 Y 又要取决于当时存在的环境因素，因而不确定性是这种情况所固有的，结果 Y 会给第二个人即委托人(用 P 表示)带来一定的效用。

要订立一份合同以保证 P 向 A 支付一定的款项，以换取他的努力。A 的效用取决于这笔支付款项和行动 x 的价值。通常假定 P 的效用函数，决定于产出净值，也就是说，他获得的产出减去他必须支付给代理人的报酬部分。用公式来表述，我们可以把他的效用写成下列形式：

$$E[U(Y-S)]$$

其中，$U'>0$，且 $U''\leqslant 0$，因而排除了风险爱好行为。其中，$U'=0$。通常假设代理人的效用函数，取决于他所获得的报酬及其努力。一般而言，代理人效用函数可以写成：

$$U(S,\ x)=S-f(x)$$

关于代理人效用函数的特征，需要特别强调如下假设：在整个分析过程中，努力和报酬既具有可加性，也具有可分割性。代理人与委托人一样，不是风险厌恶者就是风险中性者。

根据下列生产函数，得到产出水平：

$$Y=g(\alpha,\ x)$$

假定 P 知道 A 在生产中使用的技术，但不知道 α 的现实情况，因此他无法观察到 x 的值。

由于无法观察到 α 和 x 的值，P 不得不设计一份合同以保证代理人没有欺骗行为，并且为了保证代理人的参与，代理人在任何状态环境下都将获得最低效用。最优解决通常意味着代理人所选择的努力值并不是最优的，因为他不是获得一份高于其努力的报酬，就是无法达到最富有成效的组合。拉斯穆森（Rasmusen，1989）根据随机变量的出现时间，区分了隐藏信息的道德风险和隐匿行动的道德风险。在第一种情况下，代理人在签订合同之前不知道自然状态；在第二种情况下，代理人和委托人在签订合同时分享相同的信息，但是代理人在选择其努力之前能够观察到自然状态。现在通过一个例子来说明这个问题以及解决方法，我们将例子称作"隐藏信息的道德风险"类型。

公共企业就是简单运用看不见的行动——委托人与代理人模型的很好的例子。我们假设政府拥有一家生产公共产品的工厂，该工厂按照下列生产函数，利用劳动 x 生产的产出为 Y：

$$Y=\alpha x$$

式中，α 表示状态环境，是一个随机变量；为了简化起见，它只取两种可能值，即取值 α_1 的概率为 p，取值 α_2 的概率为$(1-p)$。还假定 α_2 是一种更有利的状态环境，亦即：

$$\alpha_2>\alpha_1>1$$

政府雇用一个代理人进行生产，它所面临的问题是确定产出水平并向该代理人支付报酬。关于这一点，假定双方同意按 γY 来分享产出；其中，γ 是给予代理人的产出份额；于是，$0\leqslant\gamma\leqslant 1$。

最后，假设该代理人具有如下形式的效用函数：

$$v=\gamma Y-x^2$$

在合同签订的时候，双方对 α 的看法相同，但代理人在选择努力之前就知道 α 的具体情况。

政府了解生产技术，并且希望选择两种产出水平 Y_1 和 Y_2（取决于状态环境的具体情况）以及 γ，以使其预期收益最大化。

我们首先假定政府能够观测到 α 值，或者能根据市场上的其他企业推断出 α 值。在这种情况下，该问题可以写成：

$$\max(1-\gamma)[pY_1+(1-p)Y_2] \tag{1-1}$$

满足：

$$\gamma Y_i - x^2 \geqslant 0 \tag{1-2}$$

该问题中的这项约束条件保证了代理人从其努力中至少获得非负的效用，代表了参与约束条件。

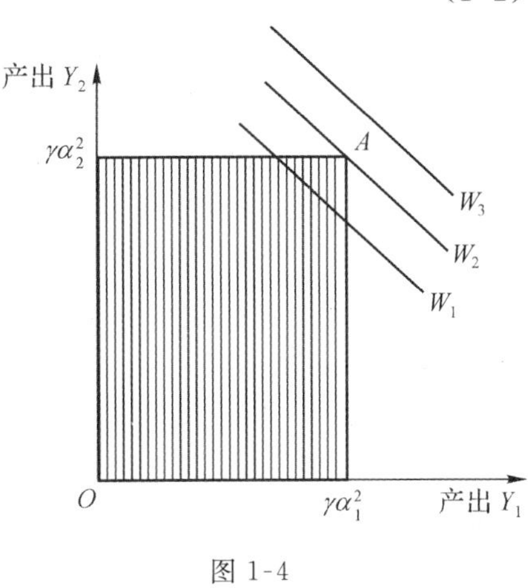

图 1-4

在这种情况下，我们可以看到：对于委托人来说，最优的选择是使 $Y_i=\gamma\alpha_i^2$ 且 $\gamma=1/2$。最优解可以用图 1-4 来说明。由于目标函数和约束条件与 Y 呈线性关系，所以，它们在图中都是直线。

这里，委托人的问题非常简单：他必须使其效用最大化。他的效用由同下倾斜的无差异曲线（W）表示，沿东北方向递增；满足给予代理人的最低效用水平，用阴影面积表示；该区域包括了满足两个约束条件的点集合。于是，最优解由 A 点表示。

现在，我们看一看在信息不对称情况下，最优解将如何变化。假定政府虽然了解生产技术，但无法观测到 α_i 值。

在这种情况下，必须加入一个新的约束条件，即所谓的“刺激兼容约束”（incentive compatible constraint），该条件的作用是保证有一定的刺激使得代理人没有欺骗行为，也就是说使代理人真实地表露出已经发生的环境状态。这个新问题可以写成下列形式：

$$\max(1-\gamma)[pY_1+(1-p)Y_2] \tag{1-1a}$$

满足　$$\gamma Y_i - x^2 \geqslant 0 \tag{1-2b}$$

满足
$$\left.\begin{aligned}\left[\gamma Y_2-\left(\frac{Y_2}{\alpha_2}\right)^2\right] &\geqslant \left[\gamma Y_1-\left(\frac{Y_1}{\alpha_2}\right)_2\right]\\ \left[\gamma Y_1-\left(\frac{Y_1}{\alpha_1}\right)^2\right] &\geqslant \left[\gamma Y_2-\left(\frac{Y_2}{\alpha_1}\right)_2\right]\end{aligned}\right\} \tag{1-3}$$

公式(1-3)中的第一个式子保证代理人情况如此时通过表露出已经发生的环境状态 α_1，境况会就好，而第二个式子保证 α_1 变为现实时也会出现同样的结果。由于环境状态 α_1 不如 α_2，所以，第二个约束条件总是能够得到满足：如果不佳的环境状态发生了，那么，代理人对表露 α_2 不感兴趣，并不得不放弃 Y_2。

为了便于分析，我们假定 $p/(1-p)>1$，可以证明，最优解是：

$$Y_1=\alpha_1^2\gamma$$

以及

$$Y_2=\gamma(\alpha_2^2-\alpha_1^2)$$

也就是说，在最有利的情况下，目标产出比前一种情况的低。

在这种情况下，支付给委托人的最大数额为：

$$(1-\gamma)[p\alpha_1^2\gamma+(1-p)\gamma(\alpha_2^2-\alpha_1^2)]$$

而在前一种情况下，该最大数额等于：

$$(1-\gamma)[p\alpha_1^2\gamma+(1-p)\gamma(\alpha_2^2)]$$

因此委托人的境况变差。

这个问题的最优解可以用图 1-5 来说明。

由于目标函数和约束条件与 Y_1 和 Y_2 呈线性关系，所以，它们在图中都是直线。

刺激兼容约束用图 1-5 中的向下倾斜直线 BB' 和 CC' 表示。这些约束条件的引入使可能的集合由 $Y_2\alpha_2^2AY\alpha_1^2$ 缩小到 $BB'DC$ 的面积。现在，A 点不再是可取的，新的最优解由 D 点表示。

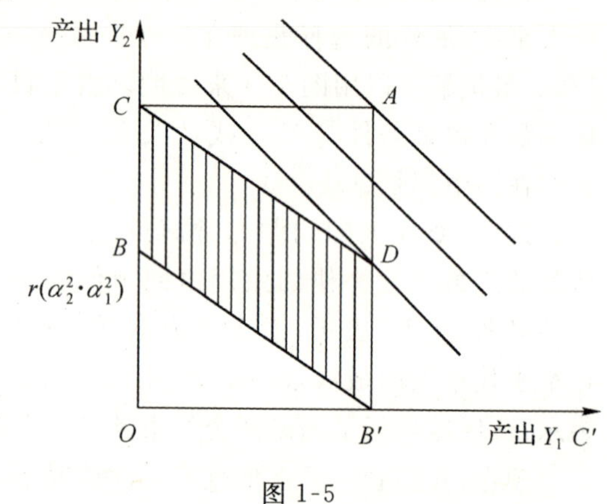

图 1-5

前面的例子表明，可以设计一种使市场在没有全部有关信息的条件下仍能有效运行的制度。

委托代理理论对政府生产公共产品时解决效率问题应是有极大帮助的。

【学习与思考】

1. 为什么要用成本—收益分析方法来分析公共经济问题？
2. 为什么说成本—收益分析是了解经济人行为的有效工具？
3. 公共经济学理论的基本架构包括哪些基本元素？
4. 通过嫌犯的两难选择说明利他主义存在的合理性。
5. 试通过边际效用论分析政府调控分配的必要性。
6. 帕累托原理有哪三方面内容？
7. 在所有权与控制权相分离的情况下，可通过哪些途径降低代理成本？

第二章
公共经济学的研究对象

【本章提要】

本章通过分析市场经济中存在的公共经济问题、市场失灵问题等，说明了混合经济的产生与现代政府经济职能的性质，对市场经济的利弊得失、公共经济学的基本范畴及基本的研究领域作了介绍，并对公共部门与国有企业的职能划分、国有企业的效率问题作了分析。

【主要概念】

公共产品、私人产品、准公共产品、市场失灵、洛伦斯曲线、基尼系数、外部效应、混合经济、私人部门、公共部门、公地的悲剧

【案例导读】

2011 年 3 月 5 日，第十一届全国人民代表大会第四次会议在人民大会堂开幕。全国人大代表、浙江省省长吕祖善接受新华网记者采访时表示，未来五年，浙江省的保障房建设重点将从廉租房和经济适用房转向公租房。吕祖善说，今年浙江省政府将继续做好保障房建设，新增廉租住房受益家庭 1 万户以上，新开工建设各类保障性住房 8 万套，其中公共租赁住房 5 万套。同时，还将完成农村住房改造建设 30 万户，其中农村困难家庭危房改造 4.2 万户。

"'十一五'期间，我们重点解决了廉租房和经济适用房问题。"吕祖善说，从现在浙江省的实际情况来看，下一个五年，我们将把重点投向公租房，以保障进不了廉租房和经济适用房，但又买不起商品房的这部分人群住房问题。"

民营经济发达、"藏富于民"是人们对浙江的一个深刻印象。作为中国面积最小的省份之一，同时也是中国最富裕的地区，下一个五年，浙江省的发展规划是什么？对此，吕祖善用了八个字来概括，即"富民强省、社会和谐"。

"去年，浙江省城市和农村人均纯收入已经分别达到了 27359 元和 11303 元，应该说还是不错的。"吕祖善说，"十二五"期间，浙江省提出"富民强省"主要涵盖三个意思：一是富民，普遍增加老百姓的收入，尤其是中低收入人群；二是惠民，政府

要提供更多的公共服务和公共产品，逐步做到公共服务的均等化；三是安民，努力做好社会治安、食品药品安全、公共安全等方面工作。

（资料来源：人民网，http://2011lianghui. people. com. cn/GB/214384/14069178. html 2011年03月05日）

你是怎么看待政府的定位和作用的呢？

第一节 公共经济学理论的形成

一、市场经济中的公共经济问题

市场经济中有许许多多的公共经济问题，可以说诸如为提高企业竞争能力这样纯粹的企业问题中也有公共经济问题存在，也需要按公共经济学的相关理论来认识与处理。但市场经济中比较突出的公共经济问题还是这样几个：

1. 稀缺资源的自然垄断

稀缺资源的自然垄断主要是指，矿产、森林、水源、空气环境等都具有稀缺性，对这些稀缺资源如何分配直接牵涉到全体社会成员的利害关系。所以像这样的稀缺资源的生产经营权一般应该掌握在政府手中，如果这类具有稀缺性的自然资源允许厂商经营，也必须由政府加以管制，但最好的解决办法还是对稀缺资源的自然垄断产业实行国有，使其成为公有企业，直接为全社会服务。

2. 交易费用问题

广义地讲交易费用包括各种制度安排的成本和商品买卖之间的交易费用等。在此所指的交易费用主要是前者，各种制度安排过程包括法律制度、经济制度，甚至道德约束与规章等。制度既不是为个人而制定，也不会因为某个个人的"消费"而损害到其他人的消费。建立这些制度的目的是社会成员共同来遵守与"消费"它。相反，制度不能由某个个人来制定，只为个人服务。市场经济是一种有规则运行的竞争性活动，没有统一的制度安排就会产生混乱，所以为降低属于制度安排的交易成本，政府就不只是"守夜人"了，政府从秉公办事的精神出发，制定好制度，降低交易费用。

3. 教育滞后

教育是关系到劳动力素质能否适应社会发展需要的大问题，将教育只是看作为社会成员个人自己的事情似乎是不合适的。一个国家劳动力素质状况如何往往与其国民的受教育程度成正比，有了好的教育社会发展才能有可供衔接的劳动力，否则国家的发展只是一句空话。教育属于公共产品应是没有疑问的，无论从法律的角度还是道义的角度，人人有受教育的权利，而实行义务教育则是政府的责任。

虽然受教育的结果不同对劳动力本人的收入会产生不同的影响，这似乎又表明教育具有商品性，但这不是教育的全部性质。政府如果不能提供公益性的教育服务，将使许多因交不起费的学子失学，社会将失去大批优秀的劳动力。而付费受教育者对有钱人的孩子来说，也会因缺乏竞争压力而降低学习效果，导致社会经济发展的损失。

4. 国民健康问题

享受健康和充分的医疗服务是每个国民应有的权利。劳动者之间收入差异的存在，并不因此产生健康和医疗服务应该有什么不同，至少从社会伦理的角度讲是这样的。

国民的健康就要投入大量的资金，给医院必要的补助，使低收入者有机会能看得起病，给医院添置必要的设备，减轻医院的成本负担，在社区建造娱乐设施，为老年人、青少年提供活动场所，使这些收入低下或无收入的人，有一个可供锻炼的场所。

在解决国民健康问题上政府还要有医疗保险，建立医疗保险基金。这一切没有政府的参与是无法解决的。

5. 公共安全问题

公共安全问题在全球化的今天越来越突出了，2002 年的“非典”(SARS)袭击，全球范围内的恐怖袭击，2005 年的禽流感，人类面临的安全问题一方面是共同的，另一方面是不断出现与形式不断“翻新”。而对付这些公共安全问题同样需要有大量的经费投入，有的是用于科学研究，以对付病毒，有的是进行全民动员，加强戒备时刻准备。只有有准备才能解决各种各样的公共安全问题。如何日常运作，从资金到组织、从科研到应用，政府的作用是不可或缺的。

另外，如我国提出的社会主义新农村建设，既不是农户个人可以解决，也不是社会、村落有能力来完成的，因为它涉及的不只是社会主义新村庄的建设问题，而是要从农民的素质、精神状况、社会保障、接受教育等许多方面来建设，离开了政府的扶持，社会主义新农村建设将会流于形式。

市场经济中有许许多多这样的公共经济问题，需要有一个明确的主体来承担与解决它，政府必定是其中最好的主体之一。

二、按社会性质的产品分类

产品的性质可以有多种多样的区分。从使用价值来分，可分为吃、穿、用的产品；从物化的性质来分，可分为铜、棉、油、炭等产品；从社会性质来分可分为公共产品、私人产品等。所谓按社会性质来分，表明这种分法是人们一种社会活动过程中的区分方法，按这种方法区分的结果，在不同时期其具体内容是会有所不同的。下面我们分别来介绍按社会性质分类的这些产品的基本情况。

1.公共产品

公共产品是指公众所必须使用,且社会每一成员对这一产品的使用不会导致其他个人对该产品消费的减少,这一产品在产权上具有不可分割性。具体地说,作为公共产品具有两个特点:即所有权上的非排他性和消费过程中的非竞争性。

所谓非排他性是指这一产品的消费过程中无法排除不支付价格的人的消费。如海上建一航标灯、街上建一排路灯,建立起来以后就难以排除其他消费者的免费消费。

公共产品的非排他性特点具体表现在两个方面上。首先,公共产品在技术上就不易于排斥众多的受益者。比如灯塔你很难做到对不同受益人作不同技术处理。熟人或支付价格的船来了就开灯,否则就不开,若想这样在技术上很难做到,我们说它在技术上难以排他。其次,即使存在技术上的排他性,但排他成本非常昂贵,一般不会轻易采取排他手段。如上所说若要排除不支付价格的人使用灯塔,就需要设专人看管灯塔,查收支付费用的情况,甚至设置围障,招人卖票收费,检票验票等。但这样的结果是排他成本高于排他收益,而不愿排他。

所谓非竞争性是指这一产品的消费过程中增加消费者的消费,不会削弱现有消费者的消费水平。从生产者的角度来讲,是指生产的边际成本为零,即每增加一个消费者的消费生产成本为零。其结果就是增加多少个消费者一般都不影响其他人消费。用经济学的语言讲边际消费成本为零,即每增加一个单位消费所要支付的消费成本不变。生产者一般不会因为消费者的增加而增加相应的支出。

当然这是从消费增量的流动性来讲的,而不是指瞬时消费的总量,主要是指动态的接踵消费而言的,即一个接一个地对公共产品进行消费。如果是瞬时消费增量的增加,就会影响其他消费者的消费,产生"拥挤"。如灯塔、路灯都是这样,你一个一个地过去、一条船一条船地过去消费,对路灯与灯塔的使用,大家互不影响,不增加边际消费成本。如果大家一起消费,消费者又不断增加,那么肯定会对其他人的消费产生影响,要想满足消费者的需要就会增加边际消费成本。对消费者来讲,只要这一产品的消费过程不产生"拥挤",别人的消费不影响自己的消费,也不会主动向生产者"行贿"——支付使用价格。所以公共产品作为非拥挤产品,在不拥挤的情况下使用存在着上述两个特点。

2.私人产品

私人产品相对于公共产品而言是具有产权明确而又可分割的特性。它与公共产品是一对矛盾的统一体。私人产品的两个特征正好与公共产品相反。表现在:

一是所有权上的排他性,即能够在财产权上明确这一产品只属于自己而不属于他人,表明这类产品具有产权上的可分割性。

二是消费上具有竞争性，即该产品不能公共消费，某个社会成员消费它以后其他人员就难以无偿消费。

私人产品的第一个性质，保证了私人产品所有者有权对使用该产品的人索取价格，要求有偿使用。私人产品的第二个性质，保证了私人产品所有者可以单个地向该产品使用者索取价格，得到投入的回报。相对于公共产品的第二个性质而言，私人产品消费的增加，会增加它的生产成本，也就是说边际成本不为零，就需向每一个增加的消费者收费费用。

3.准公共产品

我们在对公共产品和私人产品进行分类时发现，从产品的社会性质看，大量的产品是只具有公共产品和私人产品中的某一个特性，即：(1)有的产品往往既具有非排他性，又具有竞争性；(2)有的产品既有非竞争性，又具有排他性。它们并不能单一地用公共产品或私人产品的性质可以说明的，我们称这类产品为准公共产品。有非排他性，但具竞争性的如草原、湖泊、河流甚至海洋等就属于这种情况。一个消费者要进入草原、湖泊、河流甚至海洋消费比较容易，包括生产性消费。但当这个消费者进入这块草原、湖泊、河流甚至海洋消费后，他就与其他消费者产生了竞争，会影响其他消费者的消费，使其他消费者的消费成本增加而收益下降。具有非竞争性而容易排他的产品如不“拥挤”的火车、桥梁、没有坐满的足球场、电影院等。在这些产品的消费过程中，多一个消费者往往不会引起边际消费成本的提高，也不影响其他消费者的消费。但这种产品的消费比较容易产生排他性，如在火车站建站卖票，给火车设一个门验票，桥梁设一个收费站等，这在技术上没有什么困难，人们要想无偿消费就不容易了。体现了这类产品具有的排他性。

所以这类产品与上述两种产品都有不同之处，为此我们将既具有非排他性，又有非竞争性的产品称为纯公共产品，以与准公共产品相区别。

4.不同性质产品的判断及行为主体

(1)产品性质的判断

要判断一个产品是否属于公共产品，首先要看这个产品在消费中是否具有非竞争性，如有非竞争性，则再进一步分析，它是否具有非排他性。要是这个产品两个性质都具备的话，就可肯定这个产品已属于纯公共产品。如果这一产品是纯公共产品，它应由政府的公共部门来提供。其次，如果这个产品既不具备非竞争性也不具备非排他性，那么这个产品就是纯私人产品，一般应有私人部门来生产。再次，如果一产品具有非竞争性但从技术上看它能排他，排他成本又不是很高，或者具有非排他性，但具竞争性的产品，属于准公共产品。准公共产品的生产，一般以市场配置为基础，国家实行必要的宏观调控，或者说让私人部门来生产，由政府给予经济上的补贴。

物化性质或使用价值相同的产品可能既是公共产品,又是私人产品,如同样是路灯,由于处在马路上与宅院中的位置不同,其性质也就不同;有的产品会因历史条件的变化而变化,历史上曾经是私人产品的,今天就可能成为公共产品了。如图书馆由小到大的变化就有这一痕迹;有的产品今天是公共产品,明天可能因技术上的可分性(技术进步以后)而变成私人产品了。

(2)不同产品的生产主体

公共产品的性质决定了私人(厂商)是不愿生产这类产品的,所以公共产品生产的主体是政府应是没有疑问的,将公共产品生产交于私人厂商来进行其后果是明显的,关于这一点我们在后面章节中会具体分析到。

私人产品的性质具有产权上的排他性和消费上的可分割性,决定了厂商是乐意生产这类产品的,这类产品当无人生产时价格就会提高,可以吸引大批生产者进入该领域,反之当大量生产者涌入时,生产过剩,价格下跌就会有许多人自动退出。所以在私人产品生产时,只要不产生政策性垄断,由厂商来生产比之政府生产效率要高得多,其利益与风险均有厂商承担,又不必担心消费者没有可供选择的消费品,届时政府又可坐享其成。

只是对准公共产品生产的主体怎么看,准公共产品一般主张由厂商来生产,政府实行补贴比较理想。作为准公共产品既是消费者所需要的,但又由于消费量的制约,没有政府补贴,厂商收益得不到保证,生产就会受到影响,但完全由政府来生产则可能因“吃大锅饭”而降低了应有的效率。

我们来分析像城市供水系统那样的公共产品的生产主体与生产方法问题。城市供水系统其主要成本是铺设管道,一旦管道铺好,每多供应一个用户所增加的成本几乎为零。如果再铺一条一模一样的管道来为另一些用户服务,显然是不经济的。这类行业必须实行垄断经营。对于自然垄断行业,不能要求像完全竞争市场那样要求产品价格等于边际成本。因为在这类行业中,边际成本总是小于平均成本的,如果产品价格等于边际成本,厂商便要亏损(如图 2-1 所示)。

解决这样的问题其办法:一是政府通过提供补贴来保证这一行业的继续运营,同时维持价格等于边际成本,补贴差额为 AB。这种政策从社会福利角度来看是最优的(不考虑补贴的经费来源——税收——可能导致资源配置的扭曲情形),如图之 Q_1。二是政府让这些企业自负盈亏,但限制其价格,使其经济利润为零,此时价格等于平均成本,如图之 Q_2。这种政策被称为次优的解决办法。这对于解决教育、国防、基础设施建设、矿产资源等问题所产生出自然垄断的问题提供了参考,因为这里所存在的自然垄断是我们建立公共经济学理论的重要前提。

(3)政府生产私人产品的条件

政府能否生产私人产品,我们说人们不能绝对地否定政府在私人产品生产中

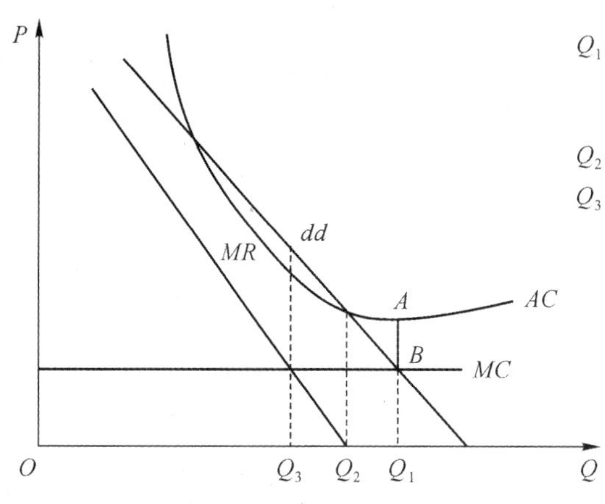

图 2-1　自然垄断及其相关政策

的作用，政府在两个目的的支配下，不仅可以而且必须生产私人产品。一个目的是为了限制该产品的使用量，使稀缺资源得到合理利用。资源的稀缺性表明需要对某些资源的使用加以限制，这对实现社会经济的可持续发展是必要的。私人部门有可能为了眼前利益而掠夺式地使用稀缺资源，造成部分资源枯竭。另一个是为了打破垄断，实现社会公平的目的，政府应该介入到私人产品的生产中来。政府只要是出于这两个目的是可以生产私人产品的。

从总体来说政府生产私人产品，需要解决委托代理的利益机制与委托代理的成本问题，如果能将这两个问题解决好了，政府生产私人产品的绩效或许会更高一些，原因在于现代社会运用政府作用已必不可少了，经济活动中尤其如此，而政府利用自己的成本应该是最低的。

现在有一种观点认为政府必须从私人产品生产中退出，专一于公共产品生产，这样的观点是值得商榷的。这是因为一部分特大型企业由私人经营的成本已经非常之高，国际化程度的提高，私人厂商的能力难以应付多方面的支出，其经营成本与政府经营比较而言已有过之而无不及了，国际间的外交正是政府的职能优势，政府的集约化处理还能降低国家经营企业的成本。政府解决委托代理的利益机制是能否搞活国有企业的焦点。有人认为私人厂商的经营目标与行为是统一的，利益关系也是一致的，追求企业利益的最大化，企业利益最大化的实现也就是个人利益最大化的实现，所以他们会在市场经济条件下为追求高收益，而冒高风险。而国有企业的厂长经理因资本是受人之托，利益高低与个人往往没有必然联系，往往经营不好，企业遇到风险时自己的位子与面子就都没有了，企业经理也就不愿冒高风险，从而产生低风险、低收益的现象。

这里有两个问题值得研究。一个是国有企业能否解决委托代理的问题。我们知道实行委托代理机制是当代企业制度的主要运行模式，本是无可厚非的，关键是什么性质、什么规模、什么程度的企业一定要实行委托代理机制。另一个是企业发展的所有制形式问题，所有制形式由什么决定的、它的重要性如何、所有制形式演变的规律是什么？这些问题理论界都在讨论之中，尚未有明确的答案。但实行委托代理的经营制度已是全球化的趋势了。

5.行为主体的错位及其后果

虽然我们认为政府并不是绝对不能生产私人产品，厂商也并非不可生产公共产品(这一点后面我们有所分析)，但一般而言，政府生产私人产品存在委托代理的风险，难以处理好投资者与经营者之间的利益分离、经营者与企业利益分离、企业利益与职工利益分离等问题；而私人(厂商)生产公共产品存在收费困难，投资难以得到相应回报等问题。如果要厂商生产公共产品，为此往往要寻求政策保护，获得准政府的地位，产生企业行为政府化，才能获取高额垄断利润，那样又会危及到其他部门的利益，甚至他们的生存与发展。

当然，一些经济学家认为，公共产品生产过程中的非排他性的问题是可以解决的，也就是说公共产品交私人厂商生产也是可以解决收费困难问题的。科斯在《经济学上的灯塔》一文中对英国早期的灯塔制度进行了研究。他的研究成果证明，灯塔的私人经营是可行的，他认为从穆勒到萨缪尔森以来把灯塔看作必须由政府经营或私营灯塔因无从收费而无利可图的观点是不正确的。科斯认为，在1610年至1675年间，拥有政府授权专门管理航海事务的领港公会连一个新灯塔都没有建造，但同期私人却投资建造了至少10个灯塔。到1842年，英国当时的公营灯塔有24个，而私营灯塔有22个。此后政府开始收回私营灯塔，到1870年以后，英国灯塔才全部公营。关于收购私营灯塔的理由，英国政府的解释是私人收费过高。由此看来，对于灯塔这样的“纯公共产品”，公营的原因并不是“非排他性”无法克服，而是为了限制垄断。科斯认为解决收费的“搭便车”困难问题在于：政府给予私营灯塔一个类似于专卖权的特权。这种特权或专卖权意味着每一艘船只使用灯塔都必须交付费用。这种专卖权实际上是界定产权，并由政府从法律上加以保护。在交易费用为零的条件下，通过适当的产权安排，非排他性是可以克服的，产权安排也并不一定要求公有化。

同样也有经济学家认为，“科斯定理”所谓的通过产权安排克服非排他性的方法并不完全可行。施蒂格利茨(J. E Stiglitz)指出了“科斯定理”存在的三个方面的阻碍。第一，对于纯公共产品，产权划分难以进行，不存在谈判的方式解决问题。这一方面是由于排斥任何人从公共产品高收费中获利，另一方面由于信息不对称，难以达成有效率的协议。实际上，即使在完全竞争的市场机制下，没有第三方的干预(法律)，私人协议也难以达到最佳效率。第二，私人解决的交易费用极高。施蒂格利茨认为,政府可以明确地看作是众人建立的、使外部效应内在化的义务机构。第三,一系列产权的建立会导致低效率。科斯定理的实质是排斥政府干预,但事实上明晰产权还是要有政府的介入,因而科斯定理也存在着自相矛盾的地方。

从根本上说政府生产私人产品造成的是效率的损耗,厂商生产公共产品造成的是福利的损耗,随着程度加深,任何一种错位都会有效率与福利两方面的损耗。

第二节　混合经济的产生

一、市场经济中的资源配置

1. 市场经济中资源配置的方式

所谓资源配置是指如何把有限的生产要素配置到社会迫切需要的众多领域、众多部门的产品和劳务的生产上去,以实现最佳的资源使用效率。时代发展到今天,任何社会不管其性质如何,从生产活动的宏观过程看,都存在着需求的无限性和资源相对稀缺性的矛盾,所以,在资源的配置中也就面临着对“生产什么,生产多少;如何生产;为谁生产”这样三个基本问题的选择。

(1)社会经济活动中配置资源的四种方式

从历史过程考察,资源配置主要有四种方法:

一种方式是“习惯”。这种习惯是在长期的社会经济活动中形成的,并受到了人们普遍遵守的惯例。一旦形成,它的遵守与否就会受到社会舆论与社会力量的制约。但这种资源配置的方式,具有盲目性、僵化和狭隘性,随着社会经济的发展必然遭到淘汰。

再一种方式是“命令”。命令是借助于手中掌握的各种权力强制别人执行的决策过程。用命令方式来配置资源一般是因为:对决策的执行者缺乏信心;出现社会动荡和经济危机;强化权力的垄断地位等。用命令配置资源产生的社会经济根源是严重的短缺经济。在短缺经济条件下,为把有限的资源利用好,采用命令的方式,在某种程度上能提高使用效率。但命令经济所造成的瞎指挥、盲目性、长官意志等是其负面产物。

另一种方式是“市场”。在市场配置资源的情况下,生产什么,如何生产和为谁生产的问题,主要是由一种竞争的价格机制来决定,消费者、生产者都拥有充分的自由选择权,他们从各自的经济利益出发,分散地、个别地进行决策,并通过市场交换和竞争达到他们的目的,调整他们的行为。

还有一种方式是“计划”。运用计划配置资源主要是因为生产的社会化程度提高,而经济活动的信息量又极不稳定,极易造成经济活动的非均衡状态,单个生产者往往难以控制经济发展的变化趋势，由政府作出统一的计划，可以起到调控经济起落波动的作用。从现代经济活动看，虽然不能说按习惯与按命令配置资源的方式已经完全消失了，但它们已不再是主要的配置方式。现代经济活动中，资源配置的主要方式表现为“市场”与“计划”两种，并且也已形成了相应的运行机制。

(2)计划与市场都是资源配置的手段

“计划”与“市场”都不是哪一个社会特有的资源配置方式，从一般意义上讲的计划，是指一种事先安排，是人类区别于其他动物的重要特征，计划的水平和结果反映了人类自觉、能动地改造与协调自然和社会的能力。经济活动中的计划，是指人们侧重于对未来经济活动的主观安排，一个合理的计划需要符合组织和协调部门之间、企业之间、企业内部各单位之间的经济活动的客观要求。计划有宏观与微观之分，宏观计划表现为国家和社会对经济资源配置的调控所作出的事先安排，从而使整个国民经济的发展达到某种特定的目标。微观计划则表现为生产单位组织生产所作出的安排，目的是使企业内部资源得到最佳配置，取得良好的收益。所以说计划是人类主观能动性对客观世界反映的一种表现形式，与社会制度的性质没有必然联系。无论何种社会制度，由于生产力的发展、社会分工协作关系的紧密、复杂，为了使经济发展能有序地进行，都需要通过制定计划来组织社会经济活动。很明显，计划本身并不是目的，它只是实现特定目的的手段，是组织社会经济活动的一个环节。尽管计划的水平和程度因受生产力发展水平的制约，但如何制定和实施计划都应服从于社会经济活动的客观需要。市场是商品经济特有的现象，凡是有商品经济存在的社会都会有市场。市场是商品交换顺利进行的条件，是商品流通领域一切商品交换活动的总和，是商品供给和需求及其相互作用所实现的商品流通的总和，只是随着商品经济的发展，市场的形式与作用方式是不断延伸的。市场存在的条件也与社会制度没有必然联系，而是取决于生产力水平的发展及与之相联系的社会分工状况，另外还取决于社会独立经济单位的利益关系的实现形式。在生产力的发展还不能消除各经济活动主体之间利益差别的情况下，它们之间的利益关系的实现，需要进行等价交换，以物换物或与货币交换等方式来实现，这就形成了市场和市场关系。从市场行为的积极方面看，它具有两个突出的特征，一个是平等性，另一个是竞争性。平等性是指相互承认对方是自己产品的所有者，对其所消耗的劳动通过价值形式给予社会承认。市场行为的平等性是以价值规律和等价交换原则为基础的，它不包含任何阶级属性，它否定了经济活动中的特权和等级，为社会发展提供了重要的平等条件，促进了商品经济条件下资源合理流动。市场的竞争性来自资源的自由转移与流动，表现为优胜劣汰，奖优罚劣。市场竞争提高生产效率和对资源的合理利用。

(3)计划机制和市场机制

相对于计划和市场而言,各种计划与市场要素的相互适应、相互制约、自行协调的自觉或自发的组织能力形成了计划机制和市场机制,它们成了与现代生产力相适应的两种不同的配置社会经济资源的作用机制。可以说计划机制和市场机制表明了一种与高度发达的市场经济相联系的计划与市场的作用过程与作用结果。计划机制是指反映社会生产和社会需求之间的内在联系,有计划实现社会总劳动,并对它按比例分配的自觉调节经济运行的功能。计划机制包括计划的制定、计划的实施和形式、计划实施的评估体系及对计划的纠偏系统等。作为人们有意识活动的计划机制与客观经济活动的要求越接近,也就越能发挥出应有的作用来。市场机制是指市场机体内的供求、价格、竞争、风险等要素之间互相联系及其功能。市场机制包括了供求机制、价格机制、竞争机制、风险机制等。这些机制又是彼此联系、相互制约、相互作用的。市场机制有一般市场机制和具体市场机制之分。一般市场机制是指在任何市场都存在并发生作用的机制。我们上面讲到的市场机制通常是指一般的市场机制。具体市场机制,就是指各类市场上特有的而起独特作用的运行过程,如金融市场上的利率机制、外汇市场上的汇率机制、劳动力市场上的工资机制等。在现代社会经济活动中,运用计划机制的作用调节经济活动,配置社会经济资源的叫计划经济。运用市场机制的作用调节经济活动,配置社会经济资源的叫市场经济。社会经济资源的配置究竟主要选用何种形式,需要根据不同的经济发展条件与经济发展的外部环境,重要的是根据生产力发展的状况来决定。但到今天人们已越来越认识到将两者结合起来,发挥两者各自的长处,应是最为理想的模式。

2.市场经济与新教伦理

资本主义较系统地利用市场方法来解决社会资源配置问题,也获得了巨大的成功,原因是因为它建立于以下几个条件的基础之上。

(1)新教伦理与资本主义市场经济

新教伦理从形式上看只是反对传统的宗教内容的教义教规,其实质是一场反封建的资产阶级革命,或者说是为资产阶级革命作准备的理论。

新教伦理中有几个比较突出的内容:

①强调人的主体地位,认为个人的自由、个性的实现是目的,而政府、国王或执政者都是实现目的的手段,要求人们为了自己的目的而生活和奋斗。

②强调自由意志与人的自由的重要性,认为自由的第一原则就是意志的自由,即有意志的自由判断,指出人们的判断不是建立在信仰的基础上,也不受欲望的干扰和制约,而是根据理性的理解,而自由地作出的。

③大力提倡节俭和勤奋,新教伦理通过对禁欲主义的宣传,要求人们清除自发

的、出于冲动的享乐，而应努力于工作之中，努力工作不是享乐而为了获得上帝的拯救。这种思想虽然披着宗教的外衣，但事实上是鼓励人们通过自己的劳动进行积累，符合资本主义积累的要求。

④提出道德起源于理性而不是感觉的观点。认为上帝是用自己的理性创造了世间万物及其秩序、规律等。世界上的一切道德原则是凭人们的理性认识到的，是一种客观存在，只有理性才能发出道德的光芒。

⑤推行责任与创新，认为人是应该对自己的行为负责任的，一切理性的结果也有两种可能，即成与败，成功归功于你自己，失败就应由自己来承担。创新是探索新的客观事物的前提，在创新的过程中也会有风险，因而敢冒险与理性行为是不矛盾的，在创新架构下的冒险过程也应是理性的。

新教伦理的发展过程中虽然有不同的声音，但从其产生的历史条件看，以上几个方面应是主流。新教伦理的产生是市场经济发展要求冲破封建宗教束缚的结果，它的产生又促进了资本主义市场经济的发展。

(2)新教伦理与资本主义精神

新教的理性与冒险精神有机地统一起来了，使市场经济的运行既是秩序规范，又充满激情与活力，以致有市场经济就会产生获利的欲望，产生对营利、金钱(并且是最大可能数额的金钱)的追求。这样的欲望存在于并且一直存在于所有的人身上。可以说，一切国家、一切时代的所有的人，不管其实现这种欲望的客观可能性如何，作为经济人都具有这种欲望。对财富的追求，不只是资本主义制度结果，更不只是资本主义的精神，它是市场经济的结果，是人类社会进步与发展的要求，这并没有错。从某种意义上讲，资本主义更多的是对这种人类本能的(irrational)欲望进行了一种超乎理性的释放。资本主义企业追求利润并且是不断增长的利润，是因为在一个完全资本主义式的社会秩序中，任何一个个别的企业若不利用各种机会去获取利润，那就必然要被淘汰出局。

资本主义发展市场经济利用了新教伦理，具体地说主要体现在下列方面之中：

①精到的资本核算与合理的劳动组织。资本主义的经济行为是依赖于利用交换机会来谋取利润的行为，亦即是依赖于(在形式上)和平的获利机会的行为。至于(在形式上和实际上)靠暴力来获利，则有它自己的特殊规律，尽管几乎所有的人都不免会把它与上述那种归根结底是通过交换来谋求利润的行为相提并论，但这其实是很不适宜的。只要资本主义的获利活动是按照理性来追求的，相应的行为就总要根据资本核算来调节。这就意味着，这种行为要适合于以这样一种方式来有条不紊地利用商品或人员劳务作为获利手段：在一个商业周期结束时，企业在货币资产上的收付差额(或者在一连续营业的企业中，资产的定期估算货币价值)要超过资本，亦即要超过用于在交换中获利的物质生产资料的估算价值。不管它是

原封不动地交付给商人的一定量的商品(其过程也可能是通过贸易原封不动地获得其他商品),还是其资产是由厂房、机械、现金、原料,以及可用于抵偿的制成品和半成品组成的制造业企业,这都没有什么区别。在任何时候都具有重要意义的事实是,要以货币形式进行资本核算,无论是用现代的簿记方式,还是用其他不管多么原始和粗糙的方式。总之,做任何事情都必须考虑收支问题:在一项事业开始时,要有起始收支;在作出任何决定之前,要有一番计算,以弄清是否有利可图;在该企业结束时,要有最后的收支估价,确定获得了多少利润。

经济行为在实际上适合于把货币收入与货币支出作比较,至于比较的方式多么原始都没有关系。这样,就这种意义而言,资本主义以及资本主义企业并非只是孤立的冒险事业,而是完全依赖于资本主义事业的不断更新,而且甚至是连续运转的经济企业。

自由的劳动组织在许多地方或许有所萌芽但这种组织方式在其他地方仅略有迹象而已。不自由的劳动组织方式甚至也曾达到过相当程度的理智性,但只是在种植园内以及在非常有限的程度上存在于古代奴隶工场中。在封建贵族的采邑内,在采邑工场和使用农奴劳动的庄园家庭工业中,这种理智性关系大都没怎么出现过。可以确证的是,使用自由劳动的真正家庭工业在西方以外的其他地方只是极为个别地存在过。只有在很少的情况下,一般是在国家垄断企业(但也完全不同于现代工业组织)中,频繁地使用日间劳动者才导致过生产组织的产生,但也从未产生过西方在中世纪就业已有过的那种理性的手工业学徒组织。

理性的工业组织只与固定的市场相协调,而不是和政治的或非理性的投资赢利活动相适应。这种理性的工业组织并非西方资本主义的唯一特点。资本主义企业的现代理性组织在其发展过程中依赖于这样两个因素:一是把事务与家庭分离开来,二是合乎理性的簿记方式。前一个因素绝对地支配着现代经济生活。劳动地点和居住地点在空间上的分离,在其他地方也存在着,如东方的巴扎(集市)和其他文化的奴隶工场。具有资本主义性质的联合体的发展及其账簿的使用在远东、近东和古代都有发现,但是,与现代商业企业的独立性相比,它们只不过是小小的开端而已。其原因就在于,这种独立性的不可或缺的前提是我们的理性的商业簿记方式以及我们的公有财产与私有财产在法律上的分离,在那里是全然不曾有过的,或者说仅仅才开始发展。在其他各地曾有的趋向只是想使赢利企业成为皇室或(具有家政性质的)采邑家业的一部分,而这种趋向,如同罗德布特(Rodbertus)所观察到的,尽管与西方的情况有表面上的相似,但在根本上却是不同的,甚至是相反的发展过程。

然而,所有这些西方资本主义的特点之所以获得了重要意义,归根结底,是因为它们与资本主义的劳动组织方式联系着。即使通常所谓的商业化、可转让证券的发展、投机的理性化、交换等等一类东西也是与之联系着的。因为,没有这种理性的资本主义劳动组织方式,所有这一切,即便有可能,也绝对不会具有同等的意义,尤其不会有与之相联系而产生的现代西方社会结构及其全部特殊问题。精确的核算与筹划(这是其他一切事情的基础)只是在自由劳动的基础上才是可能的。

从纯经济的角度看,归根到底,也不是资本主义活动发展本身(这种发展在不同的文化中只在形式上所不同:要么是冒险类型,要么是贸易、战争和政治的资本主义,要么是作为获利手段的经营)。中心的问题毋宁是:以其自由劳动的理性组织方式为特征的这种有节制的资产阶级的资本主义的起源问题,或从文化史来说就是西方资产阶级的起源及其特点的问题。这个问题与资本主义劳动组织方式的起源问题肯定有着密切的关系,但又不完全是一回事。因为,资产阶级作为一个阶级在资本主义的独特的近代形态发展以前就已经存在了,虽然它确实只不过是在西半球存在着。

②依靠技术进步与社会法制。资本主义的独特的近代西方形态一直受到各种技术可能性的发展的强烈影响。其理智性在今天从根本上依赖于最为重要的技术因素的可靠性。然而,这在根本上意味着它依赖于现代科学,特别是以数学和精确的理性实验为基础的自然科学。另一方面,这些科学的和以这些科学为基础的技术的发展又在其实际经济应用中从资本主义那里获得利益的刺激。西方科学的起源确实不能归结于这些利益。计算,甚至十进位制的计算,以及代数在印度一直被使用着(十进位制就是在那里发明的)。但是,只有西方资本主义在其发展中利用了它,而在印度它却没有导致现代算术和簿记法。数学和机械学的起源也不是取决于资本主义利益的。但是,对人民大众生活条件至关重要的科学知识的技术应用,确实曾经受到经济性的鼓励,这些考虑在西方对科学知识的技术应用甚为有利。但是,这一鼓励是从西方的社会结构的特性中衍生出来的。那么,既然这种社会结构中的所有方面并非都具有同等的重要性,这一鼓励又来自于哪些方面呢?

在这些方面中具有毋庸置疑的重要性的是法律和行政机关的理性结构。因为,近代的理性资本主义不仅需要生产的技术手段,而且需要一个可靠的法律制度和按照规章办事的行政机关。没有它,可以有冒险性的和投机性的资本主义以及各种受政治制约的资本主义,但是,绝不可能有个人创办的、具有固定资本和确定核算的理性企业。这样一种法律制度和这样的行政机关只有在西方才处于一种相对来说合法的和形式上完善的状态,从而一直有利于经济活动。因此,我们必须发问,这种法律从何而来?如在其他情况下一样,资本主义利益毫无疑问也曾反过来有助于为一个在理性的法律方面受过专门训练的司法阶级在法律和行政机关中取得统治地位铺平道路,但是,资本主义利益绝非独自地促成了这一点,甚至在其中也没起主要作用。因为这些利益本身并没有创造出那种法律,各种全然不同的力量在这一发展过程中都曾发挥过作用。那么，为什么资本主义利益没有使早期的印度、中国也做出同样的事情呢？为什么科学的、艺术的、政治的，或经济的发展没有使早期的印度、中国也走上西方现今所特有的理性主义的道路？

经济理性主义的发展部分地依赖理性的技术和理性的法律，但与此同时，采取某些类型的实际的理性行为却要取决取于人的能力和气质。如果这些理性行为的类型受到精神障碍的伤害，那么，理性的经济行为的发展势必会遭到严重的、内在的阻滞。各种神秘的和宗教的力量，以及以它们为基础的关于责任的伦理观念，在以往一直都对行为发生着至关重要的和决定性的影响。在东方资本主义市场经济到来之时，没有相适应的观念秩序，是一种悲哀，以致人们至今尚不清楚与市场经济相适应的，能促进市场经济发展的观念究竟是什么，常常将真诚作为伪善、将进取作为自私、将竞争作为残忍来对待，搞市场经济没有相应的保驾护航的观念。

3.资本主义利用市场配置资源的作用

可以说到今天为止，一方面已出现了几种资源配置的方法，另一方面利用市场方法来配置资源也已经历了不同的社会经济形态。但从历史发展的过程看，利用市场方法配置资源最为成功的还是在资本主义社会。这当然是因为市场经济在资本主义社会得到了极大的发展，但正如我们前面提到的它与资本主义理性的组织制度、冒险精神、严谨科学态度密不可分的。从我们今天来看，在资本主义条件下用市场方法配置资源至少取得了以下几个方面的成绩与优越性。

(1)刺激了人们积累财富的巨大热情，促进资本积累。

(2)防止了资源的闲置和无效率，使稀缺资源得到最大效率的利用，生产力空前发展。

(3)导致了社会专业化分工和劳动生产率水平的提高。

(4)推进了资本主义的经济民主与政治民主建设及新的与市场经济发展相适应的价值观念的形成和稳固。

4.民主从哪里来

产生于资本主义时期的民族国家和民主政治，是资本主义利用好市场经济的社会制度条件。需要说明的是，民主既不是哪个君王恩赐的，也不是简单地可以说是什么法律赋予的，民主是市场经济中天然产生的，在此基础上经过了无数仁人志士的斗争而获得的。

过去常有一种观点，民主来自天赋人权的结果，这纯粹是唯心主义的。另有一些说法可能在今天更为流行，那就是法律赋予论、明君赐予论等多种说法，其实不然。

民主既不是君王给予老百姓的恩赐，也不是写在条文里的法律给予的，民主首先是市场经济的要求，是市场经济对经济民主的要求催动，才产生了政治民主。我们知道封建经济以农业和小手工业为基本形式，这样的劳动形式具有较明显的地域性和固定性，这种劳动形式是十分有利于落后的生产方式下他的主人对劳动与劳动力的控制。但这种劳动形式极大地限制了交易的开展和劳动力的流动，也就是说是不利于资源配置的合理化与效率提高的。当商品经济不断发展，交换与流通，生产与效率成为经济内在要求的时候，封建经济方式和它的政治形式——封建君主制及其相延伸的人身依附关系，与商品经济的对立也就越来越尖锐，让生产要素释放出本能的冲动与要求，包括让体力劳动者的人身自由流动作为资本主义经济能否发展、政治制度能否巩固的前提。打破君主制，建立民主制成为一种新旧经济方式能否顺利更替的政治条件。资本主义的民主也就成为了必然。

实际上，资本主义条件下的民主不是资本主义制度的派生物，恰恰相反，是商品经济和市场经济产生了民主的需求，通过资本主义政府的“生产”才有了民主。换言之，资本主义政府不去“生产”民主，要么不能产生自己，要么自己被历史所淘汰，你不“生产”民主就会有别人来“生产”。只要有了需求还怕没人生产?! 这就是开放的市场经济与封闭的小农经济的最大区别。由此说明市场经济要求民主，而资本主义只是顺应了市场经济发展的需要，生产和供给了民主。

所以民主也不是哪一种社会制度的产物，没有市场经济的发展去提经济民主和政治民主的要求，是不可思议的。(1)搞市场经济就必须实行真正的民主，而实行民主就要对权力实行必要的监督，这一点资本主义的文明成果也值得人们学习、借鉴。人们不能简单地将对权力的监督、制约机制仅仅看作是资本主义所特有的而加以拒绝。(2)对权力实行多种形式、多层次的制约与监督是人类文明的成果，我们的责任是不断地完善它。权力间的相互制约和社会监督(包括党派、舆论、民众监督)实质是不同利益集团在不同利益的对立基础上的监督，它使监督真正取得了实效，而同一利益集团或趋同化的不同利益集团间的监督常常是一种无效监督，在这一点上资本主义市场经济条件下的监督形式也有值得人们借鉴的地方，只有那样才能有效推动社会主义市场经济建设的健康发展。在这里人们常常会问，能否用供求关系的理论来说明加大民主供给的重要性问题，一些人认为，为防止民主被人为地垄断，设置多个供给主体，开展民主供给方的竞争，提高民主供给的质量。这种情况事实上并不是不可产生的，西方国家的多党制是在这方面作了一些探索，虽然我们在后面要分析的多党制也有许多弊端，但增加民主供给主体总是提高供给质量的一个重要前提，这是应该不断探索的问题。

二、市场失灵的原因

利用市场机制配置资源虽然有它的积极作用，但也有它的消极作用，其原因是盲目地追求自发的市场经济，造成了“市场失灵”。所谓“市场失灵”是指利用市场法则的结果造成对市场发展的阻碍。市场失灵的直接原因是因为市场机制在配置资源过程中存在的：

1. 自发性

即各个分散的企业只从自身的局部利益出发，按照市场信号调整微观经济的资源配置，往往使整个社会资源配置处在无政府状态。它需要经过长期的、无数次的反复，才有可能达到社会总供给与总需求的平衡。

2. 滞后性

各个市场主体在接受价格信号时，所获得的高于或低于商品价值时，已是在交换之后的事了，此时再行调整，一方面已发生了供应不足或供过于求的状况，另一方面这时的调整也不能及时满足供求平衡的需要。市场机制的作用自身不具备预见经济变化的功能。

3. 不稳定性

当市场机制的作用使社会总供给与总需求达到平衡时，不会因此而被稳定下来。各企业从自身利益出发，还会将资源从效益低下的部门向效益相对较高的部门转移，同时造成这一部门供求平衡的损害。市场机制的竞争是各企业为追求自身利益最大化的竞争，哪个部门获利相对丰厚，生产者就会调动自己的资源要素向哪一部门转移，从而造成供需平衡的不稳定性。从根本上说，造成市场失灵的原因是对市场行为的过分依赖与放纵。

三、市场失灵的表现

1. 收入与财富分配不公平

这是因为市场运作要遵循资本与效率原则，资本与效率原则又存在“马太效应”。这可以说是市场势力正常的作用造成的收入与财富分配的不公平。一方面资本拥有越多在竞争中越有利、效率提高的可能性也往往越大；另一方面是资本效率对社会的剥夺，收入与财富越来越向资本集中，使一些人更趋于贫困，造成收入与财富分配的差距拉大，这种差距拉大又会由于影响消费而影响到生产，制约社会经济资源的充分利用。

人们通常用洛伦斯曲线(Lorenz curve)和基尼系数(Gini conefficient)来反映收入与财富分配的不公平状况。洛伦斯曲线是用来反映社会收入分配(或财产分配平均程度)的曲线。如果把社会上的人口分为十个等级，各占人口的百分之十，按他们在国民收入中所占份额的大小可以作出表 2.1：

表 2.1

级别	每级占人口的百分数	合计	每级占总收入的百分数	合计
第 1 级	10	10	2.0	2.0
第 2 级	10	20	3.5	5.5
第 3 级	10	30	4.5	10
第 4 级	10	40	5.5	15.5
第 5 级	10	50	6.5	22
第 6 级	10	60	7.5	29.5
第 7 级	10	70	9	38.5
第 8 级	10	80	11.5	50
第 9 级	10	90	15.5	65.5
第 10 级	10	100	34.5	100

表 2.1 是根据美国 1982 年国民收入的分配结果列出，然后我们再将它列入洛伦斯曲线之中加以分析(见图 2-2)。

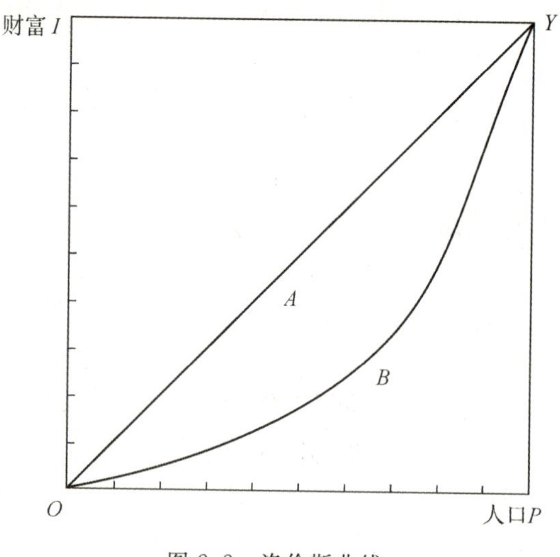

图 2-2 洛伦斯曲线

图中，*OI* 代表财富或收入，*OP* 代表人口百分比，*OY* 为 45°线，在这条线上每增加 10%的人口得到 10%的收入，表明人口增长与收入增长是同比例的，这条曲线表明收入分配绝对平均，称为绝对平等线。*OPY* 表示收入分配的绝对不平等，因为在这里表明人口与财富没有必然联系，人口的增加财富不能相应地增加。假如洛伦斯曲线正好是重叠于 OPY 线，那么从 OP 段看是表明所有的人没有财富，从 PY 段看表明所有的财富都不在人的手上。故这两种情况在现实生活中是不存在的，通常的情况是介于这两者之间，洛伦斯曲线与 OY 线接近，收入分配愈平等，与 OPY 线愈接近，收入分配愈不平等。

根据洛伦斯曲线可以计算出反映收入分配平等程度的指标，这一指标为基尼系数，在图中实际收入线与绝对平等线之间的面积用 A 来表示，把实际收入线与绝对不平等线之间的面积用 B 来表示，那么计算基尼系数的方法是：

$$\text{基尼系数}=\frac{A}{A+B}$$

当 $A=0$ 时，基尼系数等于 0，这时收入绝对平等；

当 $B=0$ 时，基尼系数等于 1，这时收入绝对不平等。

实际基尼系数总是大于 0 而小于 1。基尼系数越小，收入分配越平等；基尼系数越大，收入分配越不平等。

现在国际上一般认为，基尼系数在 0.2 以下，表明收入分配绝对平等，而基尼系在 0.2～0.3 之间为相对平等；而 0.3～0.4 之间属于比较适度，0.4 以上被认为是收入分配很不平等；0.5 以上为收入分配绝对不平等状态。

但萨缪尔森恰恰用洛伦斯曲线来证明发达国家的收入分配比发展中国家的收入分配更加平等，所以是否公平的问题这里面还是受不同的价值观念影响的。

2.“外部效应”问题

外部效应与公共产品生产有着密切的联系，我们已知准公共产品现象事实上是收益外部化的表现，也称正的外部效应（positive externalities）。在另外的很多场合某种产品的生产或消费会使生产者或消费者以外的社会或是遭受损失，或是无法为此得到补偿，这就是成本的外部化，或称负的外部效应（negative externalities）。现在人们通常在说的外部效应则是指负的外部效应。

负外部效应是市场失灵的主要表现之一，也是政府应用财政支出等手段对经济运行干预的一个重要前提。只要私人利益与社会利益发生不一致，就存在着某种负外部效应，因此，广义的负外部效应应用非常广泛，甚至可以包括一切的市场失灵。而从某种意义上说，公共产品不过是带来外部收益的产品的一种极端情况，其外部效应的受益人遍及所有社会成员。

我们具体区分外部效应现象可以有这样几种表现：

（1）生产的正外部效应。如养蜂场的蜜蜂帮助隔壁果园的果树传授花粉从而提高果树产量；而养蜂场也会因果园的存在得到增加蜂蜜产量的好处。

（2）消费的正外部效应。如注射预防传染病的疫苗，使他人也因此减少了传染上这种疾病的可能；沿街居民在阳台上放几盆花木、人的衣服穿着干净体面等，都会产生消费的正外部效应。

(3)生产的负外部效应。工厂向空气中或河流中排放废气或废水,会严重污染环境却不必对此进行赔偿,这意味着成本向外转让,产生的是生产的负外部效应。

(4)消费的负外部效应。如吸烟者会给同一场合不吸烟者身体健康造成损害。高层住宅里的人们将垃圾倒在底楼邻居的庭院里等。

(5)消费的正负效应的转换。如早先有一家人买个大彩电,让邻居都能来看,产生的是消费的正外部效应,但一旦只顾自家看又放大音量且不顾时间安排,就变成负外部效应了。

3.竞争失败与市场垄断

竞争失败是因为竞争的条件在不断发生改变,一方面产品之间总是有差别的,存在着不同程度的不可替代性;另一方面资本规模的扩大与交通费用等交易成本的增大,也往往阻碍着资源的自由转移。促进规模扩大的因素有:(1)技术进步;(2)市场扩大;(3)企业为获得内部规模经济与外部规模经济而进行的横向与纵向的合并。这一切都会导致竞争的失败。

自由竞争导致的生产规模扩大,少数企业对市场占有份额的增加,政府出于保护本国企业参与国际市场竞争的需要,而对国内企业因规模扩大而可能导致的垄断采取暧昧态度,都对垄断的形成起着刺激作用。垄断会导致较高的价格,较低的产量和垄断者额外的利润。垄断本身抑制了竞争,损失了社会经济福利,垄断是一种严重的市场失灵现象。当然现在人们讲的垄断有多种表现,有自然性垄断、技术性垄断、规模性垄断、政策性垄断等,我们至今在反的垄断是一种规模性垄断行为。对技术性垄断,甚至是提倡的,主要是要鼓励企业采用新技术。

4.失业问题

失业是自由竞争和市场失灵的最重要的表现之一。按凯恩斯的就业理论,充分就业(意指在某一货币工资水平下,所有愿意工作的人都得到了就业)只有在经济繁荣时才能达到,而经济繁荣则取决于投资,当储蓄不能被投资所吸收时,会造成经济衰退出现大量的失业。储蓄所以不能被投资所吸收,是因为当投资增加时,其边际生产率(边际生产率是指在其他条件不变的情况下,追加一单位某种生产要素所增加的产量)和边际效率有不断下降的趋势,与此同时国民收入的增长和边际消费倾向下降,储蓄又有不断增加的趋势。凯恩斯的结论是在市场无法使投资与储蓄达到均衡时,就需要有政府承担起投资的职能,以保证经济繁荣和充分就业。

但事实上政府的投资行为与市场对解决失业的信号和需要是无法达到一致的,失业也就难以避免。马克思更多地将失业看作是一种社会制度的结果,因为资本为了追求更多的利润而进行积累,资本有机构成提高,机器排斥工人劳动,产生失业。其实凯恩斯的理论论证与马克思的论证具有内在的一致性,实际上都有一个政策措施的取向问题。科学的理论总是相通的。

5. 公共产品与搭便车

从市场效率出发，厂商是不愿提供公共产品的，公共产品的非排他性和非竞争性决定了这一点。公共产品生产所具有的正外部效应，即公共产品生产收益的外部化将导致这种产品私人收益小于社会收益，私人企业对公共产品供给的不足表明如果没有人生产公共产品将导致社会福利的损失。

公共产品又是市场经济有效运行的条件，许多公共产品的生产能为厂商减少必要支出，如建桥梁等。公共产品供应量的增加也就增加了社会福利总量，所以政府必须承担提供公共产品的任务。近年来，以布坎南(J. M. Buchanan)为代表的新一代制度学派认为公共产品能够保证社会经济正常而又有效运行，诸如法律、公共安全以及自然秩序都是公共产品。这些公共产品能够使市场有效运转，但却不能由市场本身来提供，只有通过公共选择由政府来生产这些公共产品。他们认为一般人都出于自身利益的考虑希望由他人来提供公共产品，自己免费使用，这就是搭便车(free ride)。搭便车行为的存在使投资得不到回报，私人部门不愿生产这类产品，出现长期的公共产品供给不足。

6. 消费者的合理无知(包括生产性消费与生活性消费的合理无知)

在自由竞争的市场经济中，完全尊重消费者的自身决策，但消费者的自身决策又取决于获得的信息状况。信息是一种稀缺资源，要想获得信息就要支付昂贵的代价。信息费用昂贵往往导致消费者决策失误和市场配置效率的下降，作为单个消费者，消费某一产品不可能将所有这类产品的质量、价格都作一番比较，从这点出发，信息的提供者也应由政府来承担。如果政府能提供信息，可以使生产者降低生产中获取的信息成本，增大社会生产效率。对消费者而言可以降低商品的消费价格，提高消费能力，促进消费和消费福利的增大。

7. 市场调整过程的代价

市场调整有一个"时滞效应"，就是我们讲的市场经济的滞后性、事后性与自发性。市场经济的自发运行可以对经济活动起到调节作用，但这一过程太长，就会产生滞后，造成资源的种种浪费。一个产品是属于无效产品还是有效产品，难以让市场在做了试验以后再加以甄别，那样就会付出巨大的社会代价。而自发的市场活动是不可能通过自身的运作来达到经济结构的比例性和计划性的。

8. 区域经济协调与国际收支平衡遭到破坏

区域间的经济发展也有矛盾的一面，如上游地区砍伐森林，得到经济收入，影响了下游地区的防汛和灌溉。一个地区传统的区位优势明显，如港口交通便捷、国际经济联系广泛，资源就会大量地向这里集中，发展当地经济，但这有可能造成其他地区人才流失，影响其他地区的发展。而这一地区的经济发展，反过来又会带动周边地区物价上涨，对周边地区产生负面影响。

国际经济贸易的自发进行受到经济与政治因素的影响，往往会被扭曲，有时表现为纯进口，有时又表现为纯出口，当纯进口时出现巨大逆差，而当纯出口时又是资源外流，又是外汇收入闲置。要想做到国际收支平衡也要政府参与，以求得国际收支的平衡。现在世界各国一般追求的目标是保持国际收支的基本平衡，略有结余。

9. 公共资源的过度使用

公共资源(common resource)的特征主要有两个：一是这种资源是稀缺的，二是这种资源的使用是不受限制的。比如渔民在江湖中捕鱼，一个人捕鱼的多少往往取决于渔民数量的多少，这样每个渔民的加入都给其他渔民带来外部成本。再如油田采油也有这种现象，一个矿井产量的多少与附近采的油井多少有密切的关系。还有上大学的竞争激烈化程度也有同样的情况，如果长期是招生数量较少或者不变，学校收费较低，而就学者数量又源源不断，就会产生激烈的竞争。教育资源会被掠夺式使用，学生的负担也无法减轻，所以要实际上减轻学生负担，还要在增加学校或扩大招生的同时，适当提高收费。只有不存在外部负效应的情况下才能减轻学生的负担。这种情况与一些学校因垄断性经营或欺诈性收费，导致增加学生负担是两回事。

下面我们以公共湖泊中捕鱼为例，在公共湖泊中，渔船的增加一般会使这个湖泊中捕到鱼的总产量增加，但不可能是成比例地增加。每艘渔船平均的捕鱼量会随着渔船数的增加而减少，这就意味着增加一艘渔船的边际社会收益低于每艘船的平均收益。如图 2-3。

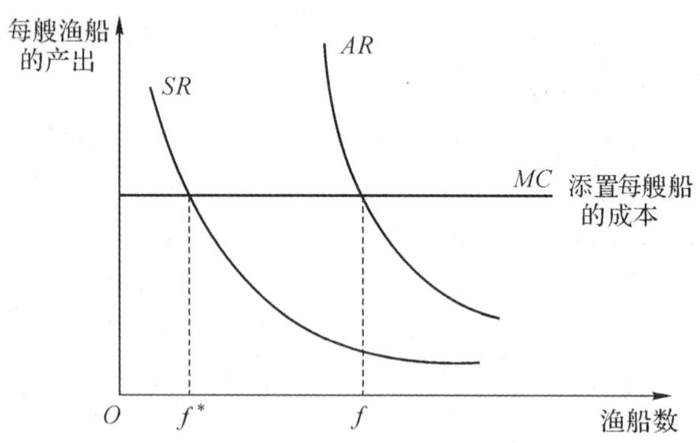

图 2-3 公共湖泊的过度使用和效率损失

图中 SR 为边际社会收益，AR 为平均收益，设添置一艘渔船的边际成本为 MC，每艘船的平均捕鱼量为 AR，这相当于添置一艘渔船给渔民个人带来的边际收益，而渔船的边际社会收益为 SR，SR 线在 AR 以下，渔民们将权衡添置一艘渔船的成本和自己由此获得收益的大小的关系，从而湖泊中的渔船数由 MC 线与 AR 线的交点决定，为 f。然而从社会角度考虑，最优的渔船数应由 MC 线与 SR 线交点决定，为 f^*。显然，$f>f^*$，这表明了在私人生产的市场机制作用下产生了对公共资源的过度利用和效率损失。

第三节　公共部门

一、混合经济的产生

1. 混合经济产生的条件

混合经济的产生，首先是生产力发展不平衡规律作用的结果。生产力发展的不平衡表明不可能只有统一一种所有制形式存在于一个社会。其次是市场失灵，关于市场失灵我们在前面专门已讲到。市场失灵表明市场机制的作用并不是万能的，并不是像人们期望的那样只有一种积极作用，政府可以高高地坐在殿堂之内，而不介入到经济活动中去。由于这两个原因的存在，要求将市场的作用和政府的作用结合起来，那样就产生了混合经济。混合经济最早产生于奴隶社会出现的时候。混合经济的作用是容纳了各种生产力的需求，缓冲了生产力发展过程中的矛盾。

2. 混合经济的定义

混合经济又称为有控制的市场经济，或双重经济。现在人们一般对混合经济模式有三类定义：第一类把混合经济定义为资本主义特征和社会主义特征的并存；第二类把混合经济定义为市场因素与计划因素混合；第三类则把混合经济定义为国家借助于宏观调控、宏观经济政策和政府组建的公共部门而进行的对市场的干预和管理。所以有的人将混合经济称为私有制公有化，雇佣劳动福利化，市场经济计划化。将混合经济看作是一种经济活动全方位的概念。

3. 混合经济体制的模式

混合经济有不同的模式其原因在于：(1)各国的发展水平不同；(2)各国社会与政治结构的不同；(3)各国占统治地位的意识形态不同等。

由于混合经济出现了不同的模式，造成了有些国家的公共部门大些，有些国家的公共部门就小些；有些国家则比较多地强调综合目标的实现，有些国家则可能主要强调个别目标的实施等不同的情况。

由于以上三种因素的不同作用，西方国家大致出现了以下几种各具特色、互有差异的混合经济体制，它们是：(1)以美国为典型的国家需求管理型混合经济体制；

(2)以英国和瑞典为典型的福利国家型混合经济体制;(3)以德国为典型的社会市场型混合经济体制;(4)以法国为典型的强调供求管理的指导性计划型混合经济体制;(5)以日本为典型的国家发展导向型混合经济体制。

二、公共部门与私人部门

公共部门一般是指政府部门;私人部门是指家庭和私人企业(厂商)。公共部门是相对于私营部门的一种重要的组织形态。从传统的意义上说,公共部门是以公共权力为基础的。其基本性质是公共部门的公共权力产生于社会,并凌驾于社会,公共权力具有明显的强制性。

公共组织存在的合法性受到公众的信任与支持,它们依法管理社会公共事务,不以市场取向或利润、营利为存在的目的,其目标是谋取社会的公共利益,对社会与公众负责,而不偏私于某个个人、政党或集团的独特利益。因此,其产出是维持社会存在与发展的公共产品、公共秩序与安全、社会价值的分配。从这样的界定出发,一般将拥有公共权力,执行国家法律制定、社会公共事务管理与各种纠纷的裁决等职能的部门,视为公共部门。在一个国家中,包括国家立法机关、国家行政机关、国家司法检察机关等,构成国家政权的组织体系。而随着国家行政权的扩大和行政机构在社会经济、政治、文化等各方面管理功能的放大,它作为公共部门的角色这一地位变得越来越突出了。

第二次世界大战后,随着行政权的扩大,政府管理经济与社会各方面事务的形式也发生了重大变化。政府由传统的"守夜人"和社会生活的仲裁者,直接进入了人们社会生活的各方面。政府直接投资办企业,建立起国营企业,提供公共产品;直接开办公立学校,使更多的平民子女接受国民教育;授权委托其他社会组织形式,分担一部分社会事务管理责任。因而,具有原公共部门一部分内在性质的组织范围明显地扩大了。在广义上,它包括国家政权组织,尤其是管理社会公共事务的行政组织,同时也包括由政府直接投资,在所有制形式上属于国有的公营企业、公立学校、公立医院与得到行政授权的机构等。在美国,公共部门甚至包括独立管制机构等。

由此可见,公共部门是泛指拥有公共权力,依法管理社会公共事务,以谋取社会的公共利益为目的的组织体系;以及由政府投资、开办,并以国有制形式运作的公营企业、学校、医院等组织体系。公共部门从小到大来划分其范围可分为:仅包括中央政府部门的狭义公共部门,与包括中央与地方政府及包括非金融公共企业的广义的公共部门。

首先中央政府是最狭义的公共部门,通常包括所有中央级的各个部局等行政机构以及中央政府的其他机构和组织。

其次是将一国所有政府部门包括在内的广义政府，这个层次包括了中央与地方的各级政府部门的公共部门。在我国就是国务院，省级政府，市县及乡级政府。

第三个层次的公共部门是包括广义政府和非金融公共企业的统一公共经济部门。公共经济学是研究最广义的公共部门行为的一门学问，对私人部门行为的研究，只是从资源配置的社会合理性上才进入我们的视线。

需要说明的是：也有人认为金融部门也具有公共部门的性质，也应由政府来承担职责，因为它们的行为很大部分也属于是政府行为，所以应该将它们也作为政府部门来对待。

我国国有企业是否属于公共部门呢？这是一个有争议的问题。公共经济学是以市场经济为基础建立起来的学科，肯定不会将国有企业的整体纳入公共部门。因为从公共产品的两个特征出发，国有企业的许多部门或产品生产是属于竞争性与排他性的，因而必然是营利性的，它可以由私人部门来完成，效率一般认为会更高一些。这些部门由公共部门来经营效率就有可能降低。受官僚主义与腐败及官本位制的影响等，都会降低国有企业的效率。

公共部门所从事的是没有盈利或低盈利的部门，是私人部门之所不愿从事的，这些部门就是让私人部门来经营也会造成严重的福利损耗，这种福利损耗大于企业获得的效益。

公共部门与私人部门在职能方面的比较是有所不同的，政府部门一般是对选民负责，而非政府部门（厂商）的行为则主要是对投资者负责。

政府部门的行为往往具有强制性，而非政府部门的行为对于其行为接受者来说则是自愿选择的。

从政府职能的具体区分看：中央政府的职能主要是——国防、邮政、造币以及调节区域间与国家间的商业活动等。地方政府的职能主要有以下各项——教育、福利、警察与消防，以及其他地方性的服务，如公共图书馆、污水处理与垃圾处理等。

三、公共部门与国有企业

1.厂商生产公共产品的损失

我们用不拥挤的桥梁来说明这一点，如图2-4。

Q_L 是为桥的实际通行能力，人们对桥的需求量与桥的承受能力相等，假如不拥挤的桥梁由政府来生产，对桥的使用者不收费，这样桥的利用能力就能达到 OQ_L，这时所产生的社会福利为最大 OQ_LP_2，社会福利与消费者剩余相等。

如果由私人部门来提供，他将会考虑投资成本的回收需要。如果他将价格提高到 P_1，这样消费者对桥的使用量就由 OQ_L 缩减到 OQ_P。造成了 Q_PQ_L 数量的

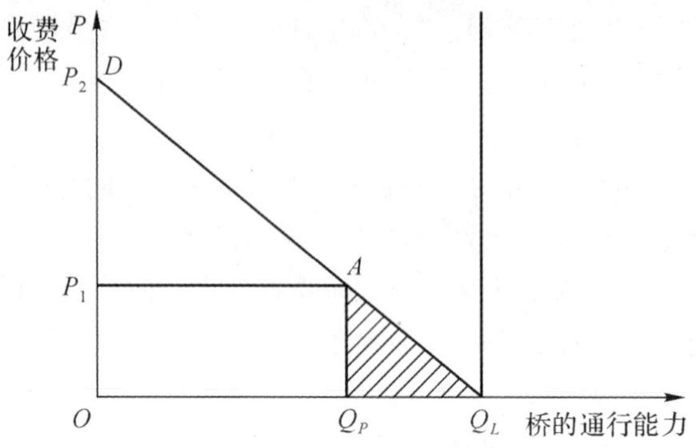

图 2-4　桥的收费对使用量影响

消费者不能通过这桥，社会福利损耗为 Q_PQ_LA，消费者剩余降低到 P_1AP_2。就这一问题我们将在下一章还要作详细分析。

2. 公有企业的效率之争

西方经济理论一般认为公有企业相比于私人企业是低效率的。从理论上讲，一个有效率的企业应满足这样一些基准：(1)企业购买投入品时，其价格达到投入品市场中通过竞争所实现的水平，投入成本应有竞争性；(2)在当时可能利用的技术条件下，实现投入品的最优组合，使用最可能的先进技术；(3)以最优生产规模进行生产；(4)以可将费用降低为最低的最优销售渠道进行销售；(5)在劳务、人事、财务方面不存在"经营上的懈怠"。就这几方面而言，一般认为公有企业效率整体上较私营企业为低。

1984 年有一个美国工业家领导了一个专门调查小组对公有企业(包括政府部门)的效率进行了调查。认为：美国国防部用 9 美元购买在自由市场上可用 3 美元买到的标准螺钉；在非制造产业，政府部门雇员比私营部门雇员多花 64%的病假时间；政府部门所使用计算机的平均寿命为私营部门的一半；政府总务管理局所雇人数是相应业务量的私营部门的 17 倍，管理成本则为 14 倍；等等。

其他一些经济学家则认为私人部门也有严重浪费现象。问题关键不在公有部门的浪费，而在是否能说明公营部门的浪费比私营部门的浪费有着系统的区别并严重得多。尽管人们普遍认为政府管理机构要比私立机构效率低一些，但只有零星的几件证据证明这种看法。相反的事例同样存在。例如，在加拿大有两大铁路网，一家是公营，一家是私营。研究表明，这两家铁路网在经营效率上并没有明显的区别。再如，尽管英国的国有企业亏损严重，但大多数法国的国有化企业则盈利丰厚。

但总体而言西方经济学认为公有企业效率低于私有企业，并努力寻找公有企业低效的原因。以下简述一些他们认为可能是导致公有企业低效率的根源。

(1)集体行为的动机

由于政府企业不必关心破产,也不考虑竞争。前者使企业没有改善企业财务状况、降低成本增加收益的动机;后者使企业缺乏创新、进步的动机。

①破产。公营企业与私营企业的动机不同之一来自破产的威胁。私营企业经常面临破产的压力。破产是一个重要的报警器,它提供了私营企业如果经营不善会产生企业亏损的限度,它是淘汰低效率管理的自动调节器,它迫使企业的预算有一定的约束。与之相反,政府企业常常进行赤字下的经营,享受着政府的补贴。

②竞争。竞争是优胜劣汰的重要条件。首先,竞争提供了选择的机会,选择会使企业不得不考虑由于他们的官僚制度对顾客造成的损失。由于公有企业的官僚作用特别严重,这一点对其便有特别的意义。在不存在竞争时,顾客往往不得不排队等候或支付拥挤的代价,这些顾客的成本是不计入垄断企业成本之中的,因而企业不会考虑顾客的需要;由于不存在竞争,消费者的偏好不能通过选择显示出来,因此企业也无从得知如何减少拥挤现象。竞争提供了一个检查制度,使消费者能够“用脚投票”,对政府部门的低效率进行惩罚。其次,竞争提供了一个激励结构。因为垄断会加剧无效率。竞争提供了相互比较的基础。当只有一家公司经营邮政时,判断它是否工作有效是十分困难的;但当有几家在从事这一行业时,比较便是可行的了;这种区别可以在市场或利润上表现得十分明显。竞争会使那些有效地为顾客服务的公司得以发展,并使那些低效率的公司日趋不景气;这些都是不以人的意志为转移的自然法则。更重要的是,竞争所造成的生存压力将迫使企业不惜一切代价提高效率、革新产品、加速创新。

(2)个人动机

公有企业的激励机制不如私人企业那样与利润息息相关。例如,公有企业职工的薪金结构类似政府行政部门,受严格的等级制度的支配。有经济学家认为,这样的激励结构会影响公有企业人员的质量,尤其影响经理们的努力程度。

公有企业与私人企业的另一个不同是对雇员使用权的限制。一般在公有企业被解雇的情形很少发生,这种没有潜在雇员候选者挑战的极具保险性的工作曾被认为是公有企业的一大优越性,但现在看来这已成为一些人不思进取的根源。公有企业的管理人员往往由行政部门委派,这导致任人唯亲之风泛滥,并使他免受来自各方的政治压力,同时也给那些滥竽充数者以保护伞。

(3)公有企业的官僚行为

公有企业的管理制度与一般政府行政部门相类似,充满了官僚气息。一般来说,官僚总是伴随着低效率、缺乏创新、僵化、教条、办事拖沓。官僚制度至少有以下弊端:第一,官僚组织中评价官员的目标多样化。利润最大化是私人企业的明确目标,而政府部门以及公有企业则不得不作种种分配上的考虑。第二,传统激励机制不适用于政府工作，公有企业经理的努力程度与工作的成功之间关系甚微。这是一般委托—代理关系常见的困难。由于信息不对称，很难建立一个委托人与代理人目标完全一致的激励机制。第三，官僚机构的主要目标是追求机构最大化。官僚们关心的不是效率、赢利、优质服务等等目标，关心的是他们的工资、办公室的舒适条件、公众中的声望、权力庇护和“官僚竞争”。第四，官僚厌恶冒险的特性是官僚机构创新能力衰退的主要原因。官员的错误往往比他的成功更能引起注意。厌恶风险导致了官僚特性：任何事情都要经过必要的程序、办事拖拉。这类拖拉可会带来极大的社会损失。

(4)公有企业低效率的制度原因

有些西方国家，如日本，公有企业的运作受到制度安排方面的严重约束，这是造成公有企业低效率的又一原因。日本公有企业受到如下一些制度约束：第一，公有企业的经营自主性受到严重削弱。公有企业的预、决算必须经国会通过，干部人事安排需经国会承认，严格限制企业向新投资领域扩展，等等；由于企业不能自己决定职务的任免，公有企业的干部们就要四处活动，与企业外政治家拉关系，进行钱权交易。这成为经理人员“经营懈怠”的重要原因。第二，主管部门繁多，职责不明确。第三，对公有企业的管理具有政治化的明显倾向。公有企业总是在不同时期特有的政策下受到各种政治性干涉。由于这种政治性干涉是以政党的政治利益为根据的，对公有企业的长期政策目标并不关心，其结果是严重降低了企业提高内部效率的积极性。

(5)低效率的产权经济学解释

产权经济学家通常认为产权的界定不清是公有企业低效率的重要原因。产权经济学认为，由私人所有的应该是具有排他性和对抗性的私人产品。只要被称为财产的一组权力将带来使用这种资源的更大效率并由此增加社会财富；或者，建立和履行这些所有权的代价小于收益，所有权就应该赋予任何一种资源。建立和履行私人产品所有权的代价低，建立和履行公共产品所有权的代价高。因此，适合于私人所有的资源应赋予其私人所有权，才能达到资源的最佳使用。只有那些建立和履行所有权的代价极高的资源才适合于公有。产权经济学证明，在一个以经济效率为目标的狭窄范围内，更容易选择私人所有权而不是公共或社团所有权(集体所有)。此外，产权界定不清的资源会被极大地浪费，或许“公地的悲剧”能为这种观点提供佐证。

(6)“公地的悲剧”

假设一个镇有一块草地可适用于放牧或种庄稼。如果该草地是公有的，则社区的每一位成员都拥有进入该草地的自由和无限权利。在这种社区所有权假定下，社区内的成员不必支付费用也不必承担使用该草地的任何其他代价，他们在该草地上放牧的成本为零，对草地牧场使用的需求将尽可能地扩大。草地上拥挤的牲畜将导致土地资源的破坏。这便是“公地的悲剧”。如果该草地是私人财产而不是公有财产，则该土地资源将得到更为有效的利用。这是因为，一旦土地私有，私人所有者不会让他人无偿使用他们的财产，他们会对他人把其财产用作牧场索取一个合适价格，并且，他们索取的这个价格应该能使土地作为牧场出租所获得的利润大于对土地的任何其他使用所获得的利润，这个定价将导致对财产或资源的有效使用（使用该土地的收益大于其作为其他用途的机会成本）。

但对此不同的声音从来没有止息过。也有经济学家明确认为，只要对拥有公有产权的公共产品的使用进行严格的限制，它们的使用仍然是可以非常有效率的。例如美国国家公园的例子。

此外，对于公有企业不一定需要进行产权安排方面的变动，设计良好的激励机制也可使其达到较高的效率，有学者认为至少有这样一些方法可给予企业竞争刺激，以激励其提高内部效率：①特许投标制度；②区域竞争；③社会契约制度、成本调整契约；④给予价格上限管制。

我们对此完全可以有自己不同的看法。

【学习与思考】

1. 市场经济条件下存在的主要公共经济问题有哪些？

2. 从公共产品的社会性质不同可以划分哪几类不同的产品？并说明它们各自的生产主体。

3. 在什么情况下政府能生产私人产品？

4. 分析“生产主体错位”所造成的后果。

5. 资本主义市场经济的发展与新教伦理有什么关系？

6. 试分析说明造成市场失灵的原因及其表现。

第三章
公共产品的供给

【本章提要】

本章涉及两个主要问题：公共产品的供给效率问题和公共产品的供给价格问题。公共产品由谁来供给效率高，反之由谁来供给会造效率或福利的损耗。公共产品供给价格如何管理与确定，才不致损害消费者利益，还要使生产者在提供公共产品时有效率。

【主要概念】

庇古均衡　林达尔均衡　准公共产品均衡　边际成本定价原则　招投标制度

【案例导读】

2011年中央一号文件——《中共中央国务院关于加快水利改革发展的决定》，是新中国成立62年来中央文件首次对水利工作进行全面部署。文件指出，水利是现代农业建设不可或缺的首要条件，是经济社会发展不可替代的基础支撑，是生态环境改善不可分割的保障系统。文件还首次提出“加快水利改革发展，不仅关系到防洪安全、供水安全、粮食安全，而且关系到经济安全、生态安全、国家安全”。

一、解决“三农”问题，夯实农村水利基础设施至关重要

农村水利基础设施在整个国民经济和社会发展中具有举足轻重的战略地位。我国是水资源严重短缺的国家，农业是用水大户。我国人口和耕地、气候、水资源等自然条件，决定了农业必须走节水灌溉发展的道路。经过几十年的努力，农村水利基础设施家底渐厚，全国农田灌溉面积达到了8.3亿亩，每年灌溉面积上生产的粮食占全国总量的3/4，生产的经济作物占90%以上。灌溉事业取得的巨大成就，使中国能够以占世界6%的可更新水资源量、9%的耕地，解决了占世界22%人口的温饱问题，为保障中国农业生产、粮食安全以及经济社会的稳定发展创造了条件。今后，作为我国粮食安全的重要保障、农业和农村经济增长的重要支撑和经济社会发展重要基础设施，农村水利基础设施只能加强。

水对人的生命和健康至关重要。解决饮水困难、保障饮水安全，直接关系到维护人民群众的身心健康和生命安全。当前农村饮水安全工作面临的主要问题是水资源短缺，水污染严重，水性地方病和水性传染病威胁，加上农村供水工程标准低，缺乏水处理设施，饮水水量和水质没有保证。我国农村居民中饮用水氟砷含量超过国家生活饮用水卫生标准的约有6500多万人，农村饮用苦咸水的约有3700多万人。此外，相当多的饮用水源受到污染，特别是地表水和浅层地下水污染严重，成为疾病发生和传播的主要媒介。全国农村约有1.5亿人口饮用水微生物含量超标，极易患水性传染病。据水利部农村水利司对全国农村饮水安全情况的摸底调查，结果表明，农村有3.6亿人饮水不安全。农村饮水安全问题如果不能解决，何谈小康的实现和经济社会的协调发展？农村饮水安全是当前老百姓最关心、最迫切需要解决的问题。

二、构建政策与制度长效机制，“给力”农村水利基础设施建设

当前造成水利基础设施供给不足的原因或制约农村基础设施增加的因素是多方面的、复杂的。既有历史的原因，也有现实的原因；既有农村自身的原因，也有农村外部的原因；既有宏观层面的原因，也有微观层面的原因；既有制度、体制原因，也有非制度、非体制原因。因此，为达到农村基础设施长效筹资、实现可持续供给的目标，除了创造环境和条件、促进农民增收、增加农业部门自身积累之外，应从以下几方面进行制度创新和政策选择。

第一，制度法规，确保资金来源。尽快出台法律制度，确保某些农村水利基础设施在各级政府财政支出中的比重，或者确保某些水利基础设施财政支出占GDP的比重，并且对市场融资模式也应予以保护和支持，确保农村基础设施建设资金有稳定的来源。

第二，通过制度安排，优化投资结构，突出重点。按照公共财政的基本要求，构建城乡协调平衡、公平合理的基础设施财政供给新体制，充分发挥政府对水利工程建设投资的主渠道作用，建立长期稳定的、逐年递增的水利建设财政投入机制。完善政府投资体制，规范政府投资行为，进一步完善政府投资项目决策程序，提高政府投资项目审批效率和质量。同时应允许或鼓励社会民间资本进入，进行金融创新，以农村水利基础设施项目收益权或收费权为质押争取贷款。银行等金融机构可进行业务创新，对经济效益好的农村基础设施可开展项目收益权或收费权的质押贷款业务。

第三，依法足额征收各项水规费，重点抓好水利建设基金、水资源费、水土保持等规费的征收，建议对于各级水利部门征收的水规费不予调控，提高水规费返还中用于水利基础设施建设的比例，确保取之于水，用之于水，促进水利工作的可持续发展。严格管理和使用，增强资金运作的透明度，确保有限的资金及时、足额地用于急需的水利工程，实现社会效益的最大化。

第四，探索用市场的办法加大水利基础设施投入，加快水利工程产权制度改革，推动民营水利发展，聚集民间资本，变存量资产为增量资产，创造条件出台优惠政策，改善投资环境，吸引社会资金和外资投入水利建设，对新建的小型水利工程，实行政策引导、群众投资、产权到户的办法，对效益明显，受益范围明确的水利工程，大力支持和鼓励个体、联户、法人单位去投资兴建，做到自办、自有、自建、自管、自受益。

第五，强化水利基础设施建设资金监督管理，确保资金安全有效使用。强化水利基础设施建设资金监督管理。严格落实水利基础设施建设资金管理责任制，财政部门完善农村基础设施建设资金管理方式，建立水利基础设施资金管理办法，从制度角度，监督资金的管理和使用。建立农村基础设施建设资金专门账户，确保水利基础设施建设资金专款专用。各级水利部门统一行使项目管理权，确保水利基础设施项目按质按量如期完成。财政部门和水利部门共同协调配合，从实物流和资金流两方同时监管，切实满足水利基础设施建设的需要，实现水利基础设施建设工程社会效益的最大化。

（资料来源：中国经济网，http://www.ce.cn/xwzx/gnsz/szyw/201101/30/t20110130_22183115.shtml）

思考题

我国政府在公共产品供给中应该如何做到效率与公平兼顾？

第一节　公共产品的含义、特征与分类

一、公共产品的含义

公共产品（public goods）一般是和私人产品（private goods）相对而言的，亦称“公共财货”、“公共物品”。关于公共产品的研究最早可以追溯到250多年前，大卫·休谟就曾注意到：某些任务的完成对单个人来讲并无什么好处，但对于整个社会却是有好处的，因而只能通过集体行动来执行。几个世纪以来，亚当·斯密、李嘉图、马歇尔、帕累托、庇古、凯恩斯、林达尔等若干经济学者对这一问题从各个方面作了研究和探索，但是直到保罗·萨缪尔森在1954、1955年相继发表的两篇关于公共物品的短文之后，理论界对“什么是公共产品”才有了共识。

考察公共产品理论的发展历史，我们认为以下三种定义最具有代表性：

1. 奥尔森（M. Olson）的定义

奥尔森在《集体行动的逻辑》一书中提出，任何产品，如果一个集团 $X_1, \cdots, X_i$，

…，X_n 中的任何个人 X_i 能够消费它，它就不能适当地排斥其他人对该产品的消费，则该产品是公共产品，换句话说，该集团或社会是不能将那些没有付费的人排除在公共产品的消费之外的；而在非公共产品那里，这种排斥是可能做到的。[①]

2. 布坎南的定义

在《民主财政论》一书中，布坎南指出："任何集团或社团因为任何原因通过集体组织提供的商品或服务，都将被定义为公共产品。"[②]按照这一定义，凡是由团体提供的产品都是公共产品。"某一种公共产品只可以使很小的团体，比如包括两个人的小团体受益，而另外一些公共产品却可以使很大的团体甚至全世界的人都受益。"[③]

3. 萨缪尔森的定义

按照萨缪尔森的观点，所谓公共产品就是所有成员集体享用的集体消费品，社会全体成员可以同时享用该产品；而每个人对该产品的消费都不会减少其他社会成员对该产品的消费。或者说公共产品是这样一些产品，无论每个人是否愿意购买它们，它们带来的好处不可分割地散布到整个社区里。[④] 简言之，公共产品是具有消费的非排他性和非竞争性等特征的产品。尽管这一定义遭到了不少经济学家的诸多批评，但是，萨缪尔森提出从公共产品具有的经济技术特点的角度来界定社会公共产品的观点，已经成为人们判断什么是公共产品的主要标准。

(1)非排他性

这是指产品在消费过程中所产生的利益不能为某个人或某些人所专有，要将一些人排斥在消费过程之外，不让他们享受这一产品的利益是不可能的。严格而言，包括三层含义：

一是任何人都不可能不让别人消费它，即使有些人有心独占对它的消费，但或者在技术上是不可行的，或者在技术上可行但成本却过高，因而是不值得的；

二是任何人自己都不得不消费它，即使有些人可能不情愿，但却无法对它加以拒绝；

三是任何人都可以恰好消费相同的数量。

例如，消除空气中的污染是一项能为人们带来好处的服务，它使所有人能够生活在新鲜的空气中，要让某些人不能享受到新鲜空气的好处是不可能的。考察国防也可以发现：即使那些最狭隘自私的人也不可能令国防只为他一个人服务，即使

① 奥尔森：《集体行动的逻辑》，陈郁、郭宇峰、李崇新译，上海三联书店、上海人民出版社 1995 年版，第 13 页。有改动。

② 布坎南：《民主财政论》，穆怀朋译，商务印书馆 1999 年版，第 20 页。有改动。

③ 梁小民等：《经济学大词典》，团结出版社 1994 版，第 77 页。

④ 保罗·A. 萨缪尔森、威廉·D. 诺德豪斯：《经济学》(第十四版)，胡代光等译，北京经济学院出版社 1996 年版，第 571 页。有改动。

那些不想得到保护的人也无一例外地会得到这种公共服务；同时无论是谁，都将同等地得到作为该国居民的尊严和安全的保障。

(2)非竞争性

所谓非竞争性指的是，一旦公共产品被提供，增加一个人的消费不会减少其他任何消费者的受益，也不会增加社会成本，其新增消费者使用该产品的边际成本为零。比如海上的灯塔是典型的公共产品，增加一艘船经过暗礁时的边际成本为零，但再造一座灯塔的边际成本大于零。

(3)非排他性和非竞争性之间的关系

非排他性和非竞争性之间存在着某种相关关系，许多非竞争性的产品也同时具有非排他性，如国防。但是，这两个特征并不总是同时出现的，对有些产品而言，它可能只具有以上两种属性中的一种。例如对有些桥而言，从桥上通过是非竞争性的，但是却可以通过收过桥费而实现它的排他性。

二、公共产品的特征

非排他性和非竞争性是公共产品的基本特征，也是公共产品的定义性特征。此外，公共产品一般还拥有以下几个特征①：

(1)生产具有不可分性。即它要么向集体内所有的人提供，要么不向任何人提供。如国防。

(2)规模效益大。规模经济往往是公共产品产生的一个重要的原因，如灯塔。

(3)初始投资特别大，而随后所需的投资额却较小，如光缆。

(4)生产具有自然垄断性。如铁路交通。

(5)对消费者收费不易，或者收费本身所需成本过高。

(6)其消费具有社会文化价值。如国家对于文化艺术事业的支持等就是如此。

这六个特征和前面两个基本特征之间并不是完全相互独立的，它们之间也可能存在着交叉和因果关系。

三、公共产品的分类

1.纯公共产品和准公共产品

根据产品是否具有非竞争性和非排他性两种特征，我们可以对产品作如下的分类，见表3.1。

① 张卓元:《政治经济学大词典》，经济科学出版社1998年版，第207页。

表 3.1　产品分类

		排他性	
		有	无
竞争性	有	[1]私人产品	[3]公共资源
	无	[2]俱乐部产品	[4]纯公共产品

从表 3.1 中可以看出，除了第一类产品是同时具有排他性和竞争性的私人产品外，其他三类产品都是公共产品。同时具有非排他性和非竞争性的产品是纯公共产品，其他两类是准公共产品，它们是或者在消费上具有非竞争性，但是却可以轻易排他的俱乐部产品；或者在消费上具有竞争性，但是却无法有效排他的公共资源。

纯公共产品(pure-public goods)，既有非竞争性又有非排他性，如国防、外交、灯塔、路灯等。这类产品对于受益范围内的消费者而言，大家可以同时享用互不影响，也难以将"免费搭车者"排除在受益范围之外，因而其受益无法定价，供给成本难以得到补偿。

准公共产品(quasi-public goods)包括俱乐部产品(club goods)和公共资源(public resource)两类。俱乐部产品是指有非竞争性但又有排他性的产品，如公园、桥梁、学校、医院、有线电视等。通常这类产品可以将"免费搭车者"排除在受益范围之外，因而其受益可以定价，供给成本也可以得到补偿。由于消费这些产品的使用者数目总是一定的，而这在人们的印象中是和俱乐部中的产品消费一样，所以形象地称之为俱乐部产品。保证该种产品具有非竞争性和排他性的条件在于①：(1)当消费成员超过一定的数目时就发生拥挤现象，从而破坏了其非竞争性特征，所以必须限制其使用者数目；(2)由于该产品具有排他性，因此可以采取措施限制使用者数目。

公共资源是指具有竞争性和非排他性的商品或劳务，如公共渔场、公用牧场等。公共资源的总量是既定的，具有向任何人开放的非排他性。这就意味着公共资源的消费中会出现不合作的问题，即由于每个参与者按照自己的理性行事，结果导致了集体的非理性，导致过多地提供了公共劣等品。同时，公共资源的竞争性意味着个体消费的增加会给其他人带来负的外部效应。也就是说，随着消费者人数的增加会出现拥挤现象，每个消费者的消费会影响他人的消费，边际分配成本大于零。

① 刘宇飞：《当代西方财政学》，北京大学出版社 2000 年版，第 98—99 页。

2.混合产品和公共中间品

混合产品(mixed goods)不同于准公共产品。混合产品是指具有较大范围的正的外部效应的私人产品,或者说是同时具有公共产品性质和私人产品性质的产品。这类产品的非竞争性和非排他性是不完全的,如教育、科技、卫生等。由于存在外部效应,而且由于个人对混合产品的提供总是只考虑私人受益的大小,所以就整个社会来说,这类产品总是处于过少供给的状态。

公共中间品是指没有被最终消费,而是被生产者用作投入,进入生产过程的公共产品。其特殊之处在于其消费的主体不是消费者,而是生产者。

第二节 公共产品的经济分析

国外学者一般从均衡的角度来分析论述公共产品的最优供给,其中以庇古提出的庇古均衡、萨缪尔森提出的局部均衡与一般均衡以及林达尔均衡最具代表性。

一、庇古均衡分析

庇古是英国著名经济学家,福利经济学的代表人物。他运用功利主义的方法,假定每个人都从公共产品的消费中受益(得到效用),同时又为公共产品提供资金承担税收,而税收会带来负效用。庇古把税收产生的负效用,定义为放弃私人产品消费的机会成本。

对每个人来说,当公共产品消费的边际效用等于税收的边际负效用时,公共产品的供给是有效的。应用一般均衡——边际原理,可以使个人预算中所有的私人产品和公共产品都达到最佳配置状态。关于这一均衡点可以作如下推导:

设 G_i 为个人 i 得到的公共产品;T_i 为个人 i 支付该公共产品的赋税;M_i 为个人 i 的收入;X_i 为个人 i 所得到的消费品;U_i 为个人 i 得到的效用;NU_i 为个人 i 的净效用。

假定 $T_i=G_i$,即没有政府的运作成本。

那么根据庇古的定义,便有:

$$\frac{\partial U_i}{\partial G_i}>0 \qquad \frac{\partial U_i}{\partial T_i}>0$$

$$\max NU_i=U_i(G_i)-U_i(T_i)$$

$$\text{s.t} \quad G_i+XP_i=M_i$$

根据拉格朗日函数,上式可以表示为:

$$L=U_i(G_i)-U_i(T_i)+\lambda(M_i-G_i-P_iX_i)$$

其一阶条件为:

$$\frac{\partial L}{\partial T_i}=-\frac{\partial U_i}{\partial T_i}-\lambda=0$$

$$\frac{\partial L}{\partial G_i}=-\frac{\partial U_i}{\partial G_i}-\lambda=0$$

因为

$$\frac{\partial L}{\partial G_i}=-\frac{\partial L}{\partial T_i}=0$$

所以，两产品的均衡条件为：

$$\frac{\partial U_i}{\partial G_i}=-\frac{\partial U_i}{\partial T_i}$$

必须指出的是，庇古虽然找到了个人在自己的预算内对公共产品与私人产品进行最佳配置的理想化的均衡点，但却并不存在将这些个人对于公共产品的偏好进行加总的机制。而且由于他采用的是基数效用的分析方法，又找不到效用强度的测定方式，因而，他的研究实际上是纯理论的。不过，庇古的研究对于我们认识关于公共产品理论所必须回答的几个基本问题还是有意义的。

二、局部均衡分析

局部均衡分析包括私人产品的局部均衡分析和公共产品的局部均衡分析两部分。

1. 私人产品的局部均衡

假定全社会只有 A 和 B 两个人。在图 3-1中，D_A 和 D_B 分别表示 A 和 B 对私人产品的需求。A、B 需求曲线的差异主要是两人收入水平不同所造成的。将不同价格水平下 A、B 两人各自的需求量加总便可得到市场需求量。也就是说，市场需求量 DD 是 A、B 两人需求曲线的相加，即：

$$DD=D_A+D_B$$

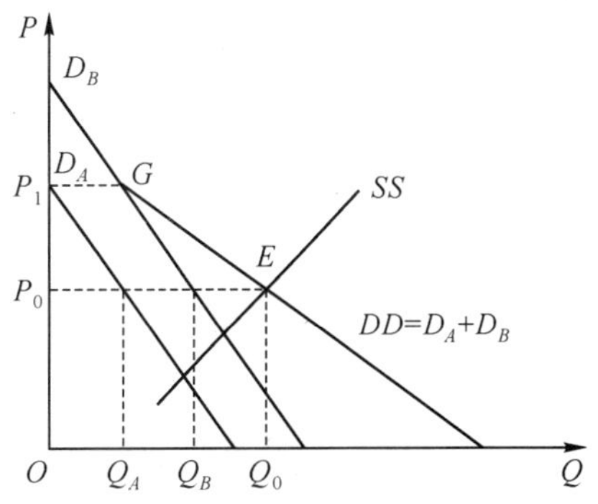

图 3-1　私人产品的局部均衡

DD 线之所以会在 G 点出现拐折，是因为当价格上升为 P_1 时，A 的需求量为零，只有 B 有需求。在价格 P_1 以上，$DD=D_B$。

如果该产品的供给曲线为 SS，则 P_0 和 Q_0 分别为均衡价格和均衡产量，Q_A 和 Q_B 分别为 A 和 B 的消费量，也即 $Q_0=Q_A+Q_B$。对于私人产品而言，不存在外溢性，消费者获得的私人边际收益与社会边际收益是一致的，因而在 E 点实现了帕累托最优，即：

$$\mathrm{MSB}=\mathrm{MPB}_i=\mathrm{MSC} \qquad (i=1,2,3,\cdots,n)$$

式中，MSB 为社会边际收益；MPB 为私人边际收益；MSC 为社会边际成本。

2. 公共产品的局部均衡

公共产品的局部均衡不同于私人产品的局部均衡，如图 3-2 所示。D_A 和 D_B 分别是个人 A 和 B 对某种公共产品的需求曲线，公共产品的市场需求曲线 DD 是个人需求曲线的垂直相加，即：

$$DD=D_A+D_B$$

DD 线之所以会在 G 点出现拐折，是因为当公共产品数量为 Q_1 时，A 不愿意付费，仅有 B 肯付费，因而在 Q_1 数量以上，$DD=D_B$。

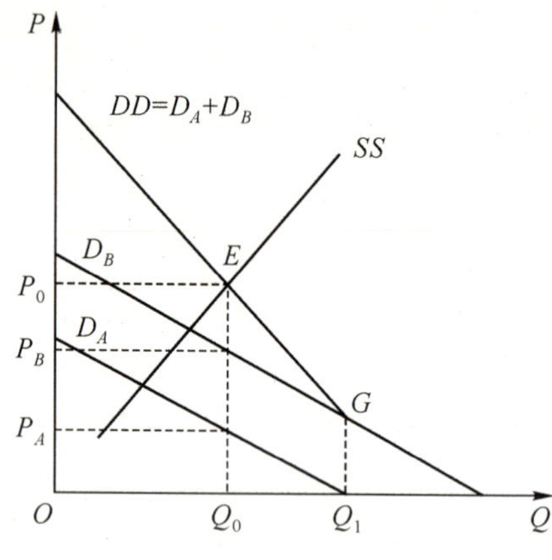

图 3-2　公共产品的局部均衡

如果以公共产品边际成本为基础的供给曲线为 SS，那么，Q_0 和 P_0 分别是均衡产量和均衡价格，而且 $P_0=P_A+P_B$。由于消费者的付费与其所获得的私人边际收益相一致，因而，消费者付费之和就等于私人边际收益之和，也即为社会边际收益。这样，在 E 点就实现了帕累托最优，即：

$$\mathrm{MSB}=\sum \mathrm{MPB}_i=\mathrm{MSC} \qquad (i=1,2,3,\cdots,n)$$

需要明确的是，为什么私人产品的市场需求曲线是把该种私人产品的个人需求曲线水平相加，而公共产品的市场需求曲线却是把该种公共产品的个人需求曲线垂直相加呢？这是因为对于私人产品而言，每个消费者都是既定价格的接受者，他所能调整的只是消费的数量。对于公共产品而言，每个消费者所面对的消费数量是相同的，但不同的消费者从公共产品中获得的满足程度即边际收益是不同的，这就意味着他们愿意支付的价格是不一样的，事实上就是愿意承担的税收不一样。

三、一般均衡分析

一般均衡分析不同于局部均衡分析。局部均衡分析仅限于单个公共产品的情况，公共产品一般均衡分析通常是以两个人和两种产品进行分析，它要解决的是社会资源如何在公共产品和私人产品之间配置的问题。美国著名经济学家萨缪尔森于 1954 年和 1955 年发展了公共产品的供给模型。[①]

萨缪尔森认为，在只有私人产品的市场中，假定只有 A 和 B 两名消费者，X 和 Y 两种产品，L 和 K 两种生产要素，这样，私人产品有效供给的一般均衡条件是：

(1)两个人消费两种产品的边际替代率相等，即 $MRS_{xy}^{A}=MRS_{xy}^{B}$；

(2)生产两种产品的边际转换率相等，即 $MRTS_{xy}^{A}=MRTS_{xy}^{B}$；

(3)生产两种产品的边际转换率等于它们在消费中的边际替代率，即 $MRTS_{xy}=MRS_{xy}$。

在同时存在公共产品的情况下，帕累托最优的条件发生了变化。如图 3-3 所示，假定图(a)中的 AA 曲线是个人 A 消费私人产品 X 和公共产品 G 的无差异曲

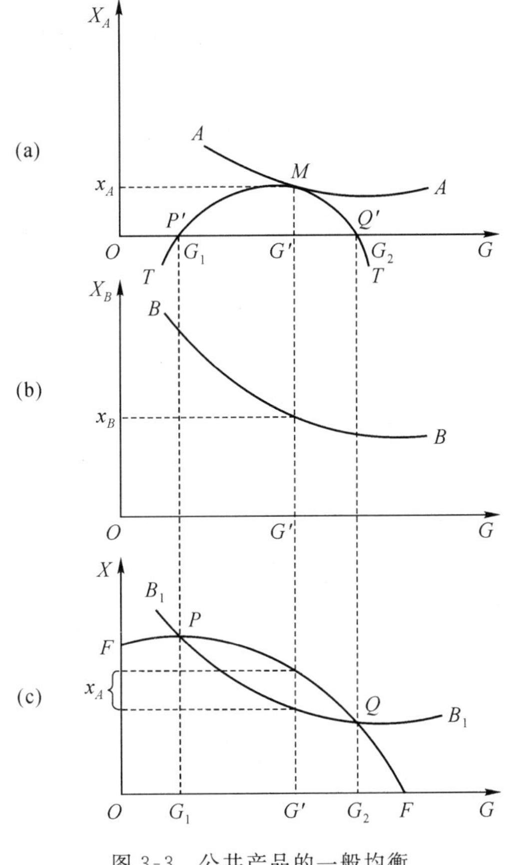

图 3-3　公共产品的一般均衡

① Samuelson, P. A., 1954, "The Pure Theory of Public Expenditure," The Review of Economics and Statistics, November; 1955, "Diagrammatic Exposition of A Public Expenditure," The Review of Economics and Statistics, November.

线，图(b)中的 BB 曲线是个人 B 消费私人产品 X 和公共产品 G 的无差异曲线，图(c)中的 FF 曲线是社会资源用于生产两类产品 X 和 G 的生产可能性边界。现在分析当个人 B 的效用水平确定时，使个人 A 达到最高效用水平所需要满足的条件。

假设 B 的效用水平既定，把 BB 曲线下移到图(c)中之后得到 B_1B_1 线，它与 FF 曲线形成两个交点 P 和 Q，从 P 点和 Q 点作垂直于横轴的虚线，分别形成 G_1 和 G_2 点，这表明个人 B 可能消费 G_1G_2 单位的公共产品。由公共产品的特点可知，个人 A 与个人 B 一样消费 G_1G_2 单位的公共产品。这样一来，个人 A 可能消费的私人产品数量也可以推算，它是由 FF 曲线所决定的消费总量减去个人 B 的消费量之差。由此可从点 G_1 和 G_2 出发，在图(a)中画出个人 A 的消费可能性曲线 TT，它是当个人 B 的消费满足之后，个人 A 可能消费的私人产品 X 和公共产品 G 的不同组合，对应于 P 和 Q 两点，A 可能消费的两类产品之组合分别是 P' 和 Q'。如果 TT 曲线恰好与 AA 曲线相切，切点 M 代表个人 A 所能达到的最大效用水平。从 M 点作垂线到图(c)，不难发现个人 A 消费 x_A 数量的私人产品和 G' 数量的公共产品，个人 B 消费 x_B 数量的私人产品和 G' 数量的公共产品。

若设 TT 线为 $f(x_A,G)$，FF 线为 $f(x,G)$，B_1B_1 线为 $f(x_B,G)$，由于 TT 线为 FF 线下的纵向距离与 B_1B_1 线下的纵向距离相减而得，也即 $f(x_A,G)=f(x,G)-f(x_B,G)$，对该式求导后便可得这三条曲线的斜率，也就是说，TT 曲线上任意一点的斜率等于 FF 曲线上对应点的斜率减去 BB 曲线上对应点的斜率。在 M 点，TT 曲线的斜率等于 AA 曲线的斜率，而 AA 曲线的斜率正是个人 A 消费 X 和 G 两种产品的边际替代率，即 MRS_A；同样，BB 曲线的斜率是个人 B 消费 X 和 G 两种产品的边际替代率，即 MRS_B；事实上，FF 曲线的斜率是生产 X 和 G 两种产品的边际转换率，即 MRT。所以，两个消费者的边际替代率之和等于边际转换率，即：

$$\mathrm{MRS}_{XY}^{A}+\mathrm{MRS}_{XY}^{B}=\mathrm{MRT}$$

由两人社会扩展到 n 人社会之后，这一条件仍然不会改变。不难推断在 n 人社会中存在这样一种关系：纯公共产品供给的一般均衡条件是：各社会成员消费公共产品和私人产品的边际替代率之和应等于生产公共产品和私人产品的边际转换率，即：

$$\sum_{i=1}^{n}\mathrm{MRS}_i=\mathrm{MRT}\qquad(i=1,2,3,\cdots,n)$$

上式的经济含义是，公共产品对私人产品的边际替代率表示人们为获得一个单位的 G 所愿意放弃的 X 的数量，边际替代率之和表示人们为获得一个单位的 G 所愿意放弃的 X 之总量，这个总量应等于在资源约束条件下人们为多生产一个单

位的 G 而必须放弃的 X 的产量，即边际转换率。

进一步地，通过对两人模型的推广得出，政府提供的公共产品数量在边际产量上的边际成本要等于社会上每个人愿意为这种公共产品支付的税金的总和，否则就不是最优的。

现实生活中，公共产品的供给不可能如模型那样理想，其中税收扭曲和再分配是影响公共产品供给的重要因素。

四、林达尔均衡

瑞典经济学家林达尔提出的公共产品供给模型，实质上是一种政治均衡模型。他认为，如果每个社会成员都按照其从公共产品中所获得的边际收益大小来承担自己应当分摊的税收，那么公共产品的供给是有效率的。

在这个表述中，个人对公共产品的供给水平以及它们之间的成本分配进行讨价还价，其讨价还价的均衡若能满足边际成本等于价格的效率条件，那么这一均衡就是帕累托最优状态。如果令 π_{j+k}^{i} 为消费者 i 支付公共产品 k 的价格，P_{j+k} 为生产者价格或边际成本，那么林达尔均衡就可以表示如下：

$$\sum_{i}\pi_{k}^{i}=P_{k}, \qquad (k=j+1, \cdots, j+k)$$

乍一看来，林达尔均衡的概念似乎与私人产品的竞争性市场相类似，但实际上存在一个非常重要的差别，即不同个人对公共产品所支付的价格是不同的，价格不是一个外生变量，而是作为一个内生变量取决于每一个人的边际支付欲望。这与过去的租税收益理论的概念也是有联系的，根据租税收益理论，税负可视为对公共产品的支付，它是和每个个人所获利益相一致的。

林达尔均衡与私人产品均衡的这一区别可以从下面这个两人竞争模型中清楚地看出。图 3-4 的 AA 线代表个人 A 对公共产品的需求线（或对公共支出的边际支付欲望），BB 线代表个人 B 对公共产品的需求线。横轴代表公共产品的供给量，纵轴代表 A、B 两人所支付的总税收。公共产品最优供给的均衡点在 E^*，它是 A、B 两人讨价还价的结果，这一结果表明 A、B 两人在共同享用 G^* 数量的公共产品时，他们所支付的价格是不等的，即 $OAh^*<OBh^*(OAh^*+OBh^*=1)$。

从以上的分析中我们不难发现，林达尔均衡的核心问题是双方讨价还价过程中的偏好显示问题，如果这个问题得不到合理的解决，就有可能发生萨缪尔森所说的假均衡问题。我们已经知道，对于私人产品来说，面临既定价格的个人有明显的诱因使他们显示对该产品的真正偏好，方式是使其边际替代率等于相对价格，至少在经济体系相对于个人来讲规模足够大时是这样。这种诱因说到底来自个人不付费就不能享受消费公共产品这一事实。

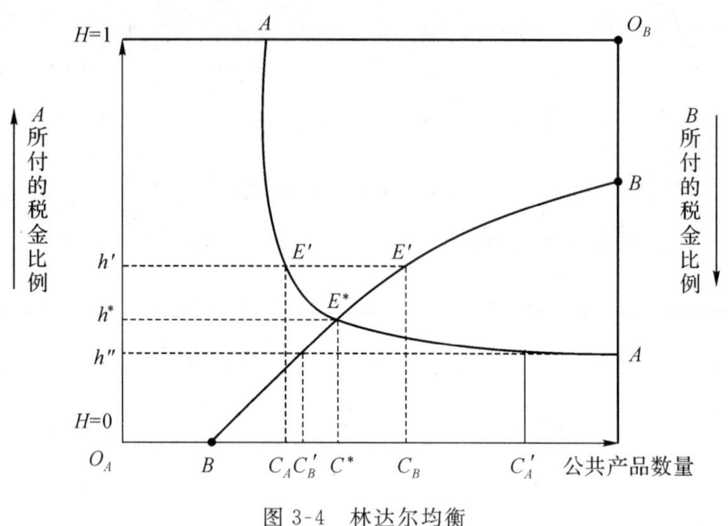

图 3-4 林达尔均衡

但是，对于公共产品来说情况就不同了，因为对个人来说无论付费与否他能得到的公共产品量总是相同的，因而他就可以玩弄偏好，从而坐享由其他人的支付所促成的供给，而当此种人人数众多时，这个公共产品供给问题可能就会变得特别严重。可以设想，由于每个人都有将其真正边际支付愿望予以低估的共同契机，林达尔机制所产生的公共产品供给的均衡水平将会远低于最优水平。在另一极端，可以假设当要求每个人陈述他的偏好时，事先交代清楚满足这些偏好的代价与他们所陈述的支付愿望无关，他们的陈述只与公共产品供给数量保持联系，这就会诱发夸大支付愿望的现象，结果导致过度供给。因此，问题的解决主要在于如何设计一种机制，使之能够保证决策者贯彻效率条件。

第三节 公共产品供给的主体选择

从世界各国公共产品供给的实践出发进行抽象，公共产品供给主体不外乎三种：政府、市场及以第三部门为主体的自愿供给主体。

一、公共产品的政府供给

公共产品的政府供给是在市场进行资源配置基础上，政府以公平为目的、以税收和公共收费为主要筹资手段，利用公共资源供给公共产品的供给方式。纯公共产品的非竞争性和非排他性特征，决定了竞争性的市场不可能提供纯公共产品。这是因为：一方面，非竞争性使新增一个消费者的边际成本等于零，这就意味着，如果按边际成本定价，公共产品必须免费供给。这样，私人部门供给公共产品的成本就无法补偿。另一方面,非排他性使公共产品无法从技术上排他,“免费搭车”问题不可避免。这样,私人部门提供公共产品的成本就不可能通过市场得到补偿。

在图 3-5 中,纵、横轴分别为公共产品和私人产品的数量,AB 为生产可能性边界,I_1、I_2 和 I_3 是社会无差异曲线,E 点表示两类产品的组合所表示的社会福利达到最大化。若由私人部门提供,两类产品的组合只能在 C 点,这样就会造成效率损失,无差异曲线 I_1 和 I_3 之间社会福利水平的差额就是损失的数量。

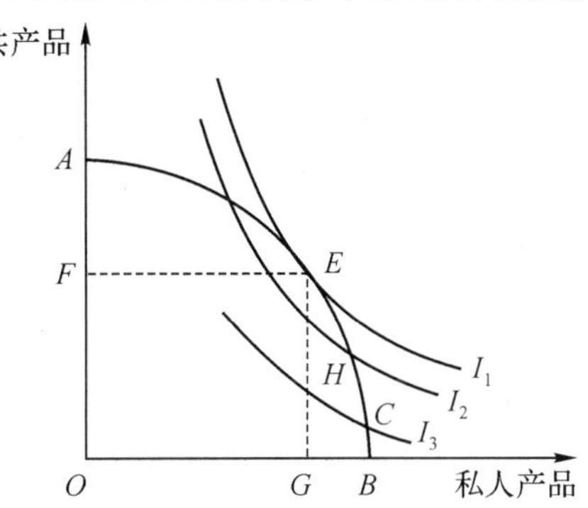

图 3-5　公共产品私人提供的低效率

认识到公共产品供给的“市场失灵”,政府必须供给公共产品来弥补“市场失灵”。从上面的分析看,私人部门不愿充分提供公共产品,主要的困难在于供给成本无法补偿。公共部门的性质决定它可以解决这个困难,一方面,公共部门追求社会目标,为全体社会成员提供公共消费的服务,本来就是社会目标的应有之义;另一方面,公共部门的核心是政府部门,政府部门拥有向社会成员征税的权力,税收是确保公共产品供给成本得到补偿的最好途径。从这个意义上来说,公共产品表面上的免费享用,事实上是以纳税为代价的。

在政府供给公共产品理论的影响下,政府越来越多地介入到社会生活中的各个领域,包括基础教育、社会保障、环境保护等,但是由政府预算扩张动机等“内部性”的存在和信息的不完全使得公共产品单位成本上升,致使政府提供的公共产品不能满足公共产品消费者的偏好等“政府失灵”现象存在,即出现政府供给的低效率——配置低效率和 X-低效率。

配置低效率是指处于供给者地位的官僚系统,为追求其自身利益最大化,过多地征税却很少提供公共产品或所提供的公共产品质量低劣。如果把税收视为社会成员购买公共产品的价格,那么在这种情况下,他们就感觉不到物有所值。

X-低效率是指官僚系统缺乏追求成本最小化的动机所造成的资源浪费现象,如机构臃肿、人浮于事、办事拖拉等现象。X-低效率表明政府预算经费的一部分被白白地浪费掉而没有用于公共产品供给上。

出现上述现象的原因主要有：

(1)信息不充分。由于社会成员数量众多而且偏好不一致，政府要掌握充分的信息是很困难的。许多公共决策是在信息不完备的情况下作出的，因为决策信息的搜集与整理都要耗费成本，投票者与政治家所拥有的信息都不充分。公共产品的组合也是多种多样的，投票者难以全面了解每项方案给自己和他人所带来的成本与收益，有时也缺乏搜集信息的动力；政治家也不充分了解每项备选方案给社会公众所带来的成本与收益，政治家有的信息在很大程度上受特殊利益集团的影响。

(2)偏好加总的困难。消费者往往对一揽子公共产品进行一次性投票，不可能对每一种公共产品逐一投票；而且在大多数情况下是通过选举出来的代表或议员间接地投票。公共部门难以将公共产品的个人偏好加总成集体偏好，也就是说，社会上并不存在作为公共政策部门的那种公共利益。公共决策实际上只是各种个人利益发生冲突并相互妥协的过程。

(3)行为短期化倾向。政府官员和消费者都有短视的弱点。消费者往往因难以预测将来只考虑眼前利益；政府官员因任职期限的影响也有明显的短期行为，他们会显示政绩或谋求连任，总是迎合投票者作出决策，结果，那种收益集中于当前而成本发生在未来的决策，即便其成本大于收益，也容易被通过。

(4)缺乏有效的激励和约束机制。公共部门处于垄断地位而缺乏竞争，在没有竞争对手的前提下，即使低效率运作仍能生存，公共部门的运作成本通过税收得到补偿，因此在决策时忽视成本—收益分析，也没有来自破产的威胁。反过来，如果节约成本、改进效率，其收益又归全体社会成员所有，不符合自身利益最大化原则。同时，政府和投票者缺乏必要的信息来有效地监督公共机构及其官员的活动，因为在大多数情况下，后者比前者拥有更多的关于公共产品的信息，监督者完全可能被被监督者所蒙蔽或操纵。

二、公共产品的市场供给

公共产品的市场供给是指营利组织根据市场需求，以营利为目的，运用收费方式补偿支出的公共产品供给方式。政府提供某种产品或服务不一定意味着必须由政府来生产该产品或服务。对政府来说，区分其提供还是生产某项服务是很有必要的。比如对废物回收来说，有些地方是由政府部门购买垃圾车，雇用工人，安排日程来进行；而在另外一些地方则是由政府提供这项服务，它往往雇用私人企业来做这项工作。公共产品供给与生产分开的理念，为公共产品市场化提供了依据。

1.签订协议或合同

西方发达国家采用与私人公司签订协议或合同来经营公共产品，这是一种使用较为广泛的形式。适用于采取这一形式的公共产品主要是具有规范经济性的自然垄断型产品，即大部分为基础设施，还包括一部分公共服务行业。

具体做法是，在合同签订之前，由市政主管部门进行招标，一般来说，有以下几种投标方式：一是私人公司提出供应顾客一揽子服务的最低收费率可以中标，签订承包合同。二是私人公司按政府所订价格提供服务，所要求的代价数额最小也可以中标，签订承包合同；中标后，双方签订为期若干年的承包合同。合同的内容，视公共产品的性质不同而繁简不同。比较常见的有：公路的维护、垃圾清扫、街道照明、自来水供应、桥梁维修、图书馆管理等。发达国家的许多高科技工作也采取了这一形式，如美国国防部与私人公司签订合同进行潜水艇的研制；美国上世纪60年代著名的阿波罗登月计划中，美国航空航天局改革管理体制，在设备的布局、各级火箭的技术规格等方面，都以签订协议或合同的形式转包给民营企业。

表 3.2　美国城市利用签订合同由私人提供公共产品的情况

项目	城市数目	项目	城市数目	项目	城市数目
1. 垃圾收集	339	15. 道路维护	63	28. 图书馆管理	17
2. 街道照明	309	16. 医院	57	29. 财务管理	14
3. 电力供给	258	17. 运输	49	30. 防火	13
4. 工程服务	253	18. 公墓	47	31. 蚊蝇控制	12
5. 法律服务	187	19. 护理服务	34	32. 博物馆管理	12
6. 救急车	169	20. 公共关系	30	33. 酗酒治疗	9
7. 垃圾处理	143	21. 桥梁维护	25	34. 犯罪化验	7
8. 收水电费	104	22. 工业发展	24	35. 娱乐场所管理	7
9. 家畜控制	99	23. 征税	24	36. 化验室	5
10. 规划设计	92	24. 精神健康	22	37. 公园管理	5
11. 自来水供应	84	25. 下水道	21	38. 交通控制	5
12. 制图	74	26. 公共汽车	18	39. 水污染控制	5
13. 水处理	67	27. 电器卫生设备检查	17	40. 少年犯罪控制	4
14. 薪水支付	65				

资料来源：E. S. Savas, Privatizing the Public Secor: How to Shrink Government, Chatham, N. J.: Chatham House Publishers, 1982；郑秉文：《市场缺陷分析》，辽宁人民出版社1993年版。

2. 授予经营权

在发达国家，许多公共领域都以这种方式委托私人公司经营，如自来水、电话、供电等。此外，许多公共项目也是由这种方式生产经营的，如电视台、广播电台、航海灯塔等。根据科斯的研究，英国航海业的浮标、信标和灯塔是1514年由亨利八世向领港工会颁发许可证建造和管理的。领港工会是一个以航海业为主要公共服务对象的私人组织，由此它垄断了灯塔的建造与经营活动。后来一些私人向国王申请建造灯塔并得到了国王的授权。19世纪初，在总数56个灯塔中，领港工会管理42个，另外14个由私人经营。到19世纪中期，议会的法令规定将英国所有的灯塔经营权都授予领港工会，所有的私人灯塔被领港工会购买。从此以后，除"地方性的灯塔"外，在英国不再有其他私人经营的灯塔，而只有领港工会独家具有经营权。

3.经济资助

经济资助的形式主要有补助津贴、优惠贷款、减免税收、直接投资等。

科学技术是典型的公共产品。在西方任何一家大型的生产公司里都设有一些研究开发部门，负责高精尖技术的基础研究和实用技术的超前性开发。一个新的课题，从基础研究，到实用开发，再到设计生产，其周期往往要用几年甚至几十年，所需的人力、物力和财力的投入是非常惊人的，各国政府都一般都采取资助的方式。比如日本在1947—1950年间从财政支出中付给各民间钢铁企业价格补助金高达988亿日元。

财政补贴的另一主要公共领域是教育、卫生等领域。据亚洲开发银行报告，全世界有170多个国家和地区实现免费义务教育，年限不等，最长的是13年，最短的是5年。从教育投资的情况看，发达国家的投资几乎比发展中国家多一倍。国家财政性教育经费占国内生产总值4%的投入指标是世界衡量教育水平的基础线。据统计，在国家财政性教育投入上，目前世界平均水平为7%左右，其中发达国家达到9%左右，经济欠发达国家投入比例约为4%。

4.政府参股

政府参股的形式主要有四种：效益分享债券、收购股权、国营企业经营权转让、公共参与基金。政府参股方法主要用于桥梁、水坝、发电站、高速公路、铁路、电信系统、港口、飞机场等领域。在一些高科技开发领域，政府参股往往也能取得良好的效果。

5.政府提供法律保护

无论是发达国家还是发展中国家，公共福利部门的财政补贴负担日益繁重。面对巨大的财政负担，各个国家纷纷采取措施，对公共部门各行业的亏损企业进行整顿，颁布法律，制止公共部门的垄断，允许和促进更多的民营厂商进入公共部门，实行优胜劣汰的竞争性政策，调动社会积极力量，发挥厂商的积极性，甩掉财政包袱。我国在上世纪90年代对电信行业的改革，就是这一手段的典型应用。

表 3.3　公共产品政府提供与市场化供给的效率比较

活动	范例(国家)	市场化供给相对于政府提供的效率	市场化供给的效率提升和表现
公共汽车	澳大利亚	+	单位公里成本降低 20%～60%
清洁服务	德国、英国、美国	+	便宜 30%～40%费用
电力	德国	+,－	电价从稍贵些到便宜点
防火	美国	+	人均费用便宜 30%～40%
森林	德国	+	劳动生产率提高一倍
医院	美国	+,－	混合结果
住房	德国、美国	+	便宜 20%
保险	德国	0	只改善了服务
民航	澳大利亚	+	提高 12%～100%
船舶修理	美国	+	价格下降一半(包括军舰)
铁路	加拿大	0	生产率无差异
储蓄与贷款	美国	+	运行费用减 10%～35%
收费道路	法国	+	建筑成本降低 20%
供水	美国	+	降低 15%～60%的运行费
天气预报	美国	+	减少 33%的费用

说明:+表示市场化供给效率高;－表示政府提供效率高;0 表示差异不大。

资料来源:胡鞍钢:《影响决策的国情报告》,清华大学出版社 2002 年版,第 225 页。

三、以第三部门为主体的自愿供给

公共产品自愿供给是指公民个人、单位,以自愿为基础,以社会捐赠或公益彩票等形式无偿或部门无偿地筹集资金,直接或间接地用于公共产品的提供,并接受公众监督的公共产品供给方式。这些方式是以不同的主体,遵循不同的原则,以不同方式和渠道筹集公共产品供给资金,决定使用去向并予以监督的机制。

在公共产品"市场失灵"和"政府失灵"存在的情况下,以第三部门为供给主体的自愿供给在公共产品的供给中发挥出越来越重要的作用,并不断扩张了公共产品的供给领域,涉及教育、医疗、扶贫等多个方面,但是自愿供给同样存在公共产品供给的"自愿失灵"问题。

最早提出"第三部门"概念的是美国学者利维特。他认为,以往人们把社会组织一分为二——非公即私,"非公即私"的划分方法忽略了大批处于政府和私营企业之间的社会组织，指出这类社会组织所从事的是政府和私营企业“不愿做，做不好，或不常做的”的事，并进而把这类社会组织统称为“第三部门”。联合国宪章第71条将第三部门定义为：第三部门是指国际范围内从事非营利性活动的政府以外的所有组织，其中包括各种慈善机构、援助组织、青少年团体、学会、合作协会、经营者协会等。由此可见，第三部门指的是介于政府部门与企业部门之间或之外的社会部门，它是除政府机构和营利机构以外的社会组织，它与政府部门以及企业部门共同构成现代社会的三大支柱。

公共产品由政府和市场以外的第三种力量——第三部门来提供，有各种不同的解释。有的理论认为第三部门提供公共产品能够起到拾遗补缺的作用，它可以为对某些公共产品需求量较大的人提供额外的补充，为需求特殊的人提供适宜的公共产品；有的学者认为，人们对政府失去了幻想而不愿将所有的活动都交给私人营利性企业去做，希望政府和市场的失效将会给非政府组织的成功带来机会。①

有的学者则认为社团之所以存在是因为社团在提供某些公共物品方面更有效率，社会对公共物品的多样性需求决定了社团的种类，社会对公共物品的需求强度决定了社团的规模大小。②

政府与第三部门应该建立一种委托—代理关系，即政府为实现自己的目标而将提供公共服务的任务委托给非政府组织来承担，政府负责资金动员，第三部门负责提供服务，两者的合作可以使双方各自发挥出自己的优势。这一措施可以提供效率，节约成本，政府可以利用已有的机构，节约建立新的组织架构和雇员的成本。同时，这种合作可以较快地适应服务目标和服务受众的需求，并避免官僚系统的种种弊病。

1. 公共产品第三部门供给的条件

以上分析可以看出，公共产品第三部门供给的内在动因是自利与利他。但由于公共产品的特点，依靠自愿捐献等办法会带来公共产品供给的不足，因此，政府对第三部门的人力和财力支持是第三部门得以发展的重要因素。

非营利组织提供公共产品的价格水平影响捐赠规模。公共产品的价格定义为：

$$P=1-T/1-(A+F)$$

式中，T 是捐赠人的边际所得税率，A 和 F 分别为花费在管理和资金筹集上的百分比。这表明，如果 A 和 F 是既定的，则 T 越高，公共产品价格越低，越推动

---

① 保罗·斯特里滕：《非政府组织和发展》，载：何增科：《公民社会与第三部门》，社会科学文献出版社2000年版。

② 王名、刘国翰、何建宇：《中国社团改革——从政府选择到社会选择》，社会科学文献出版社2001年版。

社会捐赠;反之亦然。如 T 是既定的,则 $(A+F)$ 越小,价格越低,社会捐赠越多;反之亦然。税率、捐赠的筹集和管理费用水平影响社会捐赠,从而影响公共产品第三部门供给的因素。

2.公共产品第三部门供给存在的缺陷

与政府供给存在“政府失灵”,市场供给存在“市场失灵”一样,公共产品第三部门供给同样存在“自愿失灵”问题。具体原因:

(1)慈善不足,即所能募捐到的资源与非营利活动所需的开支之间有着相当大的缺口;

(2)慈善活动的狭隘性,即它们所服务的对象一般是某些特定的社会服务群体,而另一些往往是最需要帮助的群体的利益却被忽视,并由此导致资源的浪费;

(3)慈善组织的家长作风,即那些控制着慈善资源、掌握着慈善组织经济命脉的人对如何使用资源有很大的发言权,造成内部决策过程的非民主化和非透明化;

(4)慈善组织的业余性,即非营利组织的工作往往由有爱心的业余人员来做,这就不可避免地影响到服务的质量。

四、政府、市场和第三部门的关系

对于一个健全的社会来说,在商业领域和政府治理领域之间保有一个第三领域乃是至关重要的,这个第三领域就是人们所谓的独立部门;它常常能够以更为有效的方式为我们提供大多数当前仍由政府提供的服务。

有学者在集中就商业部门、个人、政府、协会相互关系的模糊性进行研究时所描绘图形的一些成分,将三部门和三种机制在供给公共品种中的关系表示如下:(见图 3-6)

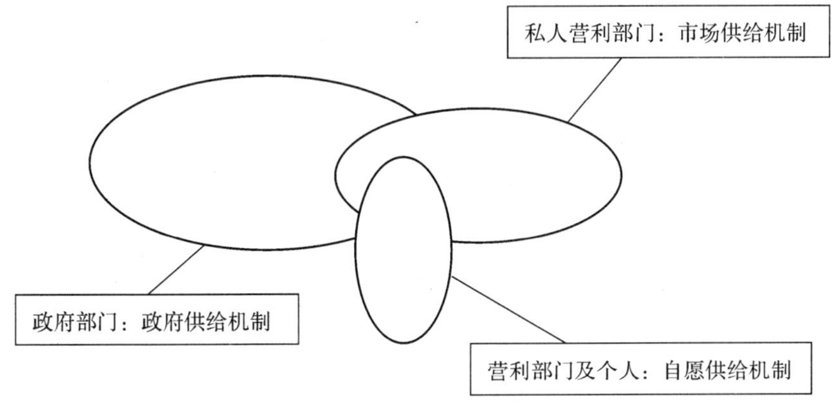

图 3-6　市场经济国家的三部门、三种公共产品供给机制之间的相互关系

第四节　我国农村公共产品的供给

一、农村公共产品的含义及特征

1.农村公共产品的含义

农村公共产品是指在农村地域范围内用于满足农业生产和农民生活公共需要的社会产品。

农村公共产品供给是指由公共部门包括第三部门和非政府组织(NGO)提供的农村居民生产性或非生产性消费、享用的具有非竞争性、非排他性和公益性特征的各类物质或服务产品,涉及农村基础设施、公共事业、公共福利和公共服务等诸多领域。

农村公共产品供给分为农村社会性公共产品供给和农村生产性公共产品供给两部分。就农村社会性公共产品供给而言,与城市公共产品供给是相通的,即具有一般公共产品供给的共性。就农村生产性公共产品供给而言,它明显不同于城市公共产品供给,具有与农村特别是农业产业发展相关的"生产性"特征。具体讲:

(1)农村社会性公共产品供给。主要包括:农村基础义务教育、文化医疗卫生体育等社会事业、社会福利与社会保障、计划生育、行政法律和社区服务等。

(2)农村生产性公共产品供给。主要包括:部分大中型农用机械设备与仓储、农村供水供电道路以及邮电通讯等公共基础设施、农业防灾减灾、水土流失及土地沙化治理等农村生态环境建设、农业技术推广与农业信息平台建设等公共科技资源与服务、农产品价格与收入支持(包括农业补贴、税收减免、农业风险基金、政策性金融支持、农业人才培训)等。

2.我国农村公共产品供给的主要特征

从农村公共产品供给的特殊性来看,由于其所处的地域性(广大农村地区)和分布的分散性,决定着政府必须具备雄厚的财力和完善的决策及监督机制。然而,我国农村公共产品供给无论是在供给资金的筹集,还是供给资金的使用上,无不体现出一种体制外的特征。具体表现为:

第一,农村公共产品供给资金筹集的体制外特征。

在目前我国公共产品提供的职责划分上,中央政府主要负责全国性公共产品,地方政府负责地方性公共产品。而履行与农民收入增长及农业发展息息相关的农村公共产品所需要的费用并不能由地方政府(主要是乡镇政府)的制度内财政收入完全负担。取消农业税以后,很多以农业为主要收入来源的县、乡政府财政力量十分薄弱,财政缺口大。这种情况下,乡镇政府处于一种矛盾的地位:既要履行法律的职责，又要提供公共产品，因此，通过制度外筹集公共资源便成为一种必然的选择。目前乡镇制度外的财政收入来源主要有四项，即乡镇企业上缴的利润和管理费、乡镇统筹资金、罚没收入及各种集资、捐赠收入。而村级组织的收入一开始就没有纳入公共财政的范围，主要通过向农民收取"三项提留"(公积金、公益金、管理费)的方式来获得，其中公积金主要用于修建农田水利设施、购置农用固定资产、兴办集体企业等；公益金用于"五保户"、困难户的补助以及其他集体福利支出等；管理费用于村委会干部的工资和管理支出。

第二，农村公共产品供给决策的体制外特征。

与城市相比，农村公共产品带有一定的分散性和局限性，加上大部分公共产品投资周期长、见效慢，从而造成地方政府官员决策行为的短期性和体制外特征。农村基层政府作为一级组织具有独立的利益，它所追求的目标可能与农民的要求并不相同。为了达到基层政府的目标，农村公共产品的需求就不是由农村社区的农民自下而上来决定的，而是基层政府自上而下做出决策，供求之间并不对称，供求矛盾突出。

第三，农村公共产品供给的激励和约束机制的扭曲。

公共产品与私人产品不同，它不是通过市场价格来反映消费者的需求信息，从而对供给者形成激励和约束。在目前村民自治程度相对较低的情况下，农民尚缺乏能够正确表达自身意愿的机制和渠道，对农村公共产品的强制性供给无法进行"硬"性约束。同时，受当前行政体制的影响，政府提供公共产品的激励也不是来自于真正的消费者农民的需求，而是基层政府追求经济利益和政治利益的双重目标。这种激励和约束机制的扭曲，最终对农村公共产品的供给效率产生了非常不利的影响。

二、我国农村公共产品供给存在的问题

长期以来，我国在公共产品供给上实行两套政策，即城市所需要的水、电、路、通讯、学校、医院、图书馆等公共基础设施都由国家提供；农村的公共基础设施主要靠农民自己解决，国家仅给予适当补助。

1. 农村公共产品总体供给不足，变相加重农民负担

公共产品的最佳供给规模，是消费者的边际支付意愿之和等于生产单位公共产品的边际成本。我国农村公共产品供给呈现出总体不足的状况。虽然我国是一个农业大国，但是多年来国家对农业基础建设投资不足，农村大部分人口未能享受医疗保险等社会保障。改革开放后的乡镇政府虽然拥有一定的财权，但更多的是要承担向农村社区提供公共产品的责任，制度外公共产品供给体制使基层政府因资金不足而不断增加农民负担，使政府应当承担的费用向农民转嫁，变相地增加农

民负担。

2.农村公共产品供给结构不合理

当前,我国农村公共产品的供给还存在结构不合理的现象,在政治目标最大化和经济利益最大化的激励下,对于能增加政府社会福利和官员政绩的一些公共产品供给上,呈现出一种过高的超过农民需求度和实际承受能力的供给热情①。而另一方面,对提高农民素质和农村的可持续发展具有重大意义的公共产品,如农村的教育、医疗卫生、环境保护等方面,则供给短缺,不仅损害了农民的利益,而且直接威胁到国家的长治久安和经济的快速、持续发展。

另外,农村公共产品供给结构的不合理还表现在城乡之间的供给不公平和农村地区间的供给不公平两方面。

3.农村公共产品供给责任划分不清,供给主体错位、缺位

地方各级政府之间以及政府与村民自治组织之间,公共产品供给的权责划分不明晰、交叉重叠严重,造成农村公共产品供给主体的缺位或错位。乡镇政府事实上承担了许多应该由上级政府承担的如义务教育、计划生育等责任,不仅加剧了基层政府财政的紧张状况,也加重了农民负担。

4.农民对公共产品的需求表达机制缺失,供给效率低下

随着全面建设小康社会进程的推进,农村经济的发展和农民收入的提高,以及随着我国农村经济结构调整和加入WTO,使得农户对农村公共产品有了新的需求。但是由于我国农村公共产品自上而下的供给机制,忽略了广大农民对公共产品的实际需求,导致农村公共产品的供应并不能完全满足农民的需求,即供给结构不合理,造成公共产品供给效率低下,反而浪费了有限的乡村财力资源。

三、我国农村公共产品供给缺陷的原因

1.从宏观上看,面临经济体制改革的挑战

虽然家庭联产承包责任制对农村经济发展产生了巨大推动作用,但在农村公共产品供给方面则存在较大缺陷。在家庭联产承包责任制下,对于劳动密集型公共项目的建设,政府和村集体的动员远不如改革前见效了,农村公共产品生产成本增加,从而造成公共产品供给不足。家庭联产承包责任制的推行极大地促进了农村私人产品的供给,但却带来了农村公共产品供给方面的问题,即家庭联产承包责任制缺乏对农村公共产品供给的激励。换句话讲,由于家庭承包制的实施,原有的公共产品供给制度不再适用了。

改革开放以后,我国原来统收统支的财政体制被打破,中央政府下放了事权,

① 王国华、李克强:《农村公共产品供给与农民收入问题研究》,《财政研究》,2003年第1期。

却没有给予地方相应的财权，在规范的转移支付未建立起来的情况下，各级政府为了资金平衡，都力求扩大预算外资金和制度外收费。乡镇政府作为我国目前五级行政体系中最基层的政权机构，在争取财权及公共产品方面处于弱势地位，财政状况岌岌可危，多数是负债运行。村民委员会依法进行自治，没有聚财功能，只有受托履行自我管理与服务的职能。

2. 从纵向上看，源于县乡村职责不明确

基层政府承担了过重的农村公共产品供给职能，这里包含两个方面：一是县乡政府应该承担的农村公共产品供给职能，由于自身财政能力所限，即由于现有财政体制上存在的一些问题，承担不起供给责任；二是在公共产品供给上，由于不同级别政府事权划分存在着不合理性，一些本不该由地方政府，特别是不应由或不应仅由县乡政府承担的职能，也在行政和财政体制改革的名义下，转移给了县乡政府，结果造成县乡政府财政负担过重而无法承受，即公共产品供给上的财权与事权不对称。在这样的背景下，县乡政府只能通过创办政府型企业、采用集资和摊派、甚至乱收费、负债等形式，以解决公共产品供给资金不足的问题。

现阶段我国农村社会管理体制中有两种相对独立的权力，即乡（镇）行政管理权和村民自治权，它们构成了党领导下的农村社会“乡政村治”的总格局。实际工作中两者又经常发生矛盾。一种倾向是过度自治化，村民自治超出了法律规定的范围，村自治组织擅自做出不属于村自治范围的决定。另一种倾向是削弱自治权，乡镇政府仍把村委会当作自己直接的下属行政组织；或对属于村委会自治范围内的生产、经营等村务活动横加干涉，村民自治在一定程度上名存实亡。乡村关系处理不好，直接影响到公共产品的分配与公共资源的配置。

3. 从横向上看，源于地区经济发展不平衡

公共产品供给总体上讲实行分级负责，所以，地方财政状况或者说经济发展水平的高低，直接制约着地方公共产品的供给。经济发展在区域上表现出来的不平衡性，也反映到农村公共产品供给上。

导致不同地区农村公共产品供给差异的主要原因在于：一是不同地区财政收入总量和人均占有数量不同，导致财政在农村公共产品投入上的差距。二是不同地区市场化程度不同，直接影响到公共产品建设经费的来源。在市场化进程较快的沿海地区，多渠道筹集农村公共产品建设资金，公共产品投入多主体的格局初步形成。例如，发达地区政府办教育和民办教育并存；贫困地区民办和私立学校数量很少。特别是城乡之间经济发展差距较大，所以，城乡之间公共产品供给水平的差距也最明显。

4. 从内部看，源于村民自治体制不尽完善

村民自治组织内部各种关系不顺，必然影响公共产品供给。导致村内机制失

调的主要原因是：村党支部、村委会、村民代表会、村民大会等方面关系协调不好。有的地方以村支部代替村委会，以村委会代替村民代表会，使公共产品配置未能代表广大村民的意愿。

村委会组织法规定党支部是领导核心，很多村支部书记自认为是村里的"一把手"，不论什么事都由自己拍板定案。而村委会成了摆设或执行者，从而导致村民自治很难全面开展，村民选出的村委会形同虚设，群众逐渐对民主政治丧失热情，对集体事业产生冷漠。在有些地方，村委会制定的自治章程和村规民约不同程度地存在违法规定，这在很大程度上挫伤了农民的积极性。有的地方还存在宗族、帮派势力操纵村民自治或基层政权，严重影响了村民自治进程。

此外，村务交接存在问题，有些新任村主任上任后其前任村委班子却不移交村务，不移交公章、账目及办公设施，甚至在一些事关全体村民利益的经济活动中仍然行使着权力；或者新任村主任不接受前任村委会的账务，不承担其债务；或者移交手续混乱。这些做法严重影响了村委会的信誉，不利于村民自治活动的开展，也不利于发展本村经济和其他有关事务的处理，使公共财产遭受损失。

四、农村公共产品合理化供给的政策设计

1. 区分公共产品的层次，进一步明确投资主体

根据在消费过程中的性质不同，农村公共产品又可区分为纯公共产品与准公共产品。纯公共产品是指在消费过程中具有完全的非竞争性与非排他性的产品，如农村基层政府行政服务、农业发展战略研究、农业基础科学研究、大江大河治理等。农村纯公共产品同其他纯公共产品一样应由政府免费提供。然而，现实中的绝大多数农村公共产品是以准公共产品的形式存在的。准公共产品的性质介于纯公共产品与私人产品之间，具有不完全的非竞争性与非排他性。具体来说有两类，一类是具有排他性与非竞争性的公共产品，如高速公路，该类产品由政府提供还是由私人提供主要考虑该项产品收费管理的难易程度以及它的需求弹性，难度越大，弹性越大就越适合于采用政府提供的方式，相反则应采用市场提供的方式。另一类是具有非排他性和竞争性的公共资源，如农村基础教育、公共卫生等，这类产品由政府提供还是由市场提供取决于该类产品的收益的外溢性程度，如果产品的内部收益较小，外部收益大，则适合于政府提供，反之则适合于由市场提供。目前鉴于县级财政的巨大压力，中央、省级政府应当承担更多的责任。

2. 实现农村公共产品供给主体多元化，加快融资机制的创新

我国是一个发展中国家，农村地域广阔，对农村公共产品的需求规模较大，单靠政府供给是无法满足的。应改革农村公共产品资金筹集制度，积极利用市场力量、农村社区力量和非政府组织来提供公共产品。

依据农村公共产品中的准公共产品的性质，可以采用政府与市场（私人）混合的方式来提供。本着“谁投资，谁受益”和“量力而行”的原则，采用“公办民助”、“民办公助”的方式，充分调动各类主体投资农村公共产品的积极性，即实行农村公共产品市场化发展。目前已有的实践证明，部分农村公共服务，如小型水利设施，由私营部门提供是有效的；部分农村良种的提供，专用品种的栽培技术，市场信息可由“龙头”企业提供服务。另外，政府也可以利用市场融资和捐赠等形式吸引资金，发展农村社区公益事业。这些资金的注入在节省政府的公共支出，提高资金的利用效率，推动办学主体的良性发展方面发挥了积极的作用。

3.积极推进公共财政体制的改革，加大对基层政府的转移支付

乡级政府是现有行政体制中最基层的一级政府，在现有的国家制度框架内，向所辖社区提供包括教育、卫生、社会保障等几乎所有公共产品是乡级政府的重要职能。“分灶吃饭”的财政体制改革之后，赋予了基层政府提供公共产品的事权，却没有给予相应的财权，权责不相对称，因此必须进一步推进公共财政体制的改革，加大国家对基层政府的转移支付。具体包括：一是合理划分事权，以事权定财权，明确中央政府与地方政府提供公共产品的职责。一般来说，纯公共产品由中央政府全部负担，而准公共产品应由各级政府共同承担，其中中央和省级以上政府应负主要责任。二是增加财政投入，确保财政支农资金总量的稳定增长，要求各级预算的支农支出增长幅度不低于财政支出的增长幅度。三是调整财政支出结构，加大对与农民生产、生活关系密切的公共产品的投入。四是调整支农资金投入方式。财政支农资金要尽量减少间接的和对中间环节的补贴，积极探索对农民直接支持的各种有效补贴办法，逐步建立起以收入补贴、生产补贴、救助性补贴为主的财政支农资金直接补贴方式。

4.实现村民自治，完善决策机制

按照《中华人民共和国村民委员会法》（1998）第三条规定，作为社区自治性组织的村民委员会，其职责之一是提供社区内人们需要的公共物品和公共服务。而目前由于乡镇政府职能向村级组织的渗透，村民委员会部分地失去了应有的自治色彩，变成了农村公共产品自上而下供给决策的执行机构，扭曲了农民的意愿。要彻底改变这种局面，就要从农民自身需求出发，建立公共产品的需求表达机制，给予农民充分的民主权利，形成由内部需求决定的公共产品决策机制。首先，必须推进农村基层民主制度建设，充分实行村民自治，由全体农民或农民代表对本社区的公益事业建设进行表决，使农民的意见得到充分反映。其次，加快农村基层政府的组织建设，改变农村基层领导人由上级组织部门任命的形式，把主动权交给农民，由农民直接选举出能真正代表农民利益、对农民负责的社区领导人。再次，建立有效的农村公共资源使用监督机制，增加公共资源使用的透明度，定期将收支状况公

之于民。

【学习与思考】

1. 在没有获取准政府地位的情况下，私人部门是否就一定不会生产公共产品？

2. 请对私人部门生产公共产品所造成的福利损耗进行分析。

3. 企业行为政府化的含义及造成的后果是什么？

4. 简述公共产品供给均衡分析的主要方法。

5. 为什么要对公共产品供给价格实行管理？

6. 我国农村公共产品供给短缺的主要原因有哪些？如何解决这一问题？

第四章
公共选择

【本章提要】

本章在介绍公共选择理论的基础上，运用这一理论分析探讨现代政府实行的民主制度中的不足及其纠正问题，对现代社会的选择主体的选择目的、后果进行了综述，对产生寻租的原因、过程与治理作了介绍。

【主要概念】

阿罗悖论、选票交易、峰值、中位投票人、特殊利益集团、相机抉择、寻租、无意设租

【案例导读】

多种方式扩大考核民主，提高群众参与度
——从“官评官”向“民评官”转变

“小区卫生绿化好不好”、“有没有该领低保的住户没有领”、“收入是增加了还是减少了”……一个个关系百姓切身利益的问题，出自重庆社情民意调查中心开展的民意调查。

为客观反映区县领导班子的工作成效，加大百姓满意度在干部考核评价体系中的分量，2009 年 3 月，重庆社情民意调查中心不通知区县、不借助当地力量，完成了 22 万个计算机辅助电话调查，走访了 40 个区县、111 个乡镇(街道)、275 个村(居委)的 3276 户居民。民调的结果，占当年区县干部考核总分的 20%。2010 年，重庆又将这个权重提高到 30%。

不独重庆。2009 年，四川省在一些地方开展试点，每年定期开展民意调查，把干部的评价权交给群众，把群众评价结果作为班子调整和干部使用的重要依据。

浙江省从今年开始，在对干部实绩考核评价指标体系中增设“公众满意度指标”，并赋予 20%的权重。浙江省规定，班子成员会议投票推荐得票未达到半数或民主测评优秀、称职票未达到 2/3 的，不列为继续提名人选；拟提拔人选考察对象

在征求意见中"不同意其提拔使用"得票超过1/2的,不列为提拔人选。

浙江省委组织部常务副部长吴顺江表示:"浙江在开展群众满意度测评时,将选取群众看得见、摸得着、关注度高、感受度强的内容,设置具体、形象、直观的调查项目,通过多种途径、广泛收集社情民意,引导领导干部更加重视群众的直观感受和现实需求。"

在江西,群众成为干部考核的参与者和裁判员。景德镇市就当前乡镇领导班子和领导干部普遍存在的突出问题向社会征求意见,并以此为依据分类设计逆向民主测评表。赣州则要求所有乡镇党委班子及每个成员必须进行"实绩公示"。实绩材料不仅要在政府网站和镇、村公示栏张贴,还要发放到所有群众家中。

"材料上写的事情做没做,老表们平时都看得明白着呢,眼里揉不得沙子。"赣州南康市龙岭镇邱边村村民张传奎说。乡镇换届考察实绩公示后,全市受理举报160件次,涉及121名干部,其中有26件反映政绩不实问题。经核实,对25名存在虚报政绩现象的干部进行了提醒谈话,取消了1名干部的后备干部资格。

民主是最好的监督。扩大民主测评范围、丰富民主测评方式,各省市同样进行了积极的探索与实践。

重庆将熟悉干部日常工作和生活的群体作为主要测评范围,重点在单位职工、服务对象和"两代表一委员"中进行。提前一天发放测评票、党政班子成员逐一登台述职、参评人员分散填票并无记名投票……平均每年参加民主测评的干部群众达4.5万人。

在县级党政正职的选拔任用过程中,江西上饶实行"六点合一、立体聚焦",把评价权、推荐权、初始提名权都交给多数人。纵向上,由来自基层的干部群众对现任党政正职"下评下荐",县(市、区)党政正职"互评互荐",市四套班子成员对现任党政班子和党政正职"上评上荐"。横向上,注重年度考核评价结果,看干部的一贯表现;注重关键时期和重大事件中的表现,看干部的政治素质、意志品质、能力水平。

"参与的干部群众多了,想跑也跑不完;推选权交给大家了,想买也买不到;考察全方位了,过去的历史,想改也改不掉;组织和群众的眼睛是雪亮的,关键时刻想装也装不出来。"上饶德兴市委书记的陈荣高说。

(资料来源:人民日报,http://www.ce.cn/xwzx/gnsz/gdxw/201110/22/t20111022_22780287.shtml2011年10月22日)

请分析此案例中"公共利益最大化"这一原则是如何在选举中体现的。

"公共选择"(Public Choice)又称"集体选择"(Collective Choice),是指多个个体所组成的群体,如何进行共同选择,以实现群体利益的最大化。从实际公共选择过程中的决策规则看,多数票原则似乎是用得最多一种规则。那么,这种规则一定是最好的吗？如果不是最好的，是否还有更好的规则呢？此外，公共选择所产生的公共权力必然导致腐败（如寻租行为）[①]，如何建立有效的约束机制，尽可能地减少公共选择中的寻租行为？这个问题对于当下的中国，有着特别的现实意义。本章将围绕以上问题展开，先介绍公共选择理论中的阿罗不可能性定理，揭示公共选择所面临的困境，然后分析公共选择中不同主体的行为选择，最后探讨公共选择中的寻租行为及其治理。

第一节　公共选择的困境与出路

当一个群体进行共同决策的时候（如一群在森林里迷路的人要选择行进方向或者一个群体决定是否共同挖一口水井），如果群体内的个体之间意见不一致，那么多数票规则（即少数服从多数）往往是一个常用的决策规则。多数投票规则要求：一项提案在付诸执行以前必须拥有 $n/2$ 以上的拥护者（n 是投票者的数目）。在一个民主制的国家，决策过程中有两种不同的多数决策形式：一是直接民主制，社会选择直接取决于选民的投票；二是代议民主制，有一些公民被选出来反映各部分公众的利益，然后由这些代表进行社会选择。

然而，早在 1785 年法国社会学家孔多塞和博尔塔就率先发现多数票规则在超过两个的方案中进行选择时，可能导致不确定的投票结果。后人把这种想象称之为“孔多塞悖论”。

一、孔多塞悖论

假定有三个人 1、2、3，每个人共同面临 A、B、C 三种选择方案，A 代表政府高水平的财政预算，B 代表中等水平的财政预算，C 代表低水平的财政预算。每个人的偏好顺序以他对于这三个选择方案的排列顺序表示出来。表 4.1 代表这三个人的偏好顺序。

表 4.1　三个成员三种选择方案

选择成员 \ 选择顺序	第一选择	第二选择	第三选择
个人 1	A	B	C
个人 2	B	C	A
个人 3	C	A	B

① 正如孟德斯鸠在《论法的精神》中所言：权力导致腐败，绝对的权力绝对地导致腐败。

现在,让我们按多数投票规则来考察一下,当我们试图让这些个人的偏好转化为群体投票决策时会遇上什么问题？为了要找出哪一个选择是多数投票规则的投票结果,我们要对 A、B、C 三种选择方案进行比较。

1. 比较 A 与 B　　　　个人 1 与个人 3 认为 A 比 B 好

那么再与 C 的比较

2. 比较 A 与 C　　　　个人 2 与个人 3 认为 C 比 A 好

所以从理论上讲,这时就应该得出结论是选择方案 C 了,因为 A 和 B 之间通过多数规则淘汰了 B,而 A 和 C 之间又通过多数规则淘汰了 A,那么,最后的投票结果自然就是 C 了。换句话说,既然 C 比 A 好,A 比 B 好,C 应该比 B 好。既然 C 比 A 和 B 都好,那当然应该选 C。这是从可传递性的角度来看问题的。但实际上,如果我们直接让群体去比较 B 与 C 时,个人 1 与个人 2 都认为 B 比 C 好。按照多数投票规则,应该淘汰 C 才对!

不难看出,最终的选择结果取决于投票的顺序。如果 A 和 B 先选,C 胜出;如果 A 和 C 先选,B 胜出;如果 B 和 C 先选,A 胜出。因此采用少数服从多数的投票规则,最终的选择结果可能不是唯一的,而是依赖于投票过程的顺序安排,不同的投票次序会导致不同的集体选择结果。如果人们事先知道这种关系,就会在投票之前选择对自己有利的投票顺序。

一个更复杂的例子是:在某次群体决策中,总共有 5 个备选方案供大家选择(如某群体选择集体出游的方案,A、B、C、D、E 分别代表东(杭州)、西(西安)、南(深圳)、北(北京)和中(武汉)五个不同的目的地),对于这 5 个目的地的偏好排序分别是这样的:33%的成员偏好顺序是:ABCDE;16%的成员的偏好顺序是:BDCEA;3%的成员的偏好顺序是:CDBAE;8%的成员的偏好顺序是:CEBDA;18%的成员的偏好顺序是:DECBA;22%的成员的偏好顺序是:ECBDA(见表 4.2)。如果最后只能选择一个出行目的地,那么该群体会选择哪个目的地呢?

表 4.2　不同偏好顺序的比例

比例	偏好顺序
33%	ABCDE
16%	BDCEA
3%	CDBAE
8%	CEBDA
18%	DECBA
22%	ECBDA

答案是：一切皆有可能！取决于投票的规则。也就是说，不同的投票规则会导致不同的方案胜出，即便每个人的偏好是不变的。如果是简单多数原则那么A当选；如果采用打分制（54321）则B当选；如果一对一各自PK则C当选；如果每次淘汰得票最低的一个则D当选；如果先一次性通过投票淘汰3个，得票最多的两个再进行第二轮投票，则E当选。

由此，孔多塞悖论所得出的一个非常重要的一般性结论是：群体决策（公共选择）的结果，不仅仅取决于每个成员的偏好分布，还取决于偏好加总的规则。那么，一个群体在进行偏好加总时，应该选择怎样的偏好加总规则，从而最大限度地实现群体福利的最大化呢？

二、公共选择的基本准则

人类几千年的文明史逐步形成了有关公共选择的一些基本准则。或者也可以说是一些关于公共选择的信念。

（1）选择者个人是理性的，并能够按照自己的意愿进行选择（个体理性原则）。首先，我们假定进行公共选择的个体是理性的。一个理性的个体，其对事物的偏好满足两个公理：第一，偏好的完全性。所谓偏好的完全性是指对于任何两个不同的可供选择的社会状态x与y，每一个个体或者认为x比y好，或者认为y比x好，或者认为x与y一样好。对此的选择是完全明确的。第二，偏好的传递性。所谓可传递性是指：如果某人认为社会状态x比社会状态y好，社会状态y比社会状态z好，则他一定是认为x比z好。用数学语言表示选择者个人处在一种理性状态的情况为：$A>B$，$B>C$，则$A>C$，否则无效。

（2）与选择方案无关的因素不影响选择内容的变化（个体偏好独立性原则）。即其他因素变化不影响对已有选择顺序的变化，这种选择只受各个个人对于这些状态的偏好顺序的影响。如果选择只是在x和y之间作出，这时如x和w之间的关系变化了，则该变化与x和y之间的顺序无关。如果社会在这组状态之间所作出的选择改变了，则该变化必定来自于与这组选择相关的一些个人的偏好的改变。

（3）适用帕累托最优原理（帕累托最优原则），社会成员都认为x比y好，则社会选择的顺序必定表示为x比y好。若社会大多数成员认为x与y没有差异，而一部分人认为x比y好。那么，社会选择顺序必然表现为x比y好，只因为这时达到了帕累托最优状态。

（4）所要作出选择的因素都处于选择的同一区间之内（个体选择自由原则）。即用数学语言表示为社会选择得以产生的定义域必须包括所有可能的个人偏好顺序，这就是说，我们不能通过限制个人偏好顺序的定义域来产生某一个社会偏好顺序。

(5)不存在个人独裁(非独裁原则)。即不存在某一个个人认为 x 比 y 好,而全体社会成员的选择也必须认为 x 比 y 好,将其他个人的偏好排除在外的那种情况。

这五条准则基本上可以代表一个群体或者社会进行公共选择时必须满足的经济伦理要求。那么在满足以上原则的基础上,能否实现对个体偏好的社会加总,从而实现社会福利最大化的愿望呢?

三、阿罗不可能定理

非常遗憾的是,1972 年度诺贝尔经济学奖获得者,美国经济学家 K. J. 阿罗(K. J. Arrow)在其《社会选择与个人价值》一书中提出了著名的“不可能性定理”。他在书中指出:“如果我们排除人际效用比较的可能性,而各种各样的个人偏好次序都有明确定义,那么把个人偏好综合成为表达社会偏好的最理想的方法,要么是强加的,要么是独裁性的。”换言之,阿罗不可能定理揭示了以下事实:即不可能存在一种能够把个人对 N 种备选方案的偏好次序转换成毫无冲突的社会偏好次序,并能准确地表达社会全体成员的各种各样的个人偏好的社会选择机制。

以伯格森、萨缪尔森为代表的社会福利函数派认为,因为不同的收入分配会对消费和生产发生不同的影响,因此福利经济学不应该排除收入分配问题。帕累托的最优状态只解决了经济效率问题,没有解决合理分配问题。如果一个人独霸全世界的山河土地,仍会存在着相应的一个帕累托最优状态。他们认为,经济效率仅是社会福利最大的必要条件,而合理分配产品收入是社会福利最大的充分条件,只有同时解决效率和公平的问题,才能达到社会福利的唯一最优状态。

为此,他们殚尽心力地寻找社会福利函数。他们以政治投票与货币投票具有相似特征出发,提出用政治投票的方式构建社会福利函数。但是,遗憾的是,阿罗却以严格的数理逻辑推导出了投票悖论,以形式化的方式证明了无法以投票的方式产生人人都能接受的唯一社会福利函数。阿罗的结论是:根本不存在一种能既保证效率、尊重个人偏好、并且不依赖程序(agenda)的多数规则的投票方案。简单地说,阿罗的不可能定理意味着,在通常情况下,当社会所有成员的偏好为已知时,不可能通过一定的方法从个人偏好次序得出社会偏好次序,不可能通过一定的程序准确地表达社会全体成员的个人偏好或者达到合意的公共决策。

如何解决阿罗的投票悖论呢?作为个人来讲要在这样的选择中获胜,使符合自己利益的选择结果成为公共选择的结果。一般不首先选择自己的最优顺序,而是联合一个合作对象,将其中某一选择顺序给否定掉,然后来达到自己的选择目的,这一点符合了利他到利己的原理。总体来讲投票悖论有许多种解法,下面我们来讨论这些解法的内容。

四、投票悖论的求解与公共选择的出路

解决投票悖论就是要将公共选择的规则结合起来，从那些规则出发，可以有下列一些基本的解法。

1. 偏好结构的调整——从双峰偏好到单峰偏好

人们的偏好本应是理性的，它产生了选择的可传递性与稳定性，排除了阿罗的不可能性。但不可否定的是对某一具体的选择者来讲，出现偏离于理性选择的情况也是存在的，虽然可能这种状况的出现是非经常性的。人们进一步根据概率认为，CpApBpC（p 为偏好）的个人偏好顺序出现的可能性是非常小的，但我们还是认为应该加以认真对待。我们现在将表 4.1 的情况作图于 4-1 中。

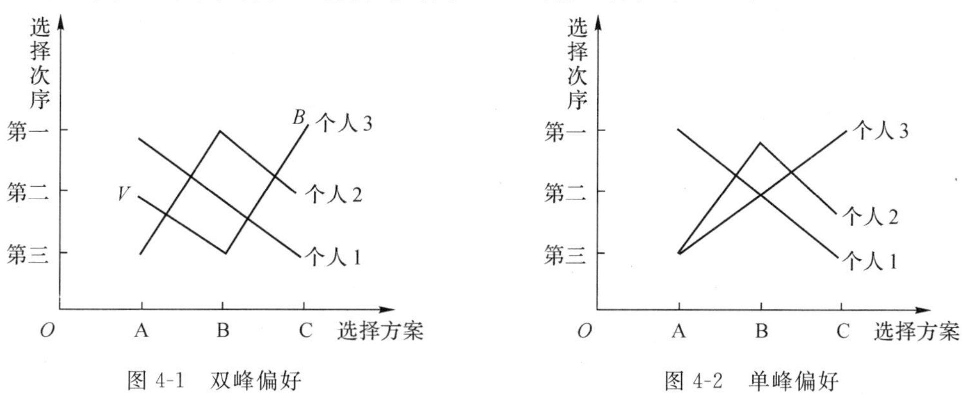

图 4-1　双峰偏好　　图 4-2　单峰偏好

不难发现，造成投票循环是因为存在双峰偏好，在如图 4-1 中，个人的选择有两个峰值点 V、B。所谓峰值是指如果把关于公共产品量或公共支出量的议案按顺序，比如按数量大小排列，则其中必有一种议案所获得的偏好较大，这种偏好较大的议案称为峰值。一个图中有两个峰值点表明选择者的选择并不是唯一的，所以存在不可传递性，也就无法作出唯一的选择。再看图 4-2 中任何一个选择者都只有单峰偏好，说明偏好具有一贯性，也可传递，这样必然会有一个选择的结果，作为单峰偏好的选择一般顺序用表 4.3 来表示如下：

表 4.3　单峰偏好

选择顺序 / 选择成员	第一选择	第二选择	第三选择
个人 1	A	B	C
个人 2	B	C	A
个人 3	C	B	A

用表说明就能清楚显示，在个人偏好为单峰偏好的情况下，最佳选择的方案就是 B。

(1)A 与 B 比　　　　B 有个人 2、个人 3 支持，结果选 B

(2)B 与 C 比　　　　B 有个人 1、个人 2 支持，结果仍是 B

我们通过图 4-1、图 4-2 的比较，就能发现表 4.1 中是个人 3 的选择处在一种非理性状态，造成了双峰偏好，结果出现投票循环，所以要用调整峰值的办法来解决问题，关键是做好个人 3 的工作，调整他的选择。表 4.3 就是在个人 3 的选择作出调整后，产生了唯一的解。

虽然上面我们没有进行 A 与 C 的比较，但我们已经知道了这样的结果，A 与 C 比，C 胜出，但 C 与 B 比，B 胜出，B 与 A 比，B 胜出。人们最终选择一定是 B。

2. 掌握好投票程序或确定议程

出现投票循环的情况下，重要的是掌握好投票程序或称确定议程，在确定议程的过程中，往往是投票的顺序就决定了计划方案的优势地位，像上面表 4.1 中提到的投票情况，假如现在有一个规则委员会来制定投票顺序的话，这个规则委员会若是由高预算支出的代表所组成，他们就会先让中等与低等支出的两个方案之间投票，然后其中的胜者再跟高支出的方案投票，高支出者就会是最终胜出者。

3. 策略行为和选票交易

在公共产品的消费方面，消费者很可能不真实地表达自己的偏好问题。在公共政策的投票过程中情况也是如此。投票者实际投票行为常常是背离其真实的偏好，这就是投票者的策略行为。从理论上来讲，一种投票规则对偏好强度越敏感，给策略行为提供的机会也就越大。策略行为的另一个方面是所谓选票交易，在简单多数规则下，获胜的多数将得到的利益可能少于失败的少数而付出的代价。在这种情况下，少数人便可能试图进行选票交易，以防止这样的情形发生。这时的选票交易可能有两种情况：一是一些人贿赂另一些人，使他们投票赞成自己所赞成的方案。二是两方面达成某种协议，在这一类问题上甲方支持乙方，换取乙方在另一类问题上支持甲方。在这类交易不损害第三方的情况下，选票交易有助于增进帕累托有效性，实现帕累托最优。

策略行为和选票交易，实际上这也是一种互惠合作的交易问题。互惠合作是一种处于合法与不合法边缘的交易行为，纯粹非法行为不在此例，人们也不会为公共利益而通过非法手段谋得成功。在这里的互惠合作举例说一个县要造高速公路进城，另一个县要建水利工程，还有一个县要搞旅游业。若每一个方案单独表决可能都通不过，因为市政府的财力十分有限，它们就会都遭到否决。但若有人提出相互帮助，先将某一个县的方案通过，然后逐个相互支持，最终大家也就都得以通过，每个方案在若干时期里都有了实施的可能。

互惠合作是公共部门类似于交换或交易的东西。在很多情况下，它将导致结果的改善，提高资源使用效率。

这种行为当然也可能被不良的利益集团所控制，这样有可能给社会带来极大的危害。

4. 利用偏好强度不同的选择

在简单多数决策模型中，没有考虑个人表示对几个问题的偏好强度的状况。在那种情况下我们只是按一人一票并将它投在自己所相对偏好的方案上。但在市场上，消费者可以表示自己的偏好强度的，即他可以对自己中意的物品支付较高的价格，这较高的价格就显示了消费者的偏好程度。这种偏好强度的不同既体现在不同的消费者之间对同一商品有不同的偏好强度，还体现在同一消费者对不同消费品的偏好呈现非规则性，这一点在不同消费者之间又有不可比性。这样我们可以模仿市场价格机制设计出，“打分投票制”(Point voting System)，假定有 3 个投票者，每人被给予 100 分，允许每人将分分别打在 A、B、C 三个不同的选择方案上，对每个选择方案打多少分就显示了投票者的偏好强度(参照表 4.2 的个人选择顺序，此处再用偏好强度来表示)，其结果可以用表 4.4 来说明：

表 4.4　打分投票制

选择顺序 / 选择成员	第一选择	第二选择	第三选择
个人 1	70	20	10
个人 2	15	25	60
个人 3	15	35	50
积分总和	100	80	120

投票结果，方案三得了 120 分，是三个方案中得分最多的一个。这一做法的好处是投票结果一般不会出现循环，因此可以保证方案选择具有传递性。当然这种方案也不是无懈可击的，一方面两个方案得分可能是相等的，那就需要进行第二轮投票来决出胜负。另一方面对一个人来说他明知只有投票得分最高的才能当选，分数有可能集中在某一方案上，而不是分散使用，那样就再次落入循环的老路上去。打分投票，根据个人偏好强度投票只能说是一种思路与可供选择的方法，股份制企业中一股一票，就是根据市场经济的资本偏好强度来决定的，实施的前提是股份分散程度高，不易串谋等。

5. 中位投票人定理

所谓中位投票人是指对某一议案或公共产品需求量持中间立场的人，他正好把另外偶数个投票人分为兴趣或意愿刚好相反的两组。

中位投票人定理认为，在个人偏好满足单峰偏好的简单多数规则下，在投票中赢得胜利的将会是为中位投票人所最为赞成的方案。中位投票人在经济上一般被解释为拥有中间收入或财产的居民，也就是中间阶级或者中产阶级。需要说明的是这里的中间阶级或中产阶级是根据人们的收入情况来划分的，而不是由资本的拥有状况来决定的。

中位投票人定理在公共选择学派的政治行为理论中占有很重要的地位。任何一个政客或政治家，要想获得极大量的选票，必须使自己的竞选方案与纲领符合中位投票人的意愿。在一个社会中，走极端的总是少数人，但不管多好的方案都是会有人反对与支持的，要想方案赢得支持，就要争取这些处在中位状态的社会成员的支持。反之，如果一个社会成员中产阶级居于多数地位，那么整个社会就越是不可能出现走极端的选择，就越不可能出现革命或者反革命，政治就越稳定，社会经济生活也就越有条件理性化，而不是走向极端。争取中位投票人是解决投票循环的又一方法。

6.用脚投票

将生活在同一个社区内的公民作为分析的例证，对公共产品的消费或公共决策作出决定，为达到帕累托最优。用最为简单的方式来解决，那就是用脚投票。

用脚投票需要有以下这些假定：

(1)所有公民具有完全的流动性。

(2)完全了解所有社区的特点。

(3)存在着充分的社区选择范围，包括公民期望得到公共产品的可能数量。

(4)各社区之间没有利益上的溢出效应。

(5)在各个个人收入方面，没有地理上的限制。

假定(1)和假定(4)倾向于在各自的目标不相抵触的地方有意义。社区越大，脱离的代价越高，因而流动性越小，所以退出小的社区比退出大的社区的选择更合理。但另一方面，社区越小，提供任何特定公共产品所带来的利益越可能溢出到其他社区里去，引起各社区间的外部效应和非帕累托最优配置。

用脚投票来解决公共选择的问题也是有条件的：

(1)用脚投票是通过将个人聚集在各个趣味相同的政治组织里来实现帕累托最优的。即通过强加一个默默无声的一致性规则，使得所有个人都具有相同的无差异曲线。

(2)当相对于全体人口的数量，公共产品的数量不多，或者对公共产品组合有截然不同的偏好的数量不大时，就可以在实际上假定它基本上满足了这一目标。鉴于公共选择的任务是显示不同的个人对公共产品的偏好，而用脚投票缩小了公共选择的范围，因而部分地解决了公共选择的问题。

用脚投票原理在我们现实中已变成一个很简单的道理，你搞不好，不公平我就走人。换句话说“此地不留爷，自有留爷处！”

第二节　公共选择中的参与主体

组成社会的不仅有个体的人，还有多种社会组织，这些组织虽然最终也要服务于个体的人自己，但组成了的社会组织就会表现出各种各样的行为方式。无论是作为个体的人组成社会，参与社会事务，选择各自的生存与生活方式，通过对社会其他组织和个人的选择来达到目的，还是社会组织，也不例外，有自己的利益，需要与社会个人与其他组织发生联系与利益碰撞，为此也要通过选择以求得最大利益的实现。公共选择中的不同主体因不同分类而有许多不同，我们在此仅分为两大类，即单个主体和集合主体。单个主体是指选民个体，集合主体是指政党、官僚集团、特殊利益集团这三种。

一、单个选民的选择

选民参选是维护自身权益的行为，但现实生活中，许多公共选择的结果与某一选民没有必然的利益关系，或关系不大，即使有关系选民也会采取搭别人的便车，而置身事外。决定单个选民是否参与社会公共选择的因素包括：

1. 投票的物质收益

对选民来说，他们投票所期待的收益取决于对自己所希望的政策得到实施的期望值。一般是由选民通过投票获得的收益的期望值，用投票带来的收益与自己的投票影响政策实现的概率之积来表示，这种概率包括这样几种因素：

(1)自己选举的候选人通过自己投票当选的概率；

(2)自己不投票时，候选人当选的概率；

(3)自己投票的候选人当选时，自己所希望的政策得到实施的概率；

(4)自己未投票的候选人当选时，自己所希望的政策得到实施的概率。

2. 投票的精神收益

一般个人所投一票的影响是非常小的，选民愿意投票的热情是出于：

(1)选民通过义务投票得到心理上的满足感；

(2)为现有政治体制表达忠诚的满足感；

(3)给予自己最喜欢的政策以支持而带来的满足感；

(4)决定投票意志并为此收集信息的满足感(以行动为乐)；

(5)选民能力应验时的满足感。

有的选民参选是希望自己热爱的候选人高票当选，使其在当选以后影响政策的能力增强，自己的愿望较容易得到实现。有些国家和地区所出现的政治娱乐化倾向，正是基于选民享受投票过程的需要。

3. 投票费用

投票费用可以分为与投票行为本身有关的费用，以及为决定参加投票而收集信息所需的费用。前者包括参加投票的实际支出，如交通费、食宿费等，及放弃投票的可能收入，即机会成本。后者包括为了对候选人本人及候选人提出的政策能给自己带来什么收益作出判断而收集必要信息的费用（如购买报刊资料或向人咨询的费用等）。

各种投票人偏好强度不同，支出的费用通常也是不同的，但其费用一般都会考虑与收益的关系。从这一点上讲，要增加选民的参与热情，尽量要降低投票费用，提高信息的透明度，方便选民获取信息的渠道。

4. 特殊利益集团的影响

所谓特殊利益集团是由一些具有共同利益的人组成的、对政府决策施加影响的团体。特殊利益集团人多面广，利益一致，往往会不遗余力地宣传自己的观点、主张，以争取到足够多的选民的支持。特殊利益集团的利益往往也与其他选民有比较接近的地方，为其他选民所认同，加上谬误千遍成真理，讲的人多了，选民也会信以为真。特殊利益集团人员因有集团支持的背景，其政策主张容易被通过，其他选民也就愿意与他们保持一致。

政府组织的投票由于成本低，组织周密，投票率较高，一般由社会组织与团体举行的投票率大体不能与之相比，但政府权威高低、各国的民族文化不同等，各国的参选率也会不同。我们不能简单地用参选率的高低来评价投票的准确性与选民的热情，就像我们前面也已提到，选民认为他是否投票不会影响选举结果时，他就可能选择放弃参与，只有当选民将自己看作是中位投票人的角色时，他才会觉得有责任去投票。

我们已知，决定选民是否投票取决于这一行为给他带来的收益期望值能否超过投票费用。一般是投票费用较低，选民总会去投票，特别是投票本身就有收益，包括公开收入与非公开收入，公开收入如规定投票一次补贴路费、工资等，非公开收入如有人暗中贿购选票等。但在某些情况下投票费用也会超过收益的期望值，这有可能成为选民放弃投票的原因。这些问题在发展中国家需要好好研究。

下列两种情况都会影响选民的投票热情：

(1)预测投票的结果比较明确，是否投票的影响力较低，机会成本较高。

(2)信息收集的费用较高，选民会不收集信息直接投票或弃权。这种情况也被称为“合理的无知”。选民一般比较热忱与投有政党依托的候选人的票，因为这类候选人：第一，政策比较系统明确；第二，信息收集容易、费用较低；第三，在议会内影响大，政策容易生效。

二、政党的选择

1. 政党的参选目的与策略

政党在选举活动中的目的是被人选中，成为执政党，他们的行为是围绕着争取得票率的高低而展开。

政党和政治家的参选武器是通过作出某些政策承诺来获得选民支持，以确保自己当选执政，执政党对政策的承诺是由已有政策执行状况来影响选民的。在政党的选择策略中，执政党与在野党的策略是有所区别的，尽管他们面临的同一社会经济状况。对于执政党的策略而言是：

(1)已有执政业绩较好时，另辟新径提出一些本政党尚未提及的政策，以显示革古创新。

(2)已有执政业绩较差时，用较为选民认可的方案对已有政策作反其道而行之。

2. 在野党的选择策略

一般而言，在野党的选择策略是比执政党更为理性化的内部政策和更为强硬的外部政策。寻找执政党的执政弊端，提出标新立异的内容，补充执政党政策的不足，提高选民的福利水平，坚持轮流执政。一般执政党有政策、政府权力和宣传上的优势，但在野党也往往被选民所看好，主要是选民的求变求新的心态及经济状况的周期变化，使执政党难有一贯的政策可以操作，形成被动的局面而变得有利于在野党。

3. 多党轮流执政可能带来的消极后果

这些消极后果主要是：

(1)由于政党为迎合选民而展开政策承诺，在实际上往往需要付之行动，那样就出现了比较明显的"大众福利"倾向，造成国家财政负担加重，这也说明在整个国民经济出现供大于求时，实施多党轮流执政的条件才比较成熟，否则只会影响一个国家的可持续发展。政党政策承诺是满足选民不断提高的福利需要，久而久之，政府就不堪重负。

(2)政策行为的短期化。政策行为的短期化服务于目前政绩的需要，一些政策措施如为启动市场而增发货币等，可能造成未来经济发展过程中的通货膨胀，有的甚至有意设计出一些为难未来政府的政策，以便本党尽早卷土重来。

(3)民族倾向比较严重。高喊与其他国家抗衡，采取强硬的外交政策是现代社会较为受本国选民欢迎之举，一些政客为拉拢更多选票，往往也愿出此策，造成了今天许多国家民族主义抬头的后果，而与开放世界格格不入。

三、官僚集团的选择

从规范的意义上讲官僚集团并不是政策的决定主体，它是行政和立法机构中执行政策的主体，但组成官僚的每一个官员有着特殊的对公共政策与公共决策的影响。因此，专门研究官僚集团及组成的官员的选择行为还是很有必要的。需要说明我们在这里讲的官僚集团决不是贬义的，应该说是一个中性词，官僚仅仅是表明官员在政府中有众多同僚而已。我们先看政府官僚(员)有哪些主要特征：

(1)官员是实行任命制的，所以他通常只对任命他的政府机构和政治家负责，不直接对选民负责。

(2)选民只能间接地通过社会舆论，组成一定的利益集团，通过对政党和政府的影响来影响官员，因而选民对官员的制约是一种软约束制约，作用的过程也相对较长。

(3)官员的行为具有相对独立性，只是因为并不直接受选民的制约，又是由政府机构任命的，政府机构的相对稳定性与政治家的流动性使官员行为具有相对独立性。

(4)官员行为具有一定的特殊性。政治家与政府领导人的诺言、政策主张要转变为有条不紊的章程、制度，在实际当中可以安排，需要通过官员起草的政策、法案才能实施。并且官员还负责审议、选择议案时收集、分析和提供各种必要的信息任务，所以他们与社会各界的关系是十分密切的，官员们提供的信息状况直接影响着政治家的决策。

官员们的行为动机也是利益最大化原则。这种利益最大化只是与市场行为有所不同，它包括金钱与非金钱两个方面的利益最大化。金钱利益的最大化是个人收入与享受的利益最大化，及其预算线的向外扩张，千方百计增加所控行业与部门的预算。非金钱利益的最大化主要是指在权力范围、名誉、社会地位等方面的扩张。通常包括：职位增设的努力，晋升机会获得，公共形象宣传，社会地位扩大所需要的所谓管辖权限和直属部门的增加等等。从我国的现有情况看，官员薪金目前相对低廉，他们往往会通过对外施加影响、增加项目等来获得额外收入，可称之为“榕树型”扩张。“榕树型”扩张的特点是主干吸收养料的不足需要通过枝条下垂入地来补充，这种情况的结果是权力影响收入，权力介入收入，权力在亲朋互助中增加收入等；而通过扩大预算线来增加的收入主要有单位的赤字预算，部门增设与增大的合理性预支，小单位的创收收入分配等方法。

正因为政府官员具有利益最大化这样的动机，必然会造成公共服务的供给量超过需求量，造成公共权力运用的过度与浪费，以及老百姓负担的增加。

用图 4-3 表示，在图(a)中，横轴代表公共服务的量，纵轴 O,TU,TC 代表公共

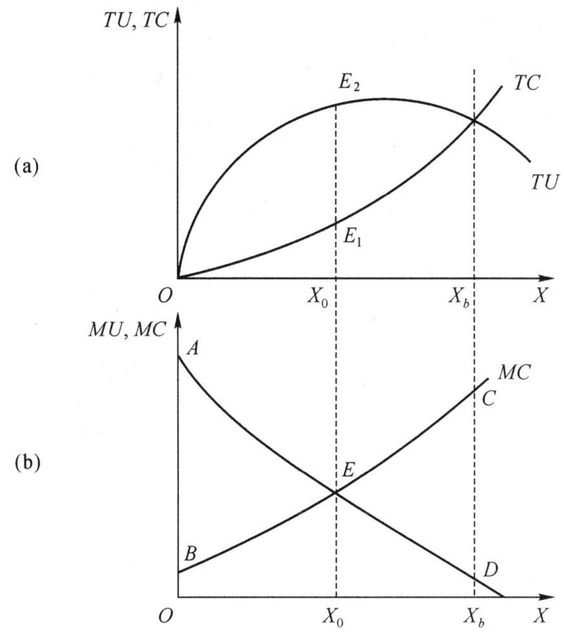

图 4-3　基于官员利益的公共服务均衡

服务的总效用和总成本，在图(b)中，横轴 OX 仍代表公共服务的量，纵轴 O,MU，MC 代表公共服务的边际效用和边际成本。当使公共服务的需求与供给均衡的 X_0 为均衡的公共服务量时，能够实现帕累托最优。但官员们出于自己的利益，会尽最大可能地多提供公共服务，他们会力图使总成本和总效用相一致，造成成本支出与收益相等，直到没有任何收益出现为止，这时供给的水平就达到 X_b。这种情况在市场行为中既不可能，也无法做到，但由于官员掌握各种信息，对他们来说信息收集的费用很低，而且由于他们的地位还可能造成其他人信息收集成本的增加，加上具体负责起草政策、规章等便利，他们的愿望比较容易实现。

如果官员们的最大利益得到实现，其实际后果失去的是消费者剩余 ECD(图 4-3b)这一部分，及其政府机构的不断膨胀与财政赤字严重化。人们把出现这种状况的原因归结为：

第一，经济人的假设同样适用于官员，人的本性具有一致性，经济利益的追求是共同的，不随人们所处位置的不同而不同。在这一点上，我们认为人首先是经济人，其次才是社会人，任何思维正常的个人都是经济人与社会人的统一，这与马克思主义关于人的需求理论也是相融合的，作为经济人的官员或官僚不能只看他表面上讲的如何如何，关键还是要靠制度对他进行约束。

第二，与厂商和大众相比，政府官员追求个人利益的条件与自由度都高于前者，而法律约束则可能松于后者。具体表现为官员行为是：

(1)无产权约束：用公家钱办事。

(2)高度垄断：政府行政部门的设立不像企业那样存在市场竞争，官员的行为也就具有不可比性。

(3)无明确规范的政府考核指标：它是非盈利性的部门。

(4)监督困难：相对政治家而言，他们远离媒体与百姓，也没有对百姓的承诺；相对百姓而言，又身处行政执法地位，是法治社会中的自圆体(自圆体是指自我执法与自我监督为一体)。

(5)成本清核要求不明：公共产品的生产中对投入产出之间的分析比较困难，所以成本清核更难以确定。

(6)拥有相机抉择权：相机抉择(discretion)就是由政府根据不同的经济形势采取不同的政策手段，以达到预定的政策目标，它的实施权在政府，实际上是由政府官员拥有了"相机抉择"权。在政治家或政府决定采取某一政策时，选择什么时候推出政策，用什么方法推出政策，具体操作权在官员。

四、特殊利益集团的选择

所谓特殊利益集团是由一些具有共同利益的人组成的、对政府决策施加影响的团体。它们施加影响的方法包括游说政府官员和选民代表、游行示威、舆论宣传、政治捐款、赞助选举、直接或间接操纵选举、在政府中寻找代理人，等等。在政府决策过程中，往往那些组织得好、利益比较集中、经济实力比较雄厚的团体在政治舞台上"嗓门"特大，能够对政府起到的影响也多。政府的最终决策取决于各个利益集团的力量对比，成为各个利益集团之间妥协的产物。尤其是在政治选举需要大量资金的背景下，政府领导人很容易偏向拥有经济实力的特殊利益集团，以利于重新当选。当政府领导人的政治生命取决于其他要素(如政治势力或军事实力)时，他们的决策就容易偏向具有这些要素的团体。单个特殊利益集团总是人口中的少数，政府在利益集团的压力下决策虽然不是一件合乎民主理想的事，但却是任何一个政府或多或少面临的现实。特殊利益集团的活动也像选举一样，是民意表达的一种方式。

特殊利益集团本身来自于各自共同利益的选民或某一团体，甚至团体之间的组合体。它们在自己的活动过程中利用两个管道影响政府经济决策与政治力量。一是通过提供资金、游说和拉选票等活动对政党施加影响；二是通过选民集中程度对官员施加影响，以谋求所起草和制定的经济政策符合自己的利益。具体的方式有：第一，将自己拥有的信息提供给政府，以使政府决策有利于自己，这种情况可以视为"跑政策"或称"用脚投票"。第二，利用组织起来的选票集中度对政府施加压力，可称为“用手投票”。第三，通过提供资助（如在总统竞选中提供竞选活动资助，或给某一政党的日常活动提供资助）来影响政府决策这种情况可以称“用钱投票”。第四，在议会开展游说活动，说明自己的愿望和主张，这种情况可以视为“要政策”或称“用嘴投票”。特别当议会要讨论通过某项政策方案时，相关的利益集团都会开展大规模的游说活动，这时谁嗓门大似乎就谁有理。

特殊利益集团活动的原则自然也是自身利益的最大化，这种原则有时与社会需求相一致，有时是不一致的。特殊利益集团的作用比起单个选民来就大得多，因此他们自己也不会轻易放弃自己的努力。但在西方国家的政府中，决策的结果通常更具有妥协性，所谓相对合理性。这既归功于特别利益集团组成人员的理性活动，也因为从目前来看西方国家的民主制度具有相对先进性的方面。

在我国的整个利益结构中尚未出现明显的特殊利益集团，但一些群众团体，地区间的利益共同组织，客观上也是存在的，我们认识特殊利益集团不能采取简单的方式，或是肯定或是否定，应该是具体问题具体分析。

第三节　公共选择中的寻租行为

美国经济学家克鲁格（A. O. Krueger）在发表的《寻租社会的政治经济学》、詹姆士·布坎南在《寻求租金和寻求利润》、美国经济学家塔洛克（G. Tullock）在《关于税、垄断和偷窃的福利成本》等著作中，详细探讨和分析了寻租成本与收益，寻租的政治市场，有效寻租、护租、创租和抽租的措施，构成了独具特色而又具有启发意义的寻租理论。在寻租理论看来：政府的特许、配额、许可证、批准、同意、特许权分配——这些密切相关的词的每一个都意味着由政府造成的任意的或人为的稀缺。这种稀缺意味着租金的潜在出现，而这又意味着寻求租金的活动。他们认为寻租活动的根源在于政府的行政干预，在市场化改革还没有到位的情况下，通过行政权力分配资源的体系和市场分配资源的体系搅在一起，行政权力拥有者以各种名义加强行政权力对经济活动的干预，增加行政审批的项目，以便增加寻租的机会。寻租活动的危害不仅在于造成社会资源的大量浪费，引起腐败盛行，导致经济效益低下，而且由于寻租产生既得利益阶层，会阻碍社会政治经济的改革进程。

一、公共选择情况下寻租现象产生的原因

为什么要分析公共选择情况下寻租现象产生的原因？是因为有人拥有社会公共权力，而又忙于为自己利益服务。当然，拥有公共权力的人可能选择寻租也有可能不选择寻租，我们在这里只是讨论前一种情况罢了。寻租（rent seeking）是指为获得政府法规支持所形成的垄断利益（租金）而进行的活动。在私人垄断存在的情

况下，会有垄断利润产生。当政府介入经济活动，运用经济政策（包括法规在内的制度约束也是经济政策手段之一）来调节经济时，不但存在有市场中形成的私人垄断，而且还产生了政府所允许的垄断。为了从政府中得到这种垄断所从事的活动称为寻租活动。寻租作为经济人的一种活动，有其产生的原因、外在的表现和内在的规律，它将给社会造成危害，因此，必须有相应的对策。

1. 寻租活动产生的原因

经济人从寻利到寻租，首先并不是因为他们的道德观念有了什么变化，从而改变了他们的行为方式，主要还是因为社会的制度结构发生了变化，做出个人选择的环境改变了的缘故。当经济从市场自发运转向直接的权力作用下的利益进行再分配时，寻租活动就会作为一种重要的社会现象而出现了。那么，社会的经济制度、政治法律制度为什么发生变化，又是怎样变化的呢？

政府失灵是导致寻租活动的一个重要原因。人们往往认为市场失灵要由政府来调控，以便对市场机制自发作用中的消极结果加以控制，但有时往往事与愿违。政府调控造成的消极后果并不比市场失灵会减轻多少。因此，有经济学家认为“市场失灵并不是把问题转交给政府去处理的充分条件”。现代社会中的政府失灵主要表现在这样几个方面：

(1)直选民主制中的“政府失灵”。在直选民主制社会中，政府决策往往是直接通过公民投票表决的方式来进行的。由于人们对公共产品的价值判断各有不同，才需要集体决策过程。在集体决策中，一致同意当然是件好事，但却非常困难，因为它需要经过多方反复的磋商和谈判，提高了决策成本。当决策成本相当高时，社会就会因缺乏决策效率而遭受损失。此时一个降低决策成本的显而易见的方法就是降低同意的百分比，变百分之百同意标准为少数服从多数标准也就是相对多数同意。但这样一来，在降低决策成本的同时，却提高了外部性成本，即那些对集体决策结果持反对意见的少数，必须承担这一决策的成本（如与赞同者同样地纳税，或直接受损），因此，决策必须兼顾决策成本和外部性成本。一旦放弃了一致同意的决策标准，决策过程的成本大幅度下降，此时选择多数赞同的决策比选择少数赞同的决策会有较少的外部性成本，如图 4-4 所示。因此，少数服从多数的决策规则就成为直选民主制社会中公共选择过程的基本规则。

①投票悖论。由于客观上存在着投票悖论，公共选择过程的基本规则并不总是有效的。

我们前面介绍的几种解决投票悖论的方法都还是有各自的缺点。无论是少数服从多数，还是按偏好强度等方法试图解决，多少都会牺牲一些人的利益，就是选民百分之百地通过一个公共选择，也不见得就是十全十美的。因为有些人是随大流而投票，有些人是在无奈的情况下掩盖或牺牲了自己的偏好。更何况，百分之百

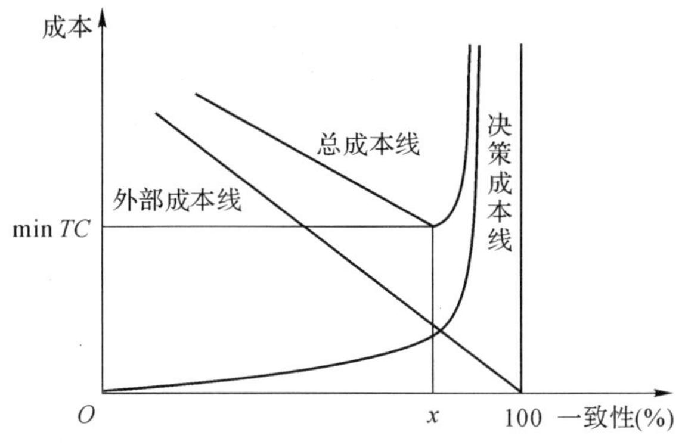

图 4-4　决策成本线走势图

通过的选择,往往与决策低效率相联系的,没有较长时间的宣传、推介在当今社会中真要百分之百地让人人满意的方案是极其鲜见的。

公共选择的准确性是与选择成本成正比的,而与选择方案(决策效率)成反比。

当然决策过程的有效性和合理性方面的缺陷还不是对民主最致命的打击,最致命的打击在于,在公共选择过程中,在许多情况下,多数其实未必能够战胜少数!因为在政治市场上,经济人的选择缺乏效率原则所要求的确定性,做出最终决策的单位是集体而不是个人,在投票中个人只是选择主体而不是决策主体,决策主体是他所在的集体。个人的一票对决策结果的影响不大,尤其是随着集体人数的增加,决策给个人所带来的利益递减。而为了正确投票,个人却要花费时间、精力甚至金钱去搜集有关备选对象的多方面信息,这种信息成本完全落在了个人头上,不能像收益那样自动分摊。被决策的公共事物越复杂,弄清选择信息的成本就越大。因此,作为经济人的投票者通过成本—收益分析,就不会去认真了解有关备选方案的信息,而保持一种合理无知的状态,对手中的选票持一种无所谓的态度。如果多数选民都持这种冷漠态度,公共选择过程就会被少数组织良好的特殊利益集团所操纵,从而使其成为谋取局部利益或个人私利的手段,最终导致公共选择失灵,即公共选择过程不能保证公共决策真正符合社会需要,多数人输在了少数人的手中。我们经常可以看到那些能给少数人带来很大的利益而从多数人那里索取很少的平均费用的方案(如较大程度的自由贸易仅仅能使每个人得到一小点好处,而保护贸易却能使少数人得到很多好处)得以通过。此外,投票者“搭便车”的动机往往使得征求民意的办法难以获得真实的信息,从而使公共选择失灵。

②公共决策的分散性所带来的特殊利益集团的优越性。在由分散的选民投票来决定每个公共政策问题的民主制社会中,如果每个人在每个问题上都按照他或她的真实偏好来投票,那么,根据孔多塞悖论,社会选择就可能产生既是帕累托无

效又是分配上不公平的结果。直选民主就可能导致特殊利益集团对公共选择的控制。所以，就某次选择过程而言，可不是持久的多数派一致地使少数派承受代价，就是暂时的多数派机会主义地使暂时的少数派承受很高代价。如 51 个张三对 49 个李四的合法剥夺；把多数人的偏好强加于少数人等。真理有时往往掌握在少数人手中，完全由投票决策，显然就会扼杀尚未发光的真理，这样做的后果动摇了一部分人对民主的信心，从而会使人们蔑视由此产生的集体决策，而采用其他方式来表达自己的意愿，甚至对合法的投票程序进行抵制。

多数派也许还会无意地使少数派承受高昂代价，因为投票方案并未允许人们表达他们的偏好强度。而对少数人仅仅是相对少数人而言不管有人不喜欢提出的方案到什么程度，他也只有通过手中的一张选票显示其偏好，无法显示其偏好强度(如举双手赞成或反对)，这样特殊利益集团对公共选择的控制所造成的危险使得由选民投票的民主通常是不需要的，现代公共政策的复杂性使得公民投票有时是行不通的。

以上两种情况都表明了民主作为社会选择机制的不完善性和不可能完善性。作为政策的制定者，必须认识到民主过程将不会一直给予我们对社会价值的真实评价。也许没有始终如一的社会价值存在，也许投票不会发现社会价值，因此政府明显地听从“人民的意志”并不会总是干得好，要让人们懂得你手中的真理是十分重要的。

(2)代议制民主中的“政府失灵”，代议制民主又称间接民主。在代议制民主方式下，会产生一些特殊的问题。在经济规模很大，构成一个集体的人数很多的情况下，直选民主制往往成本过高，我们已知民主程度的高低是与酝酿成本成正比的，越想得到更多的民主，其支付的成本自然也越大。因而社会通常都会采取代议民主制的公共选择方式。在这种方式下，公众并不直接对政府政策本身进行投票，而是选举代表，由这些代表来决定政府采取的行动。在现实政治生活中，选民的意愿在多数情况下正是通过选民代表来表达的。

①作为经济人的政治家。在代议制民主中，被选出的政府官员或议员等政治家也像社会上其他人一样具有经济人性质，所不同的是积累的意识形态资本在量上的差异。因此不能指望他们一旦当选，成为政府官员，就突然神奇地改变了自己的偏好体系、行为动机和行为方式，变关心个人利益为关心公共利益。事实上，候选议员或政府官员在选举过程中可能就已经开始以其特殊的方式追求私利，只要“当选”这件事本身对一个候选人来说是件“好事”，是能够为他自己提供满足、带来“好处”的，“当选”本身就会成为不择手段加以追求的目标，甚至连竞选纲领也要服从个人的当选。结果从选举过程中产生的往往并不是什么“最大多数人的最大幸福”，而是一些自相矛盾、含混不清、无法实现的许诺。可以观察到在选举过程中，

竞选官员所遵循的一个重要原则就是选票最大化。根据这一原则，他们将采取的战略就是宣布一些最能被“中位投票人”所接受的政策主张。这里的所谓“中位投票人”，即那些对竞选双方无明显偏好的选民，他们的偏好最容易被任意解释或任意引导，投票最摇摆不定，因而是双方争取的对象。要争取这部分选票，每个候选人所采取的最佳策略便是提出一些尽可能含糊不清、至少是很难被中位投票人察觉出有明显差异的政策主张。因为这样做最保险，虽然不一定会立马赢得多数中位投票人，但也不会一下子失去很多。采取这种最佳策略的结果，便是在现实中经常可以观察到一些势均力敌的选举。而候选人的政策主张越是含糊不清，越是相互接近，选民就越是有理由保持理性无知的状态，或对竞选持冷漠态度。这时，越是定义不明、相互矛盾的政策大杂烩，就越是有可能成为代议制公共选择的最终结果，从而也就根本不可能实现所谓的资源最优配置。

更有甚者，一个追求选票最大化的政府将造成政治性经济波动：当该政府发现失业对选民的危害大于通胀时，它在大选前就力求降低失业率以获取选票，而放松对通胀的控制，使通胀率上升；当大选结束后，政府就要采取紧缩政策，以求降低通胀率，又使失业率得以上升。于是失业与通胀将随着大选的定期举行而呈现出周期性来，使国民经济时冷时热。

此外，在大多数国家里，议员代表地理上确定的地区。由于立法机关成员通常代表本选区居民的偏好，即使他们可能真诚地愿意以整个国家的利益为重，可是他们企图再次当选的动机却促使他们更加关心他们自己的地区利益，这就经常导致那些并非有助于整个国家福利的政策选择的产生。

②特殊利益集团的影响。在寻租活动中，我们经常能看到特殊利益集团的影子。为抵消寻租成本支出给他们带来的利益损耗，往往会有一些特殊利益集团出现。由他们提供的产品在质与量上千方百计考虑的是只要符合最低的标准，这样既影响了经济的发展，又损害了社会福利。

总之，代议制政府的特点表明，这种政治制度通常并未把公共政策建立在对社会成本和社会效益仔细权衡的基础上。

(3)官僚主义行为所造成的“政府失灵”。跟私营企业不一样，政府机构利用公共的劳动和其他要素投入来产出公共产品。政府机构无需通过市场检验以求得生存，它本身就是一个垄断组织。公共决策是由政府来加以实施的，在政府机构中并不存在提供同种公共产品的竞争，缺少竞争就意味着缺乏激励，从而降低了公共部门的服务效率；政府机构不以盈利为目标，其活动大多不计成本，即使计算成本，也无须做到精确，甚至故意封锁成本信息，使有关职能部门难以行使监督，因此就难以降低成本；公共服务通常不是以价格形式出售的，因此，社会公众对政府机构的评价不会像对市场价格那样敏感，从而缺乏社会监督的压力；政府官员所追求的是薪金、权力、晋升、特权、福利(如健康保险、养老金、豪华的办公室,以及旅游式的出差,等等),而这些都是与财政预算的规模正相关的。官僚们总会扩大预算规模,造成国家机构过于庞大,由此引发了赤字财政与通货膨胀,巨额政府开支产生的挤出效应又使财政政策大打折扣。

总之,立法官员和政府机构追求私利的行为一方面导致了过多的公共产品供给,另一方面导致公共产品供给的实际成本大大增加,结果便是社会资源的大量浪费,经济效率日益降低,资源配置无效,社会福利有减无增。

(4)政企博弈中的"政府失灵"。政府对经济的管制和干预会增加企业的运行成本。企业为自己的经济利益,必将与政府展开博弈。政府的一些经济政策是否有效,往往取于经济行为当事人能否看穿政府的意图,能否采取相应的对策。所谓"上有政策下有对策",各个社会都是如此。因此,高明的政策要能够出其不意,使人没有空子可钻。然而,由于客观上存在着经济政策的认识时滞、决策时滞和实施时滞,要做到这一点是非常不容易的。

此外,政企之间常常存在信息不对称的情况,政府管制企业的官员对企业的了解程度不如企业的经理人员,其所掌握的信息也往往是第二手的,所以他们在与企业经理交手时常占下风。同时,管制企业的政府官员虽然代表的是国家和社会的利益,但他们很容易被企业所"俘获",一种可能是官员直接被腐蚀拉拢,收受贿赂,开后门;另一种可能是虽然政府官员没有直接贪污腐化,表面上廉洁奉公,但他们与被管制的企业有着千丝万缕的关系,管制某个行业的官员往往是这一行业的专家,与企业的同行常有同窗校友之谊或其他私交,同他们在业务上的接触也比同消费者代表的接触多,所以管制官员对企业的诉求更容易理解和接受。许多企业还喜欢雇佣曾在政府有关部门工作过的退休官员做顾问,所以在职官员很不愿意和企业的同行搞坏关系,以便为自己的将来留一条后路。这样,在政企博弈中政府常为输家和委托代理的失败也就不足为奇了。

政府官员谋求"内部"的私利,而不是他们公开向外界宣布的所谓公共利益,这种现象被称为"内部效应"——以为"外部"服务为借口、为假象,实际上为"内部"的自己服务。正如"外部效应"是构成"市场失灵"的原因一样,"内部效应"是构成"政府失灵"的原因。为克服"政府失灵",人们又提出解放市场、促进市场和模拟市场的方案。

2.租金的来源

社会由于存在严重的政府失灵就会产生寻租。这种寻租的租金来源主要有三种情况:一是政府的"无意设租"。即政府为弥补市场的不足而干预经济生活时产生的租金,由于干预的方式方法不当,造成了政府失灵,使该租金无法消散,这可以说是好心办了坏事,是一种主观与客观相脱离的而产生的租金。二是政府的"被动设租”。即在市场经济的发达阶段，在民主政体下，政府受特殊利益集团的左右，成了某些特殊利益集团谋取私利的工具，为其所利用，通过并实施一些能给特殊利益集团带来巨额租金的法案，客观上为这些特殊利益集团服务。三是政府的“主动设租”。即在市场经济下的不发达、不成熟阶段，政府官员利用行政干预的办法来增加某些行业或企业的利润，人为地制造租金，诱使寻租企业向他们进贡(准赞助)作为获取这种垄断租金的条件。同时，政府官员还会故意提出某项会使一些企业利益受损的政策或规定作为威胁，迫使企业割舍一部分既得利益给他们(准摊派、抽租)，以求其高抬贵手，放弃制定或实施该项政策或规定，使自身的利益不再受损，这实质上是一种权钱交易。由此形成了大量的租金，租金的来源实际上是政府权力对社会收入的再分配的结果，是对同期其他社会成员收入的剥夺。在市场发育程度较低、行政干预还广泛存在的市场经济发展初期，如西欧 18 世纪重商主义时代和当代的某些发展中国家，寻租活动最容易蔓延。某些发展中国家贪污腐败行为盛行和工商界不法活动猖獗的原因绝大多数在于政府运用行政权力对企业和个人的经济活动多方面地进行干预的结果；同时，这种行政特权掌握在政府官员手中，他们具有很大的自由裁量权。所以，这种特权体制的设置(或平等竞争规则的破坏)，造成了寻租的可能，因此可以称做设租活动。由创租到寻租，产生了一个腐败蔓延的恶性循环圈和一个批靠寻租活动发财致富的官僚富豪集团。当这种权贵资本在一个国家居于统治地位时，就造成了许多寻租机会。大量社会财富被少数人侵吞，造成机会不均等条件下的贫富悬殊，社会的安定也得不到保证。

二、寻租活动的经济分析

1. 寻租活动的经济界限

寻租活动是要花费成本的，它包括寻租者的时间、精力和金钱的支出，以及心理成本(一种负效用)。寻租者就是用这种成本来“购买”政府管制和垄断利润的，因此，寻租成本实际上就是政府管制的显示价格。理论上这种价格也有一个均衡值，由寻租的边际成本与其边际收益(垄断利润增量)相等这一边际条件所决定。从总量上看，寻租成本一般只占垄断利润的一部分，而不是全部，否则寻租者就不会去追求政府管制。换言之，他只是拿出垄断利润的一部分去向政府官员或政治家购买他所需要的管制。如图 4-5 所示的是单个寻租者寻租活动的经济界限。

由于垄断，商品供给量 Q_2 小于均衡数量 Q_0。此时由于供不应求，买方愿以价格 P_2 购买，从而使卖方获得超额利润(租金)P_1P_2ad(即 $P_2\times Q_1-P_1\times Q_2$)。其中 $C(P_1bcd)$即为寻租成本，R(即 P_2bca)为垄断利润扣除寻租成本后的余额(即 $P_1P_2ad-P_1acd$)。由此可见，寻租花费的原则是小于或等于收益期望值 P_1P_2ad，花费一旦超过收益期望者，寻租便会终止。即寻租活动的经济界限是 R

≥0。

以上是对单个寻租者而言的，就整个社会来看，在信息不完全的情况下，寻租活动是没有经济界限的，它所消耗的资源数量取决于寻租活动的竞争性所决定的寻租规模的大小。假定某一潜在租金值10万元，潜在寻租者只有一个，对他来说花费少于10万元去寻租是值得的，由此可见预期整个社会的寻租耗费不会大于10万元。而假如潜在寻租者有10人，那么对每个寻租者来说，花费任何低于潜在租金(即10万元)的寻租代价都是值得的。在这个例子中，如果每个寻租者平均花费5万元，寻么寻租竞争的总代价便是50万元，超过潜在租金4倍之多，而这些花费的大部分必将落空，寻租代价也难以追回。也许一些寻租者并不觉得有什么不值，因为这可以算是一种风险投资或是为下一次寻租所做的一种铺垫。但从全社会的角度来看，资源的非生产性浪费远远超出了潜在的租金额。由此可见，在经济人寻利过程中，竞争优于垄断，因为寻利竞争是正和博弈，而垄断是零和博弈；但在其寻租过程中则相反，由于信息不完全，使垄断优于竞争，因为对租金的独家垄断是零和博弈，而对租金的竞争则是负和博弈。要避免负和博弈，又要以不公平为代价。与博彩相比，博彩主要是一种货币的转移，就全社会来说，除个人消耗的时间、精力和印刷、发行彩票的少量费用外，几乎没有其他资源浪费，接近于零和博弈。而寻租就不同了，用在为保证或保持垄断地位所造成的寻租竞争上的资源毫无生产性可言，纯粹是一种社会浪费消耗，因为该项支出没有带来任何有社会价值的副产品，是一种负和博弈，且投入寻租活动中的资源数量与租金的多少正相关。

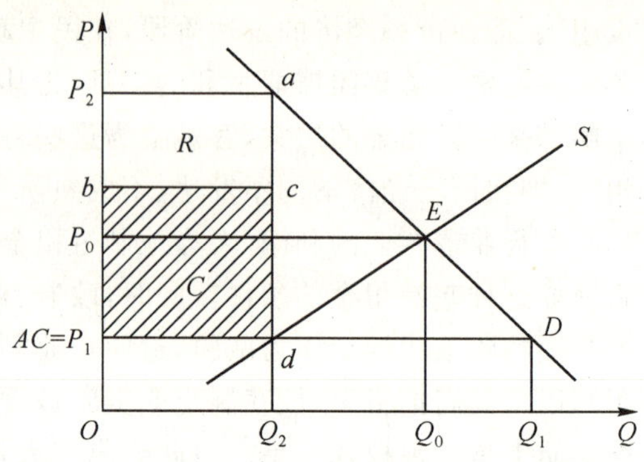

图4-5　单个寻租者寻租活动的经济界限

一般而言，寻租成本的支付对于寻租者个人来说是值得的。通过这种支付，他买到了稳定的、有保障的超额利润收入。因此对寻租者个人来说，这种成本支出是“生产性”的，它为寻租者“生产”出超额利润(租金)。但是从社会的角度来看，这部分支出是非生产性的，它没有生产出任何新的物质产品，而只是寻租者对既定国民收入的再分配。寻租者由此获得的收入是非生产性利润收入，对社会寻租而言负和博弈的存在是经济资源配置无效率的主要原因之一。

2. 寻租活动的结果

寻租活动的最大受益人往往是设租的政府官员，我们用图来说明这一点：如图4-6，横轴 OQ 代表产量，纵轴 OP 代表价格，D 为需求曲线，MR 为边际收益曲线。

在没有垄断时，供应量应为 OQ_1，供求在 E_1 达到均衡，价格为 OP_1。当存在垄断时，供应量减少为 OQ_2，供求在 E_2 达到均衡，价格为 OP_2。图中阴影部分 $P_2P_1BE_2$ 就是垄断利润，或称租金。这种租金产生于垄断价格 OP_2 高于正常均衡价格 OP_1。它是社会消费者剩余的损耗，是以消费者支付较高的价格作为支撑的。问题的关键是如何做到价格从 OP_1 向 OP_2 上升呢？这在市场行为中只能依靠市场垄断而取得，但在政府反垄断以后市场就很难做到这一点了。在这种情况下政府官员利用政策则往往能够做到。

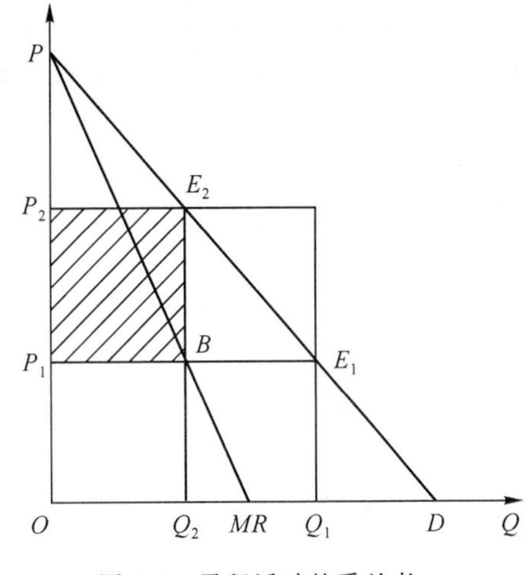

图 4-6　寻租活动的受益者

我们前面已大量介绍了政府官员所拥有的特殊权力，相机抉择、产业政策扶植等等。无论是有意设租还是无意设租，经济人性质表明，寻租人只有与政府官员分租才能得到自己的租金，而大量的寻租成本，往往转入到了政府官员的腰包之中，产生官僚社会的腐败。

寻租所带来的损失远不止于此，由于寻租产生的蕴床是政府的垄断行为，这种垄断也造成了极高的社会成本。

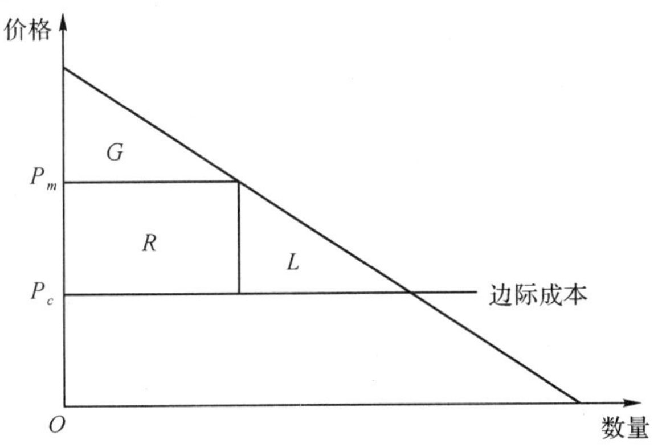

图 4-7　寻租情况下垄断的社会成本

在图 4-7 中，P_c 是竞争性价格，P_m 是垄断价格，在竞争性价格下，消费者剩余是 $R+L+G$，而在垄断价格时，消费者的剩余只有 G 了。三角形面积中的 L 是消费者因垄断而导致的消费者剩余损耗，R 代表垄断者获得的租金，也是一种垄断的社会成本。

为了寻找这种租金，一些特殊利益集团会积极地投入资源以便保持垄断地位。因此，垄断的真实成本就不只是消费者剩余损失，而是投入到寻租行为的全部资源。我们通常从经营者游说政府以获得有利的法规这个角度来思考寻租行为，例如，航空公司为了取得对特定航线的垄断权力而进行游说。然而，寻租行为并不总是采取这种方式，而工会游说公司的管理层承认其为“唯一工会”就是一个纯市场结构中进行寻租的例子。

从一般意义上讲，我们可以把寻租行为造成的社会成本分为三类：(1)保持垄断地位的支出；(2)政府部门对这类支出作出反应的努力；(3)寻租行为所引起的第三方的各种扭曲行为。如在一个实行外汇管制的国家里，商品只能在拥有进口许可证的情况下才能进口。商家可能游说政府授予其进口某些商品的垄断权力。这反过来会导致政府部门希望涉足那些游说特别严重的领域，或从垄断租金获得高回报的预期，或从商家的巨额馈赠中获得高额回报的期盼，败坏了社会风气。

寻租活动是直接非生产性寻利活动(directly unproductive profit-seeking activities)的一种，也就是指通过直接从事非生产性活动而获利的方法。非生产性活动的含义是：这些活动产生金钱收益，但并不生产包括在正常效用函数中的产品与劳务，也不生产投入这些产品与劳务生产的投入品。

因为政府干预太多，官员在寻租活动中有着自身利益的最大化的结果，所以常有人认为在同样的条件下，厂商行为可能是最符合公众利益，而政府部门的行为最有可能是追求个人利益的最大化。总结寻租活动的消极后果：

第一是社会资源的浪费。这主要表现在三个方面：(1)寻租者进行游说所花费的时间和精力，以及为疏通层层关系而支出的礼品与金钱；(2)政府官员为使寻租者支付的贿金达到自己满意的水平以及为掩人耳目而付出的时间、精力与资源；(3)政府为对付寻租者的游说与贿赂而进行反游说、反贿赂所耗费的时间、精力与资源。

第二是经济效率的下降。人们为了争夺租金，耗费了大量的社会经济资源，却不为社会创造出任何财富。寻租造成了资源配置的扭曲，阻止了更有效的生产方式的实施，提高了社会的生产成本，使经济在生产可能性曲线以内运行。获得政府特许的垄断企业往往没有强烈的激励去改进技术、提高产品质量、降低成本、改善服务、增强市场竞争力，由此造成了生产活动的低效率，从而降低了经济效率。所以当寻租者得逞时，由于政府管制而形成的垄断将使社会付出福利损失的代价。

第三是社会财富的分配不公。在寻租社会中，生产者未必能够多劳多得，而没有从事生产活动的设租者却可能大发横财，这对努力工作的生产者来说，是很不公平的，削弱了发展生产的激励。

第四是造成社会公害。它毒化了党风、政风、社会风气，扭曲了社会的正当价值观念，破坏了社会公平的基本原则，腐蚀了干部队伍，引致政府官员的腐败，造成了部门与行业的不正之风，损害了社会稳定。

第五是给实现现代化造成致命的障碍。寻租活动孳生了社会上的既得利益集团，这些靠寻租起家的利益集团正是社会变革、经济发展的巨大障碍。它们将阻挠我国经济体制和政治体制改革的进程。因为，虽然这些人并不希望回到命令经济时代中去，但是，他们也反对进行彻底的改革，而愿意保持类似于重商主义时代或原始市场经济的混乱无序的状态，以便自己浑水摸鱼，放手寻租。

总之，寻租活动是社会交易成本极高的负和博弈，具有巨大的外部负效应，是政治、经济生活中的"艾滋病毒"，具有极强的传染力和危害性，一旦扩散到国家的整个肌体，必将导致无法收拾的恶果。

3. 寻租活动的成本—收益分析

(1)官僚政府下的垄断寻租模型

假定我们考察一个企业(L)与政府官员(S)双边交易的寻租模型。

假设 L、S 两方从事某项交易活动，L 方通过事前预付或事后回扣的方式向 S 方行贿 B，以换取租金 R。在这过程中，除贿金 B 之外，L 方还会发生一些其他寻租成本，如心理成本和时间、精力支出，以及一些为掩人耳目而支出的费用。因此 L 方的寻租成本 LC 大于贿金 B。对 S 方来说，他在受贿的同时也存在受贿成本 SC_1 和(或)设租成本 SC_2。其中包括预期一旦事故败露可能受到的惩罚 PC 和受贿与设租的心理成本 MC，即 $SC=SC_1+SC_2=PC+MC$，为 S 方总成本。

因此，维持此项寻租活动的必要条件是：

$$R>LC>B>SC=SC_1+SC_2=PC+MC$$

此公式的含义是：(1)只有当 $R>LC$ 时，L 方才有利可图，才会产生寻租行为。$R>LC$ 在形式上对 S 方是不等价交换，实际上由于 R 不归 S 方所有，只有当 S 方把 R 提供给 L 方，才能得到报酬 B。在这个意义上，B 可被视为 R 的一部分，它可被预付，也可作为回扣。可见 S 方既是设租者也是寻租者。S 方设租的目的是为了分享租金，因此，受贿者就是受租者，也就是寻租者。没有受贿的设租者与行贿的寻租者的"串谋"，租金是无法寻觅的。此处 S 方可以是政府官员(如在我国)，也可以是政治家(如在代议制国家)。(2)对 S 方来说，$B>SC$ 是他参与寻租活动的前提。SC 是预期被查处的概率 p、惩罚强度 d 和监督成本 C 的函数，且与 p、d 正相关，与 C 负相关。因为监督成本越高，监督越难于实施，受贿越易于得逞。(3)具有实质意义的收益，对 L 方是 $R-LC$，对 S 方是 $B-SC$。因此，当 R 与 SC 一定时，$LC-B$ 越大，行贿与受贿的激励越小；$LC-B$ 越小，行贿与受贿的激励越大。宣布行贿为非法，并加以严惩，无疑会加大 $LC-B$。

被视为非法并加以监督的 S 方的活动可分为三种状态：

①接受 L 方的 B 和提供 R 给 L 方都属非法；

②接受 L 方的 B 为非法，而提供 R 给 L 方为合法；

③提供 R 给 L 方为非法，但接受 L 方的 B 却被事实上认可。

在①状态下，R 越大，被查处的概率 p 越大，因为相比之下，监督成本 C 就不算什么了，于是 SC 也随之增加。这时按理应增加 B，给 S 方以补偿，且 R 的增加也为 B 的提高提供了可能($B \in R$)，但 B 增加，SC 也随之增加，因此，B 的大小要在权衡 R 和 B 分别引起的 SC 后，才能决定。

此时 $SC=SC_1(B)+SC_2(R)$，$B-SC=B-SC_1(B)-SC_2(R)\geqslant 0$，$B\leqslant B^*$(见图 4-8)。

在②状态下，R 增加不会引起 SC 上升，因而无需为此提高 B 以补偿 S 方的损失，SC 上升主要是由于 B 增加引起的，从而 $R-LC$ 明显大于 $B-SC$，因为 LC 和 SC 分别从两个方向接近于 B。

此时 $SC=SC_1$，$B-SC_1\geqslant 0$，$B\leqslant B^*$(见图 4-8)。

在③状态下，R 与 SC 呈正相关变动，可通过 B 的增加给 S 方以补偿，所以 $B-SC$ 以至超过 $R-LC$，因为 B 增加 SC 并不随之增加。

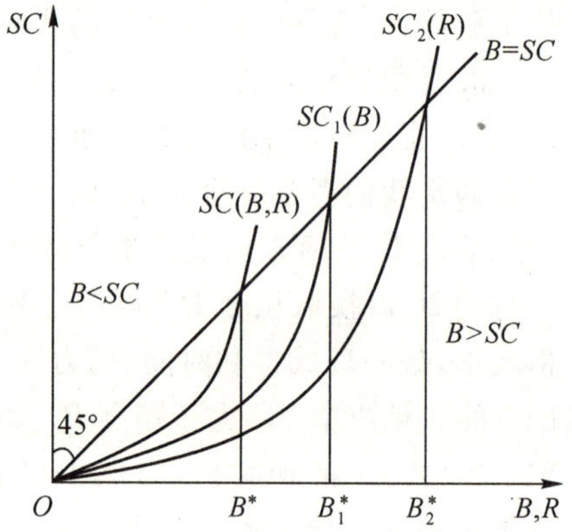

此时，$SC=SC_2$，$B-SC_2\geqslant 0$，$B\leqslant B^*$(见图 4-8)。

图 4-8　设租者的成本—收益分析

由此可见，宣布受贿与设租皆为非法，将对 S 方构成紧约束。此时 B 的价值最低，从而削弱了 S 方设租的激励。

(2)代议制政府下的竞争寻租模型

在寻租理论中经常引用一句格言是“创造垄断的活动形成一个竞争的行业”。当租金广泛存在，人们普遍寻租之时，谁不主动地为争夺租金而奋斗，就意味着自身利益受到损害，从而产生了寻租竞争。可以预期，在一定时期内，虽然说有相当多的人都把资源用于获取垄断的努力之中，但却只有极少数人会取得成功。这就像博彩，很多人都购买了彩票，但只有少数人赢得大笔金钱，其余的人则依其购买彩票的多少，或血本尽失，或者大亏，或者小亏。在寻租博弈中，虽说有租可寻，但花费了血本也未必就能在众多的寻租者中获胜。于是在不完全信息条件下，一方面，寻租者愿意花在寻租活动上的成本必须小于他可望从寻租竞争中得到的收益期望值，而且成本越小越好；但是另一方面，为了寻租的成功，他又不得不增加下注，花费直到与其收益期望基本值相等的费用去取得租金都是值得的。

在竞争性寻租模型中，租金与竞争的激烈程度存在着某种联系，竞争越激烈，租金获得的数量越少，寻租成本越大，而设租者的得利就越大。一些寻租者在特殊情况下，为了潜在租金的获得，直接导致寻租成本高于寻租收益的情况也是存在的，主要图的是对设租者权力的控制，以使他们为自己长远的寻租服务。对设租者而言，并不认为寻租者之间的竞争越激烈越好，主要还有一个安全问题。因为依靠设租的是公共权力，竞争越激烈，则获得的贿赂收入也就越不安全。所以设租者愿意放弃即时得利，与寻租者一样也看重长期得利。所以我国现阶段的反腐败已十分艰难，寻租者与设租者已有机地将公共权力作为他们生死相依的共同体，而产生了寻租排他性。

三、寻租活动的治理

1. 监督寻租的博弈模型

寻租是要支付寻租成本的，治理寻租也必定存在成本。在监督寻租的博弈中，局中人包括监督机构和经济人。监督机构的纯策略选择是监督或不监督，经济人的纯策略选择是寻租或不寻租。图 4-9 概括了对应不同纯策略组合的效用矩阵。其中，R 为所寻租金，C 为监督成本，F 为寻租成本（包括贿金和罚金）。假设只要监督机构实施监督，寻租就会被发现，且 $C<F$。

		经济人	
		寻租	不寻租
监督机构	监督	$F-C,F$	$-C,0$
	不监督	R,R	$0,0$

图 4-9　监督博弈的效用矩阵

在这个博弈中不存在纯策略纳什均衡，只有混合策略的纳什均衡，在求解以前我们给定 p 代表监督机构实施监督的概率，q 代表经济人寻租的概率。

给定 q，监督机构选择监督（$p=1$）和不监督（$p=0$）的期望收益分别为：

$$
\begin{aligned}
U_1(1,q) &= (F-C)\times q+(-C)\times(1-q)\\
&= F\times q-C\times q-C+C\times q\\
&= F\times q-C\\
U_1(0,q) &= -R\times q+0\times(1-q)\\
&= -R\times q
\end{aligned}
$$

当监督与不监督无差异时，$U_1(1,q)=U_1(0,q)$，解得 $q^*=C/(F+R)$，即，如

果经济人寻概率小于 $C/(F+R)$，监督机构的最优选择是不实施监督；如果经济人寻租的概率大于 $C/(F+R)$，监督机构的最优选择是实施监督；如果经济人寻租的概率等于 $C(F+R)$，监督机构随机地选择监督或不监督。

给定 p，经济人选择寻租($q=1$)和不寻租($q=0$)的期望收益分别为：

$$U_2(p,1)=-F\times q+R\times(1-p)$$
$$=R-(F+R)\times p$$
$$U_2(p,0)=0\times p+0\times(1-p)$$
$$=0$$

当寻租与不寻租无差异时，$U_2(p,1)=U_2(p,0)$，解得：$p^*=R/(F+R)$，即，如果监督机构实施监督的概率小于 $R/(F+R)$，经济人的最优选择是寻租；如果监督机构实施监督的概率大于 $R/(F+R)$，经济人的最优选择是不寻租；如果监督机构实施监督的概率等于 $R/(F+R)$，经济人随机地选择寻租或不寻租。

因此，混合策略纳什均衡是 $p^*=R/(F+R)$，$q^*=C/(F+R)$，即监督机构以 $R/(F+R)$的概率实施监督，经济人以 $C/(F+R)$的概率选择寻租。这个均衡的另一个可能的(或许更为合理的)解释是，经济中有许多个经济人，其中有 $C/(F+R)$比例的经济人选择寻租，$(1-C/(F+R))$比例的经济人选择不寻租；监督机构随机地对 $R/(F+R)$比例的经济人实施监督。

监督博弈的纳什均衡与所寻租金 R、寻租成本 F 以及监督成本 C 有关。寻租成本越高、所寻租金越多，经济人寻租的概率越小，而监督成本越高，经济人寻租的概率就越大。为什么所寻租金越多，经济人寻租的概率反而越小呢？这是因为，所寻租金越多，监督机构越重视，相比之下监督成本就不算什么了，因此，所寻租金越多，监督机构实施监督的概率越大，寻租被查处的可能性也就越大，因而经济人反而不敢寻租了。

当然，这个结论与我们面前关于监督技术和监督成本的假设有关(即只要监督机构实施监督，寻租就会被发现，且 $C<F$)，如果所寻租金越多，经济人越肯投入资源去琢磨更好的办法逃避监督，从而使寻租行为更难被发现，该结论就不一定成立了。此外，所寻租金越多，经济人就越有去贿赂监督机构的官员意愿，在这种情况下，上述结论也难以成立。但有一点可以肯定，寻租成本越高，经济人寻租的积极性就会下降，监督机构实施监督必要性也就随之降低。

我们可以发现，在这个监督博弈模型中只考虑了经济因素，如监督机构的收益仅限于罚没收入，寻租成本中未包括经济人的心理成本，而且经济因素也未全部考虑进去，如寻租成本中寻租耗费掉的人力、物力、财力未予考虑，因为这种心理成本和寻租消耗不能构成监督机构的收益。这是为使模型简化以便讨论的结果。

2.寻租活动的治理原则

通过以上讨论，我们明白了寻租活动产生的条件、表现形式及其规律与危害。这样，反寻租的对策也就明确了：一是发挥意识形态的作用，运用道德制约力量，使经济人不愿为；二是简精政府官员与政府部门，裁员加薪，使经济人不必为；三是健全法制，加强法治，使经济人不敢为；四是制度创新，消租绝租，使经济人不能为。由前往后，主观约束渐弱，客观约束渐强；由后往前，对意识形态资本积累的要求越来越高。前三项为软约束，是治标之策，第四项为硬约束，是治本之策。由于经济人的最大化行为总是在特定的制度条件下进行的，最好的正式制度约束也不会天衣无缝，正可谓“天网恢恢，疏而有漏”。我们应该充分认识到只要市场经济条件下，人们的需求满足，需要通过交换来实现，寻租现象就不会自动消失。因此，反寻租还是不应忽视治标之策，要加大寻租活动的成本，减少寻租活动的收益，使经济人通过成本—收益计算，得不偿失，从而自动放弃寻租行为，并投身到寻利活动中去。只有多管齐下，标本兼治，才能取得成效。具体而言：

(1)使经济人不愿为

在政府官员中加强职业道德教育，培养敬业精神、工作责任感和事业心、荣誉感等，从道义上提倡官员廉政，自洁自律；利用宣传舆论工具对寻租活动予以揭露，形成一种反寻租的意识形态和道德环境。使经济人的偏好体系发生升华，更加追求高层次的(精神)需要，自觉放弃和抵制寻租行为。这是一种崇高的境界，也正因为如此，短期内也许多数人达不到这种境界，从长期来看，也并非人人都能达到这种境界，但只要坚持必有所获。

哲学家康德说过：有两种东西，我对它们的思考越是持久和深沉，就会越敬畏和惊奇，并会不断地增长，这就是我心中的道德定律和头顶的星空。只有在道德律令面前怀有敬畏之心，才能使政府官员内心宁静、充盈，并在行为上有所节制、戒惧，真正地做到“耐得住清贫”、“守得住寂寞”。我国也有一句古语：“法令滋彰，盗贼多有”，意思就是法律法规多了，违法违规的人不仅没有减少，反而是越来越多了，这从另外一个侧面说明了非正式制度如道德等对于人的行为具有深远影响的作用。如果公职人员一旦没有了道德方面的约束，就会想方设法寻找制度法规方面的漏洞而乱作为，我们只有把高水准的道德规定与相关的制度法规结合起来，对潜在的腐败行为人施加直接影响，让他们正确地行使权力。从长远方面来看，提高公职人员和公众的道德水准对于减少官员寻租是较为根本的一条途径。通过在全体民众中普及基本的法治观念和相关的法律知识，用民众的权利来消解公职人员手中的特权，形成一个对寻租现象“零容忍”的社会和文化环境，以破窗理论为基础，使违纪违法人员成为人人喊打的过街老鼠，从而使其在心理上承受巨大的道德压力，才能达到从源头上预防寻租的终极目标。

(2)使经济人不必为

在政府公务员中进行人事工资制度改革,实行裁员加薪,让政府官员的收入与其肩负的使命相称,使之能过上中产阶级的、稳定又体面的生活,从而不必为有风险的“蝇头小利”而从事寻租活动。对把寻租者的贿赂全部上缴的官员,可奖励其所缴钱物的部分乃至全部,以鼓励其坚持原则的行为,并使之制度化。

世界上很多国家的实践中,普遍认为遏制官员寻租的一个重要方法就是提高公职人员的待遇,使公职人员的各项福利收入能处于社会的高收入阶层或者至少是中等以上的水平。这就是高薪养廉。概而言之,就是国家通过优厚的物质待遇保证公职人员有比较优越的生活条件而衣食无忧,就会无需以权来谋私。这样,一方面可以留住和吸引优秀的人才来为国家服务,从而提高公共权力部门的工作效率和服务水平;另一方面,还具有减少公职人员寻租动机的作用。所以,自上世纪80年代以来,高薪养廉的思想被越来越多的国家接受并赋予实施。很多国家通过高福利待遇来保证公职人员享有比较优越的生活,使他们不会为了蝇头小利而选择放弃已享有的地位和待遇。如一些被誉为“廉洁之国”的奥地利、瑞士、瑞典、智利、新加坡等国家都实行了以公职人员高薪制度为特征的许多措施。这些国家的实践证明,实行高薪养廉让公职人员在经济上产生安全感,消除其后顾之忧,产生一种职业的优越感和自律意识,会珍惜来之不易的地位和荣誉,从而激励公职人员爱岗敬业并勤恳工作。

(3)使经济人不敢为

制定出反寻租的政策和法律规章并严格加以执行。公开政府官员的收入和财产,使寻租者难逃应有的惩处,从而加大寻租成本,抑制政府官员主动设租、寻租的行为。

240多年前处于欧洲的瑞典首创了官员财产透明制度以来,随后这个“治官之术”被世界很多国家借鉴。目前,全世界已有近百个国家或是地区以法律的形式设立了这一制度,既有美国、英国等这样的发达国家,也有泰国、尼日利亚这样的发展中国家。这项制度要求身居要位的公职人员填写收入、所有财产及债务申报单,迫使官员不得不申报自己的“经济状况”,这就为今后的查处和起诉打下了坚实的基础,同样这也会使他们无法证明先前未申报的财产是合法获得的。

此外,为了让经济人不敢为,还应该建立抵押机制,如许多国家所实施的针对官员的廉政保证金制度,即每年或是每月从公职人员的工资等福利待遇中提取一定比例的款项存入单独开设的廉政保证金账户,同时国家从财政收入中拨出一定数额的款项也存入廉政保证金账户,此款项和利息等到官员退休或是辞职时全部退还给本人;但如果官员在任职期间发生了寻租行为,则该笔款项就全部没收上缴国库。例如新加坡是把个人月薪的20%,以及国家补贴个人月薪的13%一起存入个人公积金账户，工龄越长，该笔公积金越多。如果官员在任期内一切正常，没发生违法行为，那么凭借这笔公积金和应得的退休金，就可以保证自己一家人衣食无忧，反之就没收上缴国库，这既是一种激励，更是一种威慑！

(4)使经济人不能为

①杜绝设租。首先，要杜绝设租就必须制约权力，放松对经济活动的政府管制，取消种种有差别的优惠政策，缩小乃至消除寻租空间，从而消除无意设租、被动设租和主动设租现象，使经济人无租可寻。通过法律规范政府信息公开的主体、范围、内容和程序，避免政务公开的范围、内容、程序完全由各地政府自行决定，各行其是，切实保证社会公众获得真正的知情权、参政权和监督权。其次，要明确界定政务公开的内容。除了要公开政府工作职能、办事程序和规范性文件外，对不涉及秘密的其他信息，如重要人事安排、大额资金使用、预算外资金收支情况、公务接待费用等内容，均应对外公开。

②消散租金。当设租不可避免时(如对出租汽车的限量管制等)，则要采取措施使租金因竞争性加入而消散或以税收形式收归财政。如变暗租为明租，使政府管制的内容具有竞争性；公开拍卖证照、批文、特许权等，政府采购和投资项目建设实行公开招标，使效率最高的厂商优先使用社会的稀缺资源；征收资源垄断税，以消除先天性收益能力方面的差异，其税额以不超过所获租金为限，因为只有对经济租金征税才不会影响要素的供给。由此使无意设租和被动设租所设之租金消散。

新中国成立后的很长一段时间，中国的土地使用制度是无偿、无限期、无流动的行政划拨使用制度，这种土地制度导致土地资源配置不合理、利用效益低、土地浪费严重，产权关系混乱等问题。特别是改革开放后，随着土地价值的提升，由此带来的寻租问题愈演愈烈，很多政府官员因此锒铛入狱。为此，中国国土资源部于2002年5月发布第11号令，颁布实施《招标拍卖挂牌出让国有土地使用权规定》，明确规定包括商业、旅游、娱乐、商品住宅用地的经营性用地必须通过“招”、“拍”、“挂”方式出让。2004年，中国国土资源部颁布第71令——《关于继续开展经营性土地使用权招标拍卖挂牌出让情况执法监察工作的通知》，规定2004年8月31号以后所有经营性用地出让全部实行“招”、“拍”、“挂”制度。经营性用地实行土地“招”、“拍”、“挂”制度，只有这样才能建立真正的土地市场，才能真正地引入竞争机制。通过市场竞争，使土地的真实价格得到体现，从源头上有效遏制以往采取行政手段配置土地资源中政府官员出现的寻租等现象。

总之，目标是要消灭租金的来源，堵住寻租的渠道，使经济人将时间、精力和资源投放到正常渠道的寻利去。

【学习与思考】

1. 公共选择有哪些主要准则？
2. 阿罗悖论及其求解。
3. 影响选民参选的主要因素有哪些？
4. 通过与厂商和选民的比较，指出官员在公共选择中有什么特殊性？
5. 请说明投票选择的四种形式及其不同作用。
6. 寻租活动产生的原因有哪些？
7. 试分析寻租活动造成的经济后果。
8. 如何治理寻租活动？

第五章

公共支出

【本章提要】

本章主要介绍了公共支出的内涵、用途、分类，分析了公共支出增长的趋势和原因，阐述了公共支出预算的职能及其对提高公共支出科学决策的意义。通过成本—收益的分析增强公共支出的决策科学性，从而提高公共支出效率。

【主要概念】

公共支出　消耗性支出　转移性支出　社会保障　时间价值　影子价格　瓦格纳法则

【案例导读】

广东省发改委在深圳召开了新闻发布会提出，“十二五”期间，广东将投资2.38万亿元用于包括基础设施、教育、环保、现代产业、民生保障等六大工程。据悉，到2015年，全省将普及学前到高中阶段15年教育。而需要改造的200条城中村，也将在1240亿元的巨额投资下完成。

“十二五”规划纲要提出，“十二五”期间规划建设重大项目总投资3.5万亿元。广东将在2015年前，花费1240亿元用于城乡改造，200条城中村将在此期间得到改造；还将花费370亿元，用于加快推进社会救助体系、社会福利体系和基层医疗卫生服务体系。

“十二五”期间，广东将投资370亿元发展教育，普及15年教育，使高中阶段的毛入学率达到85%以上。届时，全省各级各类职业教育在校生达到300万人以上。

（资料来源：中国教育装备采购网 http://www.ce.cn/xwzx/gnsz/szyw/201101/30/t20110130_22183115.shtml）

试分析公共支出的重要性并思考如何实现公共支出的效率和公平。

第一节 公共支出的分类

一、公共支出的涵义

公共支出(Public Expenditure)就是公共财政的支出,一般是指政府为履行其职能,为取得所需商品和劳务而产生的财政资金的支付以及转移资金的支付行为。它是以国家为主体,以财政的事权为依据进行的一种财政资金分配活动,是政府行为的全部成本。

公共支出是财政分配运动的重要环节,可以表现出不同社会形态下国家财政的特殊性质。公共支出集中反映了国家的职能活动范围及其造成的耗费,反映了政府为公民和企业提供公共产品和服务的数量和质量,实质是政府执行其决策的成本。它可以确保国家职能的履行,政府经济作用的发挥。

按国际货币基金组织对市场经济国家公共支出的统计,公共支出主要包括的内容有:一般公共服务,国防及服务,社会治安事务与服务,教育事务与服务,卫生保健事务与服务,社会保险福利事务与服务,住房和社区建设事务与服务,娱乐文化和宗教事务与服务,燃料和能源事务与服务,农业、林业、渔业和狩猎业事务与服务,除燃料以外的采矿和矿山资源事务与服务,制造业事务与服务,建筑业事务与服务,运输和通讯事务与服务,其他经济事务与服务等。

我国的公共支出既要"厉行节约、讲求效益",用尽可能节省的人力、物力和财力谋求尽可能多的成果,又要"统筹兼顾、全面安排",即政府在安排公共支出时,必须对各方面的支出需要和自身的财力尽可能全面加以考虑和安排,既保证重点,又照顾一般。

贯彻落实科学发展观,构建和谐社会,目前的公共支出应处理好几个关系:改革、发展与稳定的关系;财政与市场的关系;财政的投资性支出和经常性支出的比例关系。

二、公共支出的用途

从公共支出所包括的内容中可以看出,公共支出具有多种用途。

1.维持国家机器的正常运转

公共支出是实现国家职能、维持国家机器正常运转的基本物质保障,其直接目的就是满足国家执行其职能的物质需要。根据国家职能范围安排公共支出是财政实现资源配置职能的主要体现,是财政分配最基本的任务,也是公共支出最基本的方面。政府取得收入的一个重要目的就是保证维持国家机器的正常运转所需的资金——行政管理支出和国防支出。行政管理支出指的是国家的各种职能部门的支出，一般包括各级政府行政机关、公安、司法、检察机关、事业单位以及国家驻外机构的各种经费。国防支出一般包括：军队必备的武器、军事设施和设备、军事人员的各类经费；国防军事科研经费；对外军事援助支出。在我国，国防支出还包括对实行兵役制的公安、边防、武装警察部队、消防队的各种经费的拨款；在地方预算还包括民兵建设事业费。

2. 支持社会公共事业的发展

科学、教育、文化、卫生等社会公共事业的发展，关系到一个国家综合国力的提升、经济的发展、社会的和谐与进步、人的素质与福利状况的改善。社会公共事业支出一般包括科学教育、医疗卫生、社会保障、文化出版、文物保护、广播通讯、气象地震、优生优育等社会事业部门发展的各类经费支出。这一类公共支出随着经济的发展而不断增加，当今世界大多数政府越来越注重对基础科学和高新技术研究与开发的资助、对基础教育的责任、对文化事业的扶持、对卫生保健等社会保障事业的支持。

3. 建设关乎国民经济和社会发展全局的基础设施和公共设施

基础设施和公共设施一般具有自然垄断和公共产品的性质，往往投资大，建设期长且收益低或无收益，通常由政府进行投资，在发展中国家尤其如此。我国进行的“西煤东运”、“西气东输”、“西电东送”、“南水北调”工程，都属于公共支出。

4. 投资重要的经济部门和战略性的大企业

国民经济中的一些重要的经济部门，如对事关国民经济战略性前途的能源、交通运输产业，对重要的原材料和产品的开发生产，对农业发展的保护与支持及国家物资储备等，政府会加以积极支持。同时，为了提高国家竞争力，政府必须重点扶持一批战略性企业的成长和壮大，这关系到国家经济安全和人民福利水平的可持续提高。

表 5.1 为 1978—2003 年我国各项公共支出。

此外，公共支出还用于由政府直接出面借入的国内外资金，发行的各类债券的本金和利息的支出。

三、公共支出的分类

公共支出可以从不同的角度进行分类。从经济性质角度，即按照支出能否直接得到相应的商品和劳务补偿，可将公共支出分为消耗性支出和转移性支出两种基本形式。在公共支出总额中，如果消耗性支出所占重较大，说明政府配置资源的职能较强，政府直接配置的资源较多，对生产和就业的影响较大；反之，如果转移性支出所占比重较大，则说明政府收入分配的职能较强，对收入分配的影响较大。

表 5.1　1978—2003 年我国各项公共支出

单位:亿元

年份	公共支出	经济建设费		社会文教费		国防费		行政管理费		其他支出	
		总量	比重(%)	总量	比重(%)	总量	比重(%)	总量	比重(%)	总量	比重(%)
1978	1122.09	718.98	64.1	146.96	13.1	167.84	15.0	52.90	4.7	35.41	3.2
1979	1281.79	769.89	60.1	175.18	13.7	222.64	17.4	63.07	4.9	51.01	4.0
1980	1228.83	715.46	58.2	199.01	16.2	193.84	15.7	75.53	13.9	44.99	8.6
1981	1138.41	630.76	55.4	211.46	18.6	167.97	14.8	82.63	7.3	45.59	4.0
1982	1229.98	675.37	54.9	242.98	19.8	176.35	14.3	90.84	7.4	44.44	3.6
1983	1409.52	794.75	56.4	282.51	20.0	177.13	12.6	103.08	7.3	2.05	3.7
1984	1701.02	968.18	56.9	332.06	19.5	180.76	10.6	139.80	8.2	80.22	4.7
1985	2004.25	1127.55	56.3	408.43	20.4	191.53	9.6	171.06	8.5	105.68	5.3
1986	2204.91	1158.97	52.6	485.09	22.0	200.75	9.1	220.04	10.0	140.06	6.4
1987	2262.18	1153.47	51.0	505.83	22.4	209.62	9.3	228.20	10.1	165.06	7.3
1988	2491.21	1258.39	50.5	581.18	23.3	218.00	8.8	271.60	10.9	162.04	6.5
1989	2823.78	1291.19	45.7	668.44	23.7	251.47	8.9	386.26	13.7	226.42	8.0
1990	3083.59	1368.01	44.4	737.61	23.9	290.31	9.4	414.56	13.4	273.10	8.9
1991	3386.62	1428.47	42.2	849.65	25.1	330.31	9.8	414.01	12.2	364.18	10.8
1992	3742.20	1612.81	43.1	970.12	25.9	377.86	10.1	463.41	12.4	318.00	8.5
1993	4642.30	1834.79	39.5	1178.27	25.4	425.80	9.2	634.26	13.7	569.18	12.3
1994	5792.62	2393.69	41.3	1501.53	25.9	550.71	9.5	847.68	14.6	499.01	8.6
1995	6823.72	2855.78	41.9	1756.72	25.7	636.72	9.3	996.54	14.6	577.96	8.5
1996	7937.55	3233.78	40.7	2080.56	26.2	720.06	9.1	1185.28	14.9	717.87	9.0
1997	9233.56	3647.33	39.5	2469.38	26.7	812.57	8.8	1358.85	14.7	945.43	10.2
1998	10798.18	4179.51	38.7	2930.78	27.1	934.70	8.7	1600.27	14.8	1152.92	10.7
1999	13187.67	5061.46	38.4	3638.74	27.6	1076.40	8.2	2020.60	15.3	1390.47	10.5
2000	15886.50	5748.36	36.2	4384.51	27.6	1207.54	7.6	2768.22	17.4	1777.87	11.2
2001	18902.58	6472.56	34.2	5213.23	27.6	1442.04	7.6	3512.49	18.6	2262.26	12.0
2002	22053.15	6673.70	30.3	5924.58	26.9	1707.78	7.7	4101.32	18.6	3645.77	16.5
2003	24649.95	7410.87	30.1	6469.37	26.2	1907.87	7.7	4691.26	19.0	4170.58	16.9

(资料来源:根据 2001、2004 年《中国统计年鉴》有关数据整理、计算得出。)

1. 消耗性支出

消耗性支出(Exhautive Expenditure)也叫购买性支出,直接表现为政府购买商品或劳务的活动,包括购买进行日常政务活动所需的或用于国家投资所需的商品和服务的支出。消耗性支出项目的目的和用途虽然有所不同,但其实现都是以换回等价的商品和劳务为条件,即政府支出获得了等价性补偿,财政一手付出了资金,另一手相应地购得了商品与服务,并运用这些商品和服务来实现国家的职能。在这样的支出活动中,政府既同其他经济主体一样,从事等价交换的活动;又体现出公共部门对经济资源的占有,直接影响着全社会的产品和劳务的供求关系。通过消耗性支出,政府取得了相应的商品和劳务,与此同时,也相应减少了企业部门和个人的商品和劳务供给量,因而它是财政对经济资源的一种重新配置。

(1)政府的直接采购活动

为了实现管理国家的职能,政府需要消耗大量的产品和劳务。这些产品和劳务政府本身并不能生产,因而必须通过市场采购来获得(在计划经济体制国家中则是由计划直接分配这些产品和劳务)。政府的采购行为构成了政府支出的主要部分,因此政府支出的规模基本上可以代表政府通过采购活动对经济的直接参与程度。随着经济的发展,政府支出的绝对规模是不断扩大的。

从一些国家的比较数据看,经济发达的国家财政支出占 GDP 的比重要高于经济落后的国家。例如尼日利亚为 10%以下,而美国、英国和德国都在 30%以上,福利国家则接近或超过 50%。当然这一比重也不完全取决于经济发展程度,还要看一个国家的经济制度、经济结构与价值取向等,比如经济发达的日本在发达国家中其比重就是偏低的,主要是日本经济结构中的民间组织和社团力量较强,政府可以相对少一些干预性支出。

政府支出的增加或减少对社会经济有一定的调控作用。当然,政府支出增加对经济的刺激作用和政府支出减少对经济的紧缩作用都是相对的,需要根据经济发展的现实理性地作出决策。

(2)政府的生产活动

政府直接参与的生产活动主要在公共事业领域,对于竞争性领域中是否应该有政府的直接参与一直有着较大的争议。政府在竞争性领域的经营活动大致可以定位于一种管理行为,对于一些高风险而又预期前景极为看好的战略性发展项目,私人资本一开始不愿进入,政府财政应该率先进入,开拓市场,打好基础,以期降低私人投资者的风险,同时提供良好的示范作用,以此诱导民间的投资者。等到私人资本愿意进入这个领域时政府可以把自己的企业或股权出售。从相当一段时期多国的实践看,政府不宜长期在一个竞争性领域内直接经营企业,它很难在较长时间内保持高效率和创新的动力。

政府在公共事业领域的生产活动可以在需求和供给两方面影响社会经济，其扩张或紧缩将对国民经济起到刺激或抑制的作用。

不同的国家，政府的生产活动在国民经济中的比重是不同的，这与国家的经济制度和发展阶段有密切关系，也与政府的规模大小有关。一般讲，随着经济的发展，政府的生产活动在国民经济中的比重有上升趋势，这主要表现在公共事业方面，由于政府生产活动在国民经济中的重要性的增加，与政府采购行为一样它也具有一定的经济管理功能。所不同的是政府生产活动可以从需求和供给两个方面对国民经济发挥管理作用。

(3)政府机构运作的维护支出

政府支出中除了各种功能性支出外，政府机构自身运作费用的支出也是一笔不少的数目。政府机构的运作费用与政府的职能密不可分：第一，代表国家性质的职能。一国政府要与世界各国开展外交活动，协调国家间外交、经济事务等。第二，政府是国家安全的维护者，主要是国防安全与社会安全的维护者。第三，政府作为经济活动的调控者，不仅要维护市场安全，同时要制定经济活动的游戏规则。第四，政府是国有资本的所有者，代表国家与全体人们的利益来管理甚至经营国有资本。政府在这些职能的实现过程中都需要支出相应的运作维护费用。运作维护费用的支出主要用于购买相关的设施，增加运作管理人员，开支国家公务员的工资、政府机关设备购置费用、一些非生产性基本建设如办公大楼建造支出等。

2.转移性支出

转移性支出(Transter Payment)指的是政府根据一定时期社会经济发展状况，按制定的相关政策，通过特定方式向企业部门和个人家庭部门单方面转移财政资金的支出，它的特点就是无偿性，直接表现为资金无偿地、单方面地转移。政府不能通过转移性支出获得相应的收益，体现的是政府的非市场性再分配活动，其实质是通过政府的税收和支出政策把一部分企业和个人的收入转移给另一部分企业或个人。在整个支出过程中，既没有增加相应的商品和劳务，也没有减少企业部门和个人部门所支配的那部分商品和劳务，它对资源在政府和企业、个人之间的配置不发生影响，只是影响企业、个人之间的收入再分配。

(1)社会保障支出

建立社会保障是一个国家维护良好社会经济秩序，促进社会稳定、经济发展的“安全网”。我国的社会保障制度主要包括社会保险、社会救济、社会福利、社会资助、社会优抚安置等内容，社会保险是其中的基本部分。

社会保障项目中的绝大多数支出都需要由国家来承担，这笔经费除依靠国有股减持来积累外，大多数应来自财政支持，目前西方一些发达国家的财政支出中，用于社会保障支出的比例有的已超过60%以上，而我国还不及15%，比例明显偏低了些。党的十七大报告中指出:要以社会保险、社会救助、社会福利为基础,以基本养老、基本医疗、最低生活保障制度为重点,以慈善事业、商业保险为补充,加快完善社会保障体系。

(2)补贴

财政补贴有多种多样的分类方法。如按财政补贴的项目和形式分类有价格补贴、企业亏损补贴、农业补贴、财政贴息、住房补贴以及出口补贴等。按补贴的环节分类,可分为生产、流通、消费等环节的补贴;另外还可按照补贴的经济性质、补贴的对象、补贴的透明度等进行分类。

农业补贴是财政补贴的一个重要内容,按其内容可分为农用生产资料补贴、农业贷款贴息补贴、农产品收购价格补贴以及财政支农补助费用等等。农业补贴水平作为政府对农业的保护措施和保护水平的体现与本国的经济发展水平正相关。我国作为农业大国,人均占有的农业资源稀少,发展农业、保护农业将成为我国长期的经济政策之一。

价格补贴和企业亏损补贴是财政补贴的另一项内容。从我国的实践看,价格补贴是国家为了稳定市场物价和人民生活、发展生产实现其政策目标的手段。主要采取对某些商品实行购销价格倒挂或持平的价格政策,同时由财政对从事商品生产、供销的企业由此产生的价差损失和亏损给予的补贴。长期以来我国的价格补贴主要包括:粮食加价款、棉花加价款、粮食风险基金、副食品风险基金、棉花价差补贴、国家储备粮油利息和费用补贴、国家储备棉花利息和费用补贴、城镇居民的肉食价格补贴、平抑市价肉食价差补贴、平抑市价蔬菜价差补贴、农用生产资料价差补贴、收购粮食价外补贴、收购棉花价外补贴、地方粮油价外补贴、国家专项储备粮食价差补贴、国家储备粮费用补贴、工矿产品价格补贴、国家批准的其他政策性价格补贴等。价格补贴在 1985 年以前冲减财政收入,1986 年以后作为支出项目列入财政支出项目中。随着我国市场经济体制的健康运行和社会保障制度的确立,预计价格补贴无论在项目上还是额度上都会呈下降趋势。

我国主要对政策性亏损企业进行补贴,但实践中有时对政策性亏损和经营性亏损难以界定。一方面,由于国家对企业生产经营干预过多,使企业的政策性亏损和经营性亏损混杂在一起,很难在两者之间划出清晰的界限。另一方面,当前的产权制度中,国有企业的资产掌握在国家手中,国家是国有企业的唯一投资者或持有绝大部分股份。当企业经营亏损时,政府必然承担连带责任,也就是民间所谓的“父子”关系,这使得国有企业出现困难时,国家帮一把而给予各种补贴。企业亏损补贴经历了先升后降的过程,随着我国市场经济体制逐步完善,企业亏损补贴将被压缩至非常小的范围内。

中央财政补贴和地方财政补贴是财政补贴的又一项内容。根据中央和地方的不同事权，中央财政一般承担着中央所属国有企业的亏损补贴、出口退税，以及中央政府承担的价格补贴和其他补贴等；地方财政承担着地方所属国有企业的亏损补贴、价格补贴以及城镇居民生活补贴等。从我国 1994 年税制改革的结果来看，由于中央和地方都具有自己的稳定收入，其支出也相对稳定，各自在其职权范围内承担自己的财政补贴任务。

(3)公债利息

根据社会经济发展的需要，政府会定期或不定期发行公债。公债利息是由公债规模、公债利率、公债时间长短等几个因素所决定的。公债规模大、利率高，公债利息支出就大，对政府付息的压力也大，反之则小。政府发行公债既可以是盈利性支出，也可以是非盈利性支出，从结果看，有的可以带来收益或利润，有的不一定带来收益。

总之，各国消耗性支出和转移性支出比例的确定，需依照各国国情而定。一般来说，经济发达国家政府有条件较少地直接参与投资和生产活动，同时还能获取较充裕的财政收入，其转移性支出占总支出的比重较大，往往与消耗性支出平分秋色。发展中国家则因其政府直接参与或指导经济活动，消耗性支出所占的比重相对较大。

第二节　公共支出的规模和增长

一、公共支出的规模

公共支出规模可以反映出一国政府经济活动的范围和对经济的干预程度。衡量公共支出规模通常采用两大指标：绝对指标和相对指标，即考量公共支出的绝对规模和相对规模。

公共支出的绝对规模是指财政年度内消耗性支出和转移性支出的总和(扣除通货膨胀的影响)。消耗性支出的绝对规模大体上反映了公共部门提供公共劳务的数量、转移性支出的绝对量反映了政府从事收入再分配活动的规模。公共支出的绝对规模越大，表明政府的活动范围越大。

公共支出的相对规模是指当年的公共支出量与当年的国内生产总值(GDP)的比值。通常用以下三个指标来反映公共支出相对规模及其变化：

公共支出增长率：$\Delta G(\%)=\dfrac{\Delta G}{G_{n-1}}=\dfrac{G_n-G_{n-1}}{G_{n-1}}$

公共支出增长的弹性系数：$E_G=\dfrac{\Delta G(\%)}{\Delta \mathrm{GDP}(\%)}$

公共支出增长边际倾向：$MGP=\frac{\Delta G}{\Delta \mathrm{GDP}}$

公共支出的相对规模只是近似反映政府在整个经济中的地位和作用，并没有反映政府活动对经济的全部影响。表 5.2 为 1996 年八国行政支出占 GDP 比重。

表 5.2　行政支出占 GDP 比重比较

国 名	中国	印度	韩国	泰国	美国	荷兰	英国	澳大利亚
行政支出占 GDP 比重/%	1.49	1.49	0.822	1.708	2.13	4.667	2.969	2.482

（资料来源：《国际统计年鉴 1997》）

在一些发达国家里，经常有人抱怨政府过多地介入公民的生活，如公共产品供应范围过宽、数量过大，公共支出过多，影响了私人投资能力和消费能力，影响了公民的自主选择；在发展中国家，情况却往往相反，人们常常指责政府没有提供足够水平、质量适宜的公共服务，教育、卫生的饮用水、公路、城市基础设施、社会保障、环境保护等普遍短缺。这里实际上涉及公共支出的规模多大为宜的问题。当然，在资金量一定时公共支出资金分配使用的“质”，如公共支出结构、支出方式和支出效率等，也是影响公共产品生产规模和公共需要满足程度的重要因素。

决定公共支出规模或水平的一个最基本变量是公共产品产出量。从经济性质上分析，公共支出一部分用于消耗性支出，一部分用于转移性支出。前者将最终转化为各种公共产品和服务，体现政府实际支配资源的多寡，并影响微观经济主体对资源的支配或私人产品供给量；后者则属于政府的再分配，这种再分配影响的只是微观经济主体之间对资源的重新配置，并不直接影响资源在政府公共部门与微观经济部门之间的配置比例。因此，假定公共支出全部用于提供公共产品，而且在一个理想的财政经济体里，私人产品与公共产品的生产和消费都是有效率的，用于生产公共产品的资源与用于生产私人产品的资源之间是可以流动的，那么，怎样实现整个社会资源配置的最佳效率呢？

已知，政府集中支配的用来提供公共产品的资源是有社会机会成本的。这里所说的“社会机会成本”是指因这部分资源由微观经济部门转移到政府公共部门而导致的微观经济部门的效益损失。这样一来，政府公共财政支出规模的效率评估也就演变为同样一笔资源或资金，是由政府公共部门集中配置使用更为有效，还是由微观经济主体分散配置使用更为有效的问题了。在这里，比较的结果可以有三种：

第一，如果一部分特定的资源或资金，交由政府公共部门集中支配使用所能达到的效益，大于由微观经济主体分散支配使用所能达到的效益（也就是说收益大于其机会成本），这说明政府支配的用于提供公共产品的资源量或公共财政支出规模虽还没有实现帕累托最优，那么，这部分资源或资金由微观经济部门向政府公共部门的转移或者说政府公共支出规模的扩大正处于帕累托改进的过程中，即公共支出规模的扩大是有效率的。

第二，如果一部分特定的资源或资金，交由政府公共部门集中支配使用所能达到的效益，小于由微观经济主体分散支配使用所能达到的效益（也就是说收益小于其机会成本），这说明政府支配的用于提供公共产品的资源量或公共财政支出规模已经达到或者超过了最优规模的水平，那么，这部分资源或资金由微观经济部门向政府公共部门的转移或者说政府公共支出规模的扩大属于帕累托无效。这也昭示这样一个事实：公共产品供给的不足不一定是公共支出不足造成的。在低效率的公共产品生产条件下，解决公共产品供给满足不了公共产品需求的问题，不单单是靠继续扩大公共支出规模能解决的，还应找出消除公共支出和公共生产低效率的途径。因为只有这样，才能在增加公共产品生产量的同时，又不影响微观经济主体支配和使用资源的能力。实践表明，有效的财政管理，使用合理的低成本技术，准公共产品的私人提供或有效率的政府采购制度，更有效地监管、协调公共机构的活动以及公共部门中资本与劳动的互相替代等，都可改善公共产品的生产效率。

第三，如果一部分特定的资源或资金，交由政府公共部门集中支配使用所能达到的效益，恰恰等于由微观经济主体分散支配使用所能达到的效益（也就是说等于其机会成本），那么，这时整个社会的资源（资金）配置处于最佳状态，即每一货币单位无论花在公共产品或劳务上，还是花在私人产品或劳务上，所带来的边际效益都相等。一旦整个社会的资源（资金）配置满足了这一条件，则不仅资源配置状态是最优的，而且与此相对应的公共支出规模也是最优的，即理想的公共支出规模。

以上分析的是理想的公共支出和公共产品供给规模，现实中对公共支出最优规模的探索复杂而困难，但不管怎样，公共支出确实存在一个最优规模或最佳水平问题。公共支出规模的优化，有利于提高资源配置效率，有利于合理调节收入分配和防止两极分化，有利于促进社会经济稳定发展和社会和谐。因而，探寻一国最优的公共支出规模成了各个国家的“必修课”。

二、公共支出的增长

随着社会经济的日益发展，政府活动范围及其职能的相应扩大，其对社会与经济活动的介入不断增加，公共支出无论从绝对量还是相对量看都有了较大的增长，并且呈现上升的趋势。表 5.3 为年五国行政支出增长率。

表 5.3　五国行政支出增长率(1996 年)

国名/货币	1980	1985	1989	1991	1992	1993	1994	1995	年均增长率(%)
中国/亿元	66.76	130.58	261.86	343.60	424.58	533.77	729.42	872.68	18.69
美国/亿美元	347	512	893	1193	1313	1401	1441	547	10.48
韩国/十亿韩元	657	1401	2276	3472	4357	4630	5715	2888	10.37
印度/亿卢比	113	250	478	712	810	889	1075	263	17.46
英国/百万英镑	5704	8718	13733	18000	19591	19402	20219	20718	9

(资料来源:《国际统计年鉴 1996》)

1. 公共支出增长理论

(1)瓦格纳法则

19 世纪 80 年代,德国经济学家和财政学家阿道夫·瓦格纳(A. Wagner)考察了英国产业革命和当时美、法、德、日等国的工业化状况之后,发现政府职能不断扩大以及政府活动持续增加的规律,认为一国工业化经济的发展与本国财政支出之间存在着一种函数关系。1882 年瓦格纳提出了"公共支出不断增长法则"——瓦格纳法则(Wagner's Law)。瓦格纳法则可以作如下表述:随着人均国民生产总值(GNP)的提高,财政支出占 GNP 的比重相应提高,即经济发展必然伴随着公共支出规模的提高。

瓦格纳认为,政府职能的扩大和经济的发展,会要求保证行使这些职能的公共支出不断增加。公共支出不断增加的最基本原因是工业化,其传导机制是:工业化→人均收入增加→政府活动扩张→财政支出比率提高。这是因为:

第一,市场失灵的存在需要政府活动增加。随着工业化的深入,不断扩张的市场与这些市场中行为主体之间的关系更加复杂化,这就需要建立司法体系和管理制度,以规范行为主体的社会经济活动,使政府活动扩张。

第二,政府对经济活动的干预以及从事的生产性活动也会随着工业化进展而不断扩大。

工业化的发展,使不完全竞争市场结构更加突出,市场机制不可能完全有效地配置整个社会资源,需要政府对资源进行再配置,以实现资源配置的高效率。

第三,城市化以及高居住密度会导致外部性和拥挤现象,导致一些产品和劳务的外溢性问题,这些都需要政府出面进行干预和管制。

第四,教育、娱乐、文化、保健以及福利服务的需求收入弹性较大。也就是说,随着人均收入的增加,人们对上述服务的需求增加得更快,要求政府为此增加支出。

瓦格纳同时分析，财政支出总量的扩大必然引起公共支出结构的变化。财政支出规模的提高，使得西方工业化国家公共支出结构发生了新的变化，公共财政突破了传统的支出范围，社会性支出不断增加，比重不断上升。其中，最典型的当属公共事业支出和社会保障支出。在雄厚的财力基础保障下，政府为了弥补市场缺陷，大幅度增加公共服务性支出，既包括以文化教育、卫生保健为核心的公共事业支出，也包括由社会保险、社会福利和社会救助等构成的社会保障支出。20 世纪 60 年代以来，社会保障制度在西方市场经济国家普遍推行和强化，加之人力资本和技术进步在经济增长中的重要作用，使公共事业支出与社会保障支出的规模日益提高。20 世纪 90 年代以后，发达国家的社会保障支出占总支出的比重大多高于 30%，有的国家，如瑞典已达 50%以上；公共事业支出占总支出的比重也在不断上升，并已成为政府公共支出的主要组成部分，从而导致这些国家的公共支出结构发生了显著变化。

瓦格纳法则在大部分工业化国家得到了论证。

(2)经济成长阶段论

这一理论主要由美国经济学家罗斯托和理查·马斯格雷夫提出，他们根据经济发展阶段的不同需要来解释公共支出增长的原因。罗斯托和理查·马斯格雷夫把经济发展分为三个阶段：

第一，经济发展的早期阶段。在这一阶段，需要公共部门提供社会基础设施，如道路、交通系统、环境卫生系统、法律、秩序、教育和在人力资本上的其他投资。这些基础设施的投资往往数量大、周期长、收益小，私人部门不愿意投资或没有能力投资；但这些投资对于促进经济起飞和推动经济向中期阶段发展具有重要的作用。因此，需要政府来提供，以便为经济发展创造一个良好的投资环境。此外，在经济发展的早期阶段，由于私人资本积累是有限的，这就使得某些资本品必须公共生产。即使这些资本品的利益是内在的，不具有外部经济性，也要求通过政府预算提供。因此，这一阶段公共支出中用于公共投资部分比重很大，增长的速度也很快。

第二，经济发展的中期阶段。这一阶段，政府公共性投资还会继续进行，但那些需由政府提供的基础设施已基本建成，私人投资的份额会上升，资本存量不断扩增，公共投资的份额会下降，政府投资只是对私人投资的补充。中期阶段政府所提供的消费性支出会相应增加，其在整个公共支出中的比重会相应上升。同时，伴随着经济的发展，贫富分化开始加剧，逐渐成为一个社会问题，用于解决收入分配问题的转移性支出也开始增加。

第三，经济发展的成熟阶段。这一阶段，公共支出的结构将从基础设施转移到增加对教育、医疗和福利服务方面的支出，尤其是在成熟阶段中的大规模消费时期，用于收入维持计划和福利再分配方面的公共支出，将会占据 GNP 的较大份额。

此外，随着经济的增长，将会出现日益复杂的社会经济组织，政府又需要提供各种管理服务来协调和处理经济增长所引起的各种矛盾和问题，如交通、警力、控制污染、反托拉斯等。这些需求的增加将引起政府各种管理费用的增加，从而导致整个社会公共支出的迅速增长。同时，这一阶段的生产力发展水平已经很高，在效率与公平之间，政府必须更加强调对社会分配方面的作用，因而用于解决社会公平的转移性支出将会大幅度增加，从而带来整个公共支出的增长。

罗斯托和马斯格雷夫的公共支出增长理论更加注重强调作为社会基础设施提供者的政府在经济发展中的作用，强调在不同的经济发展阶段，政府发挥着不同程度的作用。

(3)公共支出梯度渐进增长论

英国经济学家皮科克(Peacock)和魏斯曼(Wiseman)对英国 1890—1955 年间的公共部门成长情况进行了研究，并在 1961 年出版的《联合王国公共支出的增长》中，得出这样的结论：英国公共支出的增长不是直线型的，而是"阶梯式"、"非连续"的，即"跳跃性的上升"，只有突破一个临界点才会跳跃上新的高度，进而提出公共支出梯度渐进增长理论。

公共支出梯度渐进增长理论建立在一个假设前提上，即政府希望花更多的钱，但公民却不愿意缴纳更多的赋税。政府必须考虑公民的意愿，观察公民能容忍的税收水平，以国民可容忍的税收水平作为预算约束条件。当经济平稳发展时，国民收入上升，在不变税率的税制下，征收的税收会上升，公共支出也会随着增加，这样公共支出与国民收入之间呈现出正比例的线性关系，这成为公共支出增长的内在原因。在外部冲击如战争、经济危机来临时，公共支出的压力骤然增加，政府被迫提高税率，或开征"战争税"来增加军备或执行就业计划等，国民也认识到由政府来做的事日益增多，于是在心理上接受一个更高的"可以容忍的税收水平"，这就成为非常时期公共支出急剧增长的原因。在外部冲击渐渐消失后，出于存在以下两种效应使政府公共支出不会回到原有的水平：一是替代效应(displacement effect)。即在危险时期，公共支出会替代部分私人支出，增加公共支出的比重；但在危险时期过去以后，公共支出并不一定退到原来的水平。二是审查效应(inspection effect)。公共支出一般是要受投票者审查的，当社会面临危机时，投票者比较容易通过政府扩大公共支出的提案，从而改进社会环境。执行者看到，投票者所能容忍的税收水平在危机过去以后也不会退回到原先状态，因而政府能够继续维持高额公共支出。美国发生"9·11"恐怖事件以后，布什政府要求拨款 200 亿美元用于救灾，而国会主动提出给予 400 亿美元，最能说明这一点。

皮科克和怀斯曼的公共支出梯度渐进增长理论，认为财政支出的增长并不是均衡、同一速度向前发展的，而是在不断稳定增长的过程中不时出现一种跳跃性的发展过程。这种非均衡增长是在一个较长时期内进行的，在这一时期内，稳定增长和突发性增长是交替进行的，因而，这一理论主要是通过考察财政支出增长趋势中具有特定意义的时间形态，从这些特定的时间形态中来寻找政府支出增长的根本原因。

2.公共支出增长的决定因素

公共产品产出量是决定公共支出规模或水平的一个最基本变量，因而公共产品需求的扩张所导致的公共产品产出量的增大，会使公共支出规模扩大，这也使得公共支出向上刚性——向上增加容易向下压缩困难的现象越发明显，公共支出增长几乎成为各国财政的常态。具体地，公共支出增长有以下一些决定因素。

(1)经济因素

主要指经济发展水平、经济体制的选择、政府的经济干预政策、物价水平和征税能力等。一般而言，经济发展水平越高，经济管理体制越集权，政府财政干预越多，征税能力越强，物价水平越高，公共支出规模越大，反之亦然。

经济规模的扩大和经济活动的复杂化，要求政府更多地介入市场机制无法有效配置资源的经济活动中，更多地进行直接投资和提供补贴。

政府为了抚平日益剧烈的宏观经济不稳定的因素，而以财政政策和货币政策来进行宏观调控。其中赤字财政政策导致了公共支出的大幅度增长，由此而产生的政府利息支出又进一步加大了公共支出的增长趋势。

通货膨胀造成的物价水平持续不断的迅速上涨的趋势，货币的持续贬值使得政府为了维持已有的公共服务内容和规模的成本大大增加，公共支出快速增加。

(2)政治因素

政治性因素对公共支出规模的影响主要体现在两个方面：一是政局是否稳定；二是政体结构的行政效率。如果一国政局不稳，出现内乱、战争等突发事件，公共支出规模必然会超常规扩张。如果一国的行政机构臃肿、人浮于事、相互扯皮、效率低下，必然导致公共支出增加。

现代社会，各国政府为了稳定政局，安定民心，维护社会相对稳定，往往增加公共产品的供给和转移性支付，从而加大公共支出，而行政效率的低下折损了公共支出的效用，无形中推动了公共支出的进一步增大。

(3)社会因素

社会经济的发展变化，要求政府在传统的公共服务之外，提供新的公共服务。政府为了克服日益尖锐的效率与公平的矛盾，对经济规模急剧膨胀所产生的社会分配日益不公平状况的干预，导致了占公共支出总额很大比重的社会保障支出的增加。

人口的急剧增加，要求直接为居民个人提供服务的公共支出的增大；人口老龄化导致社会保障支出和其他社会福利性支出增加。

社会联系的加深和复杂化，对政府在社会联络通讯的增加、在住处的管理和提供上、在提供更好的对内对外军事安全保护等方面提出了更高要求，这些都使得政府的行政支出和军事支出急剧扩大。

表 5.4 为我国 1978—2003 年公共支出占国内生产总值的比重。

表 5.4　我国 1978—2003 年公共支出占国内生产总值的比重

年　份	公共支出（亿元）	国内生产总值（亿元）	公共支出占国内生产总值的比重(%)
1978	1122.09	3624.1	31.0
1979	1281.79	4038.2	31.7
1980	1228.83	4517.8	27.2
1981	1138.41	4862.4	23.4
1982	1229.98	5294.7	23.2
1983	1409.52	5934.5	23.8
1984	1701.02	7171.0	23.7
1985	2004.25	8964.4	22.4
1986	2204.91	10202.2	21.6
1987	2262.18	11962.5	18.9
1988	2491.21	14928.3	16.7
1989	2823.78	16909.2	16.7
1990	3083.59	18547.9	16.6
1991	3386.62	21617.8	15.7
1992	3742.20	26638.1	14.0
1993	4642.30	34634.4	13.4
1994	5792.62	46759.4	12.4
1996	7937.55	67884.6	11.7
1997	9233.56	74462.6	12.4
1998	10798.18	78345.2	13.8
1999	13187.67	82067.5	16.1
2000	15886.50	89468.1	17.8
2001	18902.58	97314.8	19.4
2002	22053.15	105172.3	21.0
2003	24649.95	117251.9	21.0

（资料来源：根据 2001、2004 年《中国统计年鉴》有关数据整理、计算得出。）

第三节 公共支出的预算与评估

一、公共支出预算

公共支出的规模和范围应与社会经济发展水平相适应，与生产力发展水平相一致，并随社会经济发展不断调整，这样的公共支出才有确实的财力保障和现实性。要使公共支出科学化，必须做好公共支出预算，提高公共支出效率。

公共支出预算是指政府在一个财政年度内为满足社会经济发展需要，经立法程序批准的提供给社会成员大体均等的公共物品与服务和向企业部门和个人家庭部门单方面无偿转移财政资金所需开支的分配计划。公共支出预算反映了政府活动的范围、方向和政策。

公共支出预算是公共支出体系中的重要环节，是政府财政活动及公共财政预算的一个重要组成部分。公共支出政策指导编制公共支出预算，但是最终要通过预算的编制体现政策意图。公共支出结构的变化和范围的确定，也要通过预算的编制来完成。而公共支出预算编制的质量，对公共支出效益有着直接的影响。

1.公共支出预算的职能

公共支出预算作为政府的基本支出计划，它的职能有以下几方面。

(1)反映政府部门在预算年度内的活动范围和政策取向

公共支出预算反映了公共支出的规模、结构，对政府部门及其所属机构占用的政府资金、这些部门和机构使用经费的情况都清楚表明，它犹如一面镜子全面反映了政府的自身行为和介入社会经济发展的规模、范围和深度。政府三大职能——资源配置、所得分配和稳定经济均在预算里得到体现。财政通过公共支出预算的编制、执行和决算，来保证政府制定的各项活动得到实现，是国家施政的经济保障。

(2)是控制公共支出规模的一个有效手段

政府作为公共机构，都有追求公共服务最大化的愿望。但是，公共物品或公共服务的形成都要有相应的支出配套，因此政府提供公共物品或公共服务最大化的目标就要受到政府可能安排支出的数额的限制，即政府需有行为成本控制。公共支出预算编制需要经过相关程序和科学论证，通过立法机构审议的公共支出预算，实际上就是一份法律文件，政府必须按照标准的预算执行，不能随意突破。公共支出预算是约束政府盲目扩张公共物品与服务、扩大公共支出的有效手段。

(3)是立法机关和全体社会成员监督政府公共支出运作的途径和窗口

公共支出预算要经过立法机构的审议、批准，使政府的行为被置于公民的监督和制约之下。立法机关通过公共支出预算的审议和批准监督政府公共支出的运作，以使其规模优化，效用增加。社会成员通过这个预算了解公共支出下一财年的规划、用途、目标等，以便更好地监督政府公共支出的实施。

2.公共支出预算的程序

公共支出预算程序与一国的政府体制密切相关。通常，公共支出预算的程序包括四个阶段：预算的编制、审批、执行和决算，称为“预算周期”。

(1)预算编制

预算编制是预算程序中首要和重要的一环，通常由政府的财政部门根据已确定的目标和当年的收入状况，运用预算制定技术，以较为准确的经济和财政预测为基础，制定下一个年度的公共支出计划草案，提交立法机构批准。

预算编制是一个优化的过程。在编制预算时应考虑确定预算的总规模、不同职能上的支出规模以及体现部分职能的各类方案的支出规模。运用成本—收益法对项目进行分析，即将边际效用理论和机会成本理论用于支出控制。

(2)公共支出预算的审核与批准

预算草案经过立法机构的审议，得到批准后就被赋予了法律效力。整个审批要分成几步来完成：首先，立法机构要审批预算的总体分配，考察政府的宏观经济政策以及公共支出与公共收入预测的依据与合理性。其次，对于每项预算进行细致分析，这一般由专门的委员会或小组来完成。最后，再提交立法机构的全体会议讨论，通过后就成为法定的公共预算案。在预算的审批阶段，政府的财政部门对预算草案不再具有影响力，而是由立法机构进行全面的讨论和最后的批准。

(3)公共支出预算的执行

预算的执行通常由政府的职能部门如财政部负责组织实施。部门和机构在公共支出预算执行中，如遇特殊情况需要增加预算支出的，可以向财政部门提出追加支出的申请。但是这个过程的审批程序与预算审批程序一样，要用相当长的时间。如果支出部门或预算机构要避免调整预算的情况发生，也可以在编制下年预算时再提出，将开支延迟下一预算年度。财政部门也要尽可能避免调整预算的情况发生。如果发生必须追加的支出项目，一般也不能通过增加支出总规模来解决，只能通过削减其他部门或机构的支出项目来解决。在发生预算失衡的情况下，财政部门往往采取冻结资金、减少开支等措施来修复。公共预算的调整，要经过立法机构的批准。

(4)公共支出预算的决算

公共支出预算的决算是经过法定程序批准的年度预算执行结果的会计报告，它既是预算执行情况的总结，又是政府职能履行状况的反映。通常决算都包括报表和文字说明两部分。通过编制决算，可以全面、系统地对预算分配活动进行检查、对比，总结预算编制和执行的经验，体现预算资金的使用情况和效果。通过对决算数字和有关资料的统计和分析，把握预算支出与各项因素的内在联系，提高支出预算编制的科学性和合理性。

二、公共支出的成本—收益分析

政府部门运行的经济效率要求用最低的成本组合实现既定的政府目标。要实现公共支出的经济效率，首先要有科学合理的公共支出预算和控制公共支出规模；其次政府必须作出良好的公共支出决策。这就涉及公共支出的制度效率，必须对公共支出进行效率评价，以便进行正确的支出决策。把以最小费用获取最大收益这一效益原则贯彻到公共支出的决策中去，以便更有效地使用财政资金。提高支出效率主要是在预算的编制与审批环节上，对支出项目进行评价，选择最优的支出项目，进行成本—效益分析、最低费用选择和公共劳务收费等。

1. 公共支出成本—收益的确定

公共支出的成本，即政府的行为成本，是指政府在提供公共产品、履行公共义务时所发生的各种费用、支出及由此所引发的各种社会成本的总和。公共支出的收益可分为经济收益、社会收益、政治收益和生态环境收益等。其中经济收益包括GDP的增长、经济结构的优化、居民生活水平的改善、社会福利的提高、城市化水平的提升、贫困人口的减少等等。社会收益包括综合国力的提高、国际地位的改善、社会的文明、教育、文化、科技、卫生、体育等各项社会事业的发展等等。政治收益包括国家政局的稳定、国际环境的友好、社会的安定和谐、民众的团结等等。生态环境收益包括诸如生态环境的保护与优化、资源的节约与高效利用、污染的减排、生态环境的可持续等等。

成本—收益分析，是通过比较各种备选项目的全部预期收益和全部预期成本的现值来评价这些项目，以作为决策参考或依据。进行成本—收益分析的程序一般都要包括以下四个步骤：

第一，确定一系列可供选择的方案，由于方案量化的困难，应尽可能多地排列出多套方案，以便于比较。

第二，分析各种方案可能产生的后果，特别是各种方案的投入要求及其可以带来的产出。

第三，对每一种投入与产出作出价值倾向的评估，因为我们追求的目标是福利最大化，它本身是一个价值倾向问题。

第四，加总每个项目的所有成本和收益，以估计项目的获利能力。

分析公共支出成本—收益时，要考虑到两个特点：一是公共部门进行经济决策时，是以福利最大化为目标的。这意味着政府为了实现这一目标往往无法顾及利润，如追求公平的分配原则及消除生产的外部效应等，不可能追求利润的最大化。

二是公共支出所提供的产品有许多并不是通过市场交易来实现的，公共部门项目的投入与产出通常不能直接用市场价格来评估的。比如治污为社会提供清新的空气所需要的种种费用，不能通过新鲜空气的出卖来取得回报，然后再行估价。况且公共部门提供的公共产品本身是起到弥补市场失灵作用的，意味着对它的投入用市场标准来衡量本身也不合理。

2.公共支出成本—收益分析的分类

公共支出难以用市场行为来评估，并不是说就没有评估标准了。

(1)真实的(实际的)与货币的(名义的)分类标准

这是公共部门成本—收益分析中最重要的区别。真实收益是指公共项目的最后消费者获得的受益量(面)大小。真实受益面大反映着社会得利的增加。真实成本则是公共项目所利用资源的实际成本。货币收益或货币成本则是受到市场上相对价格的变化影响的受益或成本，价格的变化可能使一部分受益遭到损失。这种遭损可能是因为有人受益更大或受损更小所引起的，价格的变化实际上只是一种分配关系的再调整。所以从整体上看，它无法反映社会的净受益或净损失。

(2)直接的与间接的分类标准

直接的成本和收益是与公共项目主要目标密切相关的成本和收益。而间接的成本和收益则是属于项目的副产品，只与项目的非主要目标有关。如风景区的开发，带来餐饮、旅游业的发展是直接受益，这里的间接受益是这一地区开放度提高，百姓文明程度提高，视野开阔，整个经济得到发展。

(3)有形的和无形的分类标准

有形的成本和收益是能够以市场货币价值计量的成本和收益。无形的成本和收益是没法以市场货币价值直接反映出来的成本和收益，包括公共支出对社会、政治、文化、生态、环境等各个方面产生的影响。如由于灌溉工程引起的某一区域的美化属于无形收益，而农业产出的增长属于有形收益。

(4)中间的与最终的分类标准

中间的收益是通过加入其他产品的生产间接提供的收益，而最终产品提供的收益属最终的收益。比如天气预报服务对于那些外出或郊游的人们来说是，提供最终收益；而对于民航服务来说只能是中间产品，提供中间收益。

(5)内部与外部的分类标准

这里内部成本和收益主要指项目所在辖区范围内发生的成本与收益。而外部的成本和收益是指项目范围以外发生的成本和收益。例如建三峡大坝不仅使所在地市得益，而且大坝防洪蓄水也使下游省市受益。

3.公共支出的社会效益分析

(1)社会收益价值的测评

①时间价值的测评:它是指因为有了公共产品的提供使人们节约了时间由此带来的收益。第一,人们在工作与闲暇之间作出选择,放弃工作与放弃闲暇的价值是应该相等的。第二,闲暇时间增加的价值,可以间接通过一小时工作时间价值来计算,假如一小时工作时间为12元,获得一小时闲暇也就有了12元收益。如交通改善从杭州到上海节省了一小时的行路时间,意味着相当于给每个人增加了12元收益。第三,不同工作性质、不同发展状况国家的劳动者,对闲暇与工作的价值评估是不一样的。高收入者、发达国家的劳动者,他赢得的闲暇时间其价值一般高于低收入者与不发达国家劳动者的价值。失业者的闲暇价值趋向于零。第四,某一公共支出项目的总效益等于享受该项目人员效益的总和。

②生命价值的测评:单从伦理道德的角度讲人的生命应该是无价的,因此政府用于改善人们的健康,保障公共安全等可以减少死亡人数的措施所支付的开支也应该是无限的。然而,政府毕竟不能把所有的收入用到交通安全上面去,因此估价生命的价值是必须面对的一个现实,那就是财政的制约。

估价生命的价值可以采用两种方法。

首先,可以用一个人活到正常年龄的收入总和来计算:

• 用平均寿命来计算生命年限;

• 用各工种的年基础工资在职年限内的工资增长率×在职年限+[(平均寿命一退职年限)×退休年金];

• 没有固定职业与没有退休金人的生命价值按性别参照相应年龄人的生命价值。

其次,用人们所要求的风险补偿来估价生命的价值:

• 根据职业所面临的危险程度来确定工资高低与补偿大小,对生命价值的大小进行估价;

• 高危险职业与低危险职业工资与补偿金的差,是估价生命价值的一个重要参数。

提供公共项目减少了危险,延长了人的生命就是公共项目投资的收益,对公共项目进行投资与收益的比较,是公共项目决策的重要依据。

(2)影子价格(Shallow Price)

影子价格的确定方法多种多样,取决于要估价的商品或服务的类型。这里的影子价格是指政府项目中产出的边际支付意愿、投入的边际机会成本确定的价格,是对某些商品和劳务所规定的较为合理的替代价格。对于在市场中交换的商品来说,市场价格经过调整,排除像外部性和税收这样的市场扭曲,就可以使用。很多政府项目都涉及不适合市场销售的物品和服务，不能在市场上进行交换，必须使用特殊方法找到它们的影子价格。

理想的影子价格应为不存在市场失灵时的帕累托最优时的均衡价格。如中小学教师由于受到人才流动中的行政限制，他所接受的工资不能真实地代表他的劳动力价格，要真实反映他的劳动力价格只能采用影子价格来加以评估。政府官员的低收入也有这种情况，他的影子价格就要包括一部分与乘车、住房的得利收入来反映他的实际价格。

在现实生活中市场失灵现象大量存在，商品和服务的市场价格不等于它们各自的影子价格。当市场被扭曲或市场缺失时，就需要找到影子价格。因此，政府的成本—收益分析利用的是影子价格而非市场价格，以此确定一个项目是否能提高经济效率以及是否应当付诸实施。

影子价格并不总是高于实际价格，调整后的影子价格也是可以接近于实际价格的。

4.公共部门成本—收益的测评

(1)货币的时间价值与贴现

所谓货币的时间价值是指货币在不同的时点上的价值。为了准确计算不同时间中投资成本与收益的变化，需要其按一定的比率折算成当年价值的大小，这就是所谓贴现。折算可以用公式：

$$P=A/(1+i)^n$$

其中 A 为价值，P 为现值，i 是年利率，n 为年数。

此公式表明：按年率 i 计算，n 年底的 A 元钱相当于现在的 P 元钱。这个把未来金额换算成现值的过程称为贴现。实际操作中，各国一般采用利率作为贴现率来折算。

(2)成本效果分析

进行成本效果分析是出于成本—收益分析中存在着两个方面的难点：第一，局限在经济方面的成本和效果，要求都用货币数量来衡量。而对于非经济的因素，则很难做到这一点。第二，未来成本效益往往有着不确定性，容易变动，比较难以估计。

进行成本效果分析实际上是在确定某一目标以后提出尽可能多的实施方法，对各种实施的方法进行各种成本比较。

对于不能应用成本—效益分析法的政府支出项目，采用最低费用选择法可以达到支出效益的目的。最低费用选择法是一种不完整的成本—效益分析法，即只有成本—效益中成本费用的计算和分析，而没有效益的计算和分析。不用货币计量被选方案的社会效益，只计算有形费用，并以费用最低为择优标准。最低费用选择法也被称为应急方法，在无法评价政府非经济支出的社会效益的情况下，通过引进对备选方案进行成本费用的分析，在一定程度上达到提高支出效益的目的。

此外，对于那些可以买卖的、采用定价收费方法管理的公共服务部门，可以用公共服务收费法提高公共支出效益的方法。这种方法通过政府制定的公共服务价格，用定价和收费的方法，达到对公共服务的节约使用。公共服务收费法操作灵活，政策时滞短，具有普遍推广的可能。

公共服务收费法和成本—效益分析法及最低费用选择法的目的，都是为了最大限度地提高公共支出的效益。

【学习与思考】

1. 公共支出中属于消耗性支出的主要形式有哪些？
2. 公共支出中属于转移性支出的主要形式有哪些？
3. 结合经济发展的不同阶段对公共支出的变化作出分析。
4. 分析人口变化对公共支出的影响。
5. 确定公共支出是否合理的标准有哪些？
6. 试用影子价格分析公共支出中价格确定的合理性问题。

第六章

公共税收制度

【本章提要】

本章介绍与公共税收相关的问题，主要包括税收的特征，税收制度对生产、分配、资源配置的影响，我国现行的主要税种等问题。在本章中较为重要的问题是：如何在税收的征收过程中处理好公平和效率的关系。征税可以增加政府收入与为公共支出积累资本，但征税过程不能一味地只考虑政府收入的增加，否则会造成涸泽而渔的结果。

【主要概念】

公共税收制度　拉弗曲线　流转税　所得税

【案例导读】

财政部公布 2011 年全国前三季度税收收入数据显示，1 至 9 月全国税收总收入完成 71292.18 亿元，同比增长 27.4%。

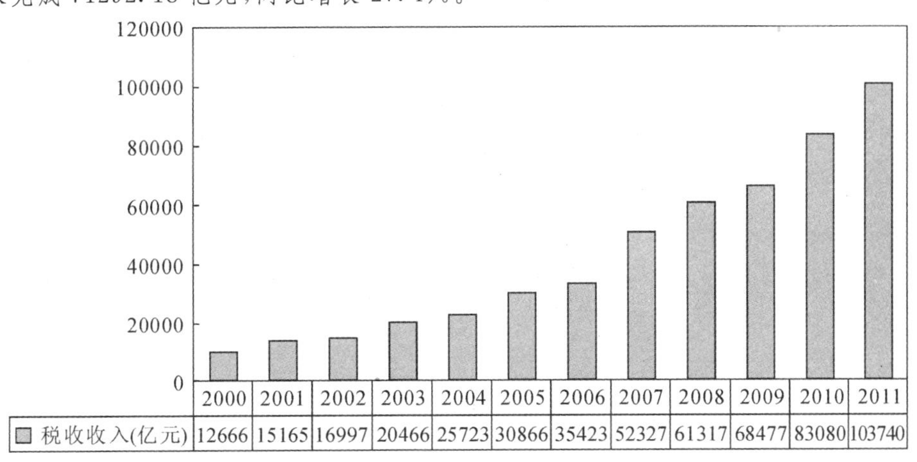

我国税收收入增长图

根据此前公布的财政情况统计，1 至 9 月全国财政收入 81663.34 亿元，同比增长 29.5%。专家认为，中国税收增长过快不利于国民经济发展，应该适度减税。

高物价带动高税收

财政部表示，今年前三季度税收增长较快，主要原因是经济平稳较快增长和物价水平提高等因素。前三季度国内生产总值同比增长 9.4%，带动国内流转税、企业所得税、关税和进口环节增值税、消费税等各主体税收增长。

财政部表示，9 月份个税增长较前几个月略有回落，但提高个人所得税起征点的影响还未全部显现，主要是因为按照税法有关规定，工资、薪金所得应纳的税款应在次月 15 日内缴入国库。从 10 月份开始，个人所得税的增幅会明显回落。

学者呼吁减税减负

前三季度，GDP 同比增长 9.4%，而税收名义增长达到 27.4%，这引起诸多学者对经济税赋水平过高的担忧。一向支持减税的中欧国际工商学院教授许小年在其个人微博中再次表示："扣除通胀因素，税收增长仍为 GDP 增长的近三倍，第 N+1 次呼吁减税。"

对外经济贸易大学国际商学院教授王素荣则表示，中国应该适度降低流转环节税，即营业税和增值税，营业税是价内税，存在重复征税的因素，从一定程度上侵蚀了企业的利润；增值税虽然是价外税，但最终会将税赋转嫁给消费者，所以适当减少流转环节的税收有利于企业和居民的收入增长，也有利于国家扩大内需战略的顺利开展。

（资料来源：华西都市报，http://finance.ifeng.com/money/roll/20111022/4891639.shtml）

试分析此次税收的调整对中国的经济各方面的影响。

第一节　公共税收制度建立的基本原则

一、税收和税收的形式特征

1. 什么是税收

从有国家政权开始就有了税收。人类社会经历了从奴隶社会、封建社会、资本主义社会和社会主义社会的社会形态的更替，在漫漫的历史进程中，古今中外的许多学者一直在探究国家为什么要向居民征税、居民为何要向政府纳税这个看似简单实为复杂的问题，直到资本主义生产方式建立后，人们才得以从理论上系统地研究税收问题，并逐步形成了一些比较客观的认识。

1776 年亚当·斯密最早较为科学地回答了什么是税收。他认为：公共资本和土地，即君主或国家所特有的二项大收入源泉，既不宜用以支付也不够支付一个大的文明国家的必要费用，那么，这必要费用的大部分，就必须取决于这种或那种税收，换言之，人民须拿出自己的一部分收入，给君主或国家，作为一种公共收入。可见，斯密是从国家支出需要与收入来源重要性的角度来认识税收的。

英国经济学家道尔顿认为，税收是公共团体所征的强制捐款，不论是否对纳税人予以报偿，都无关紧要。

日本经济学家小川乡太郎认为，税收是国家为支付一般经费的需要，依据其财政权力而向一般人民强制征收的财物或货币。

对于什么是税收的问题，除了学者们众说不一外，世界上一些有重要影响的辞书也有不尽相同的阐释。

英国的《新大英百科全书》给税收下的定义是："在现代经济中，税收是国家公共收入最重要的来源。税收是强制的固定的征收；它通常被认为是对政府公共收入的捐献，用以满足政府开支的需要而并不表明是为了某一特定的目的。税收是无偿的，它不是通过交换来取得。这一点与政府的其他收入大不相同，如出售公共财产或发行公债等等。税收总是为了全体纳税人的福利而征收，每一纳税人在不受任何利益支配的情况下承担了纳税义务。"

美国的《现代经济学词典》给税收下的定义是："税收的作用在于为了应付政府开支的需要而筹集稳定的财政资金。税收具有强制性，它可以直接向居民或公司征收。"《美国经济学词典》则认为："税收是居民个人、公共机构和团体向政府强制转让的货币（偶尔也采用实物或劳务的形式）。它的征收对象是财产、收入或资本收益，也可以来自附加价格或大宗的畅销货。"

日本的《现代经济学词典》给税收下的定义是："税收是国家或地方公共团体为筹集满足社会共同需要的资金，而按照法律的规定，以货币的形式对私人的一种强制性课征。因此，税收与其他公共收入形式相比，具有以下几个特征：第一，税收是依据课税权进行的，它具有强制的、权力课征的性质；第二，税收是一种不存在直接返还性的特殊课征；第三，税收以取得公共收入为主要目的，调节经济为次要目的；第四，税收的负担应与国民的承受能力相适应；第五，税收一般以货币形式课征。"

上述有关税收的定义可以看出不同的政府职能对税收的理解与获得是会有所不同，但基本的要义还是具有一致之处：税收是国家（或政府）为了实现其职能，凭借政治权力，按照法律规定的标准，强制、无偿地对社会产品进行的一种分配，它是国家取得财政收入的一种重要形式。

从税收的上述要义出发人们可以发现：

（1）税收分配的依据是政治权力

税收的征收实质上是政府参与社会产品（社会资源）的分配。分配总是要以一定的权力为依托。分配的权力有财产权力和政治权力。财产权力也就是所有者的权力，凭借资本所有权可以取得利润、利息收入，凭借土地所有权可以取得地租收入，凭借劳动力所有权可以取得工资收入。而作为公共管理机构的政府，显然只能依据政治权力来取得资源，即凭借政府的政治权力把微观经济主体（私人部门）占有的社会资源的一部分转移到公共部门。

(2)税收是为了满足政府经费开支的需要而征收的

税收是为了维持国家的存在和实现它的职能而筹措必要的资财。几千年来，不管社会形态、国家形式发生了什么变化，税收对国家的存在与发展始终都发挥重要作用。因为，国家的存在和国家职能的实现要耗费一定的人力、财力、物力，而国家机器本身并不是直接创造物质财富的经济组织，所以国家的各种经费开支主要靠税收来筹措。没有税收，国家就不可能存在和发展下去。对这种税收与国家（政府）的关系，马克思曾作过一系列形象而精辟的分析，他说，赋税是喂养政府的奶娘，国家存在的经济体现就是捐税，赋税是政府机器的经济基础，而不是其他任何东西。可见，税收的基本职能就是为国家取得财政收入，以满足国家存在并实现其职能的物质需要。

(3)税收属于分配范畴

税收作为国家取得财政收入的一种形式，在社会再生产过程中属于分配范畴。一般地说，分配是把社会在一定时期内新创造出来的产品或价值分成不同的份额，并决定各个份额归谁占有的一个重要环节，税收就是这些环节上诸种分配形式中的一种特殊分配形式。从直观的现象看，税收就是国家向社会成员征钱征物，或者是社会成员向国家交钱交物。前者通常称为征税，后者通常称为纳税。征税过程实际上就是把一部分社会产品从社会成员手中强制、无偿地转变为国家所有的分配过程。通过国家征税引起社会产品在社会成员与国家之间以及不同社会成员相互之间的转移以及占有比例的变化，改变了社会产品原有的分配结构，形成了一种新的社会产品占有、支配和使用关系。因此，税收属于分配范畴。

(4)税收分配的主体是国家或政府

税收是以国家或政府为主体对一部分社会产品所进行的集中性分配，征税权力只属于国家或政府，包括中央政府和地方政府。除此之外，其他任何组织或机构均无权征税。

(5)税收是强制、无偿地征收的，同时税收的征收又是有固定限度的。

2.税收的形式特征

税收的形式特征是税收的基本标志。与其他财政收入形式比较，税收具有无偿性、强制性、固定性三大基本特征。

(1)无偿性

税收的无偿性是指国家征税以后，税款即归国家所有，不再直接归还给原纳税人，也不直接向纳税人支付任何报酬或代价。正如列宁所说："所谓赋税，就是国家不付任何报酬而向居民取得东西。"税收的无偿性特征是针对具体的纳税人而言的。就是说，国家征税不是与纳税人之间进行等量资源（或财富）的交换或补偿，而是纳税人无偿地向国家缴纳，国家不需要对原纳税人直接地返还已缴纳的税款，也不需要对原纳税人提供相对应的服务或给予相应的特许权利，是所有权的单方面转移。但从财政分配的全过程以及纳税人总体来看，政府的税款通过公共财政支出将最终转化为各种公共产品，供全体纳税人享用，从这个意义上讲，税收又具有整体报偿性特征。

(2)强制性

税收的强制性，是指税收是国家凭借政治权力并运用法律、法规手段强制征收的。税收的强制性是与国家的政治权力紧密地联系在一起的，即强制性的依据源于国家征税凭借的政治权力，因而它不受生产资料所有权归属的限制，对不同所有者都可以行使国家征税权。税权的强制性包含两层含义：一是税收分配关系有强制性，即税收分配关系是国家凭借政治权力通过立法程序确定的，它不管纳税人愿意与否以及纳税意识程度的高低；二是税收的征收具有强制性，即国家借助税法形式来保证税收分配的实现，税收征收过程是国家强制地要求纳税人服从其意志的过程，税收征收的结果是一部分社会财富的所有权单向的强制性转移，纳税人必须依法纳税，否则要受法律制裁。

(3)固定性

税收的固定性是指国家在征税前，就预先规定了征税对象、纳税人和征税标准等征纳行为规范，征纳双方都必须共同遵守，不能随意变动。税收的固定性包括两层含义：一是税法具有相对稳定性。税收分配是按照税法事先确定的标准和程序进行的，税法是确定和调整税收征纳关系的法律规范，一经公布实施，就具有相对稳定性，不能朝令夕改。即使税法的调整也要事先经过总体研究与判断之后，通过一定法律程序、以法律法令的形式进行。二是税收征收数量具有有限性。税收分配不是随意的、无界定地转移资源或财富的所有权，而是征纳双方必须依照事先确定的法律标准和程序进行分配。税收分配的法律标准体现在征税对象和征收数量之间的量的关系上是有一定限度的。在税收强制性和无偿性存在的前提下，税款决不能无限地征收，只能按照事先确定的、国家与纳税人在经济上都能接受的标准有限度地征收。税收的固定比例是由政府支出需要与纳税人的承受能力的反映，是由经济发展过程中政府对经济调控的需要状况决定的。但事实上这种固定性是受"供求力量"的对比决定的：即政府与纳税人的力量对比；经济发展因受税负影响的力量对比来决定。政府希望多征税与纳税人希望少交税是一个基本的定律。但受上述两种力量对比的影响，决定了税收固定比例的有限性与相对稳定性。

税收的上述三个形式特征是一个密切相连、不可分割的统一整体:国家的需要和国家机器非生产性之间的矛盾,决定了税收的无偿性;税收的无偿性必须以税收的强制性作保障;税收的无偿性和强制性又决定了税收的固定性。如果税收只具有无偿性和强制性,而不具有固定性,国家随意地、无界定地转移资源或财富的所有权,就会打乱现存的所有制关系,使正常的经济活动无法维持下去,从而会危及国家政权本身的存在。当然,国家的税收权高于生产资料的所有权,任何形式的生产资料所有权都必须服从国家的征税权,因为国家征税本身就是国家对社会产品的强制性占有。但由于税收具有固定性,有可能把这种侵犯限制在所有权允许的范围之内,从而有可能保证社会经济的正常运行。

税收的"三性"是不同社会制度下的税收所共有的,它是税收形式区别于其他财政收入形式的基本标志。在这"三性"的论述中,我们试图告诉人们国家为什么要征税,或者更确切地说是让人们重新思考这一问题。

二、税收制度建立的基本原则

1.税收制度的效率原则

税收效率原则包括税收经济效率和税收本身效率原则两个方面:

(1)税收本身效率原则

税收本身效率原则是指国家在充分取得税收收入的基础上使税务费用最小化。其标准为:税收成本占税收收入的比重最小,亦即税收的"名义收入"(含税收成本)与实际收入(扣除税收成本)的差额为最小,也就是指税收征收过程中各种费用为最小。

税收费用主要包括纳税费用、管理费用、政策费用,包括:①纳税费用。它是纳税人在履行纳税义务过程中所发生的费用。如纳税人进行纳税申报所费的时间(机会成本)和交通费用,聘请税务代理人的费用支出等。②管理费用。它是税务部门为保证税法的实施所支出的费用。③政策费用。它是纳税人出于自身利益的需要试图影响税法变化所发生的费用。纳税人时常以一定的方式要求政府改变税法。

税收本身效率原则就是力求降低税收成本,以保证国家取得更多的收入。提高税收本身效率的途径主要有:①简化税制,使其易于理解和掌握,尽量给纳税人以方便,减少税收的征管环节;②尽可能将纳税人负担或费用转化为税务部门的管理费用,从而达到降低税收成本的目标;③精简税务人员数量,既防止人浮于事,又防止对纳税人人为设置各种障碍;④运用先进科学的方法进行税收管理,防止税务人员营私舞弊。

(2)税收的经济效率原则

税收经济效率原则是指税收对资源配置和经济机制运行产生影响，而使税收的利益损耗最小化和利益的最大化。其评价标准为：税制是否有利于经济的有效运行，是否为中性税收，税收外部效应状况如何。

税收经济效率原则中的"经济效率"源于"帕累托最优"的解释，其含义可以概括为：经济活动上的任何措施都应使"得者的所得多于失者的所失"。一般来说，税收在将社会资源从纳税人手中转移到国家手中的过程中，不可避免地会对经济发展产生影响。如果这种影响限于征税数额本身，可以看作是税收的正常影响；如果经济活动因为税收受到干扰和阻碍，社会利益因此而受到削弱，便可以看作是税收对社会的利益损耗产生负外部效应；如果经济活动因此而得到促进和发展，社会利益因此而得到增加，则是税收的利益外溢产生正外部效应。税收经济效率所指的是，使税收的利益损耗最小和利益外溢最大。

税收的利益损耗可以分为资源配置和经济机制运行两个方面的利益损耗，而无论发生何种利益损耗，都说明经济处于无效率或低效率状态，会对社会带来消极影响。例如，18 世纪，英国政府曾开征了窗户税，一些纳税人为了逃避纳税而将窗户堵死或砌死。这一方面，使纳税人减少了光线、通风舒适感；另一方面，窗户税形同虚设，政府并未从中获得任何利益。可见，因政府征收此税而使社会付出的代价(损失)超过了政府实际得到的好处，产生了社会利益损耗。因此，国家征税就必须使社会承担的额外负担为最小，以较低的税收成本来取得最大的经济收益。

2. 税收制度的公平原则

税收负担在纳税人之间的公平分配是极为重要的，因此税收公平原则应是设计税收制度的首要原则。

(1)税收公平原则的含义

税收公平原则是指国家征税要使各个纳税人承受的负担与其经济状况相适应，以保证各纳税人之间的税负均衡。具体地说，公平又区分为横向公平和纵向公平。

横向公平是指税制以同等的方式对待条件相同的人，即经济能力或纳税能力相同的人缴税数额应当相同。一种税制不应当使纳税人之间相对的经济地位和经济能力发生变化，否则，这一税制就会被认为是不公平的。横向公平的原则虽然很容易为大家接受，但是在实际执行这一原则时，人们又会面临许多不易解决的具体问题。因为究竟如何来判断纳税人具有"相同的"的经济能力，这需要有一个合理的衡量标准；即使存在一个可供比较的标准，通过什么方式来判定纳税人是否得到了相同的税收待遇也是不容易的。

纵向公平是指经济能力或纳税能力不同的人应缴纳数额不同的税收，即税制应当区别对待经济地位和经济能力不同的人。某些个人因为具有较高的经济能力，处在比其他人更为有利的位置上，则这些人应支付较高的税收，反之亦然。一般而言，纵向公平要比横向公平更复杂，纵向公平在实际的操作中要回答如下问题：一是从原则上判定谁应支付较高的税收；二是确定应税方法和应税基础，即税基问题；三是如果某些纳税人应支付较高的税收究竟要高出多少，即税率问题。

(2)衡量税收公平的标准

横向与纵向公平均要求每个纳税人应根据其经济能力而对政府承担合理的经济责任份额。如何来确定衡量的标准，经济学界有两种不同学说：利益原则和能力原则。这两个原则虽然是有矛盾的，但是又有一定的统一性。在实际制定税收政策时，必须要综合考虑这两个原则。

①能力原则。能力原则是指以纳税人的纳税能力来确定征税及其额度。纳税能力大的多纳税，纳税能力小的少纳税，无纳税能力的不纳税。有经济学家认为一个人纳税能力强，占有的财富多，消耗的也多，人们正是从消耗社会财富多的角度来要求他们多纳税。对于纳税能力如何来测定，一般有主观与客观的两种说法：

第一，主观说。持该学说的人认为，纳税能力的测定应以纳税人所感受的牺牲程度为标准。牺牲程度，就其经济意义上来讲，是指纳税人纳税前后从其财富得到的满足(或效用)的差异状况。如果征税后，纳税人所感受的边际牺牲程度相同，则征税数额与纳税能力相符，具有公平性。主观说强调纳税应当做到所谓的“边际牺牲相等”和“最小牺牲”。

边际牺牲相等是指征税后使纳税人牺牲的效用与其收入成相同比例。虽然纳税人的收入增加伴随着的是边际效用的减少，但高收入者的总效用要比低收入者的总效用大，因而对高收入者应多征税，对低收入者应少征税，从而使征税后各纳税人所牺牲的效用与其收入成相同的比例，以达到税收的公平目标。

最小牺牲是指征税后全体纳税人牺牲的总效用最小。就纳税个人的牺牲而言，若某甲纳税的最后一个单位货币效用，比某乙纳税的最后一个单位货币效用小，则应将某乙所纳税加到某甲身上，使得两者纳税后的边际效用相等。就纳税人群体而言，应让每个纳税人纳税后因最后一个单位税收而牺牲的收入边际效用相等。据此，应从最高收入者开始予以递减征税，对最低收入者实行免税。

第二，客观说。持该学说的人认为，纳税能力的测定应以纳税人所拥有的财富为标准。由于财富是由所得、支出和财产来表示的，因而纳税能力的测定标准又可分为所得、支出和财产三种。

所得主要由劳动所得、资本所有权的所得、资本所得(拥有资本的价值增值)、获得赠与的遗产等部分组成。所得一般被认为是衡量纳税能力的最好尺度，因为所得量能决定一个人在一定时期内有消费或增加财产的能力，所得多的表示能力大。按照所得纳税最能体现公平合理性。仍然也有人认为要区分勤劳所得、不劳而获的意外所得或其他所得是不公平的。

纳税人的支出情况也可以作为测定纳税能力的标准，这是因为消费支出可以相当充分地反映一个人的支付能力，消费支付数量多的人，其纳税能力当然强，反之消费支付数量少的人纳税能力自然弱。一般而言，个人支出可以通过纳税人的总收入来估算，然后根据消费支出来设计税率。其优点是：第一，不需计算净财富的增加，可以减轻征管的困难；第二，按消费支出征税可以避免所得税对储蓄决策等的扭曲性。但是，以支出作为税基也有一些不足。其主要缺陷是：首先，在既定的年度计算个人的总支出极其困难；按支出纳税会延误国家的征税；其次，由于个人、家庭的消费支出结构的不同，如果按支出征税会有失公平性。例如，甲、乙两人支出均为1000元，但甲的所得收入为3000元，乙为2000元，若以支出对甲、乙两个征税，显然是不公平的。

财产代表个人财富的数量。对财产征税相当于对个人的未来所得征税，从这一点上说财产税与所得税相同。对财产征税的理由是：一是纳税人可利用财产取得收入，且拥有财产也会使其具有某种满足；二是个人通过遗产继承或受赠等而增加的财产拥有量，都会给纳税人带来好处而增加其纳税能力。但按纳税人的财产来测定纳税能力也有一些缺陷，表现在：第一，数额相等的财产并不一定会给纳税人带来相等的收益；第二，有财产的纳税人中负债者与无债者的情况不同，财产中的不动产与动产情况也不同；第三，财产情形多样，财产估价困难，征管难度较大。因此，以财产来衡量纳税人的纳税能力，也很难做到税收上的公平合理。

②利益原则。利益原则指根据纳税人从政府提供的服务中享受利益的多少而相应地纳税。谁享受，谁纳税，享受利益多的人多纳税，享受利益少的人少纳税，没有享受利益的人则不纳税。这一原则符合等价交换原则。

从表面上看，这一原则有一定的合理性。政府的各种支出诸如公共基础设施、国防、公安、社会公益事业等都具有公益性，广大公民或者某些公民集体都是受益者。当不同的公民或公民团体受益的多少不同并且可以识别时，按其享受利益的多少来分摊政府的公益性支出应当说是公平的。例如，水利设施受益者一般只是某些地区的人，那么，这些受益地区的人显然应当对此承担较大的费用。对享受社会保障制度的人征收社会保障税时，也可以采用利益原则。但事实上，这一原则有着很大的缺陷。首先，利益原则的应用常常因集体消费的内在特征而受到极大限制。公共产品的一个基本特征就是非排他性。作为政府公益支出的公共产品，有时很难识别不同的人受益的数量，这会产生“搭便车”现象。人们希望不支付任何报酬来受益，更难以按利益原则提供。因此，在税收负担的分配中，利益原则不可能作为公平的基本标准得以广泛的应用。其次，在某些情况下，利益原则的应用很可能使某些税种具有很大的扭曲性。比如,从政府的福利支出上看,穷人、残疾人是福利支出的最大受益者,在这种情况下按受益原则征税显然有悖于福利支出的初衷。

(3)负所得税(negative income tax)的鼓励原则

负所得税是弗里德曼在 60 年代提出来的,这一政策建议的基本内容是:确定一个收入标准,在此标准以上的收入征税,在此标准以下的收入给予补贴(即负税率),但补贴并不是固定标准,而是根据收入而定。具体来说,在某个收入标准之下,居民都可以得到补贴,但收入越高,补贴之后的总收入越多,收入越低,补贴之后总收入也越少,这样既可以实现社会保障,又可以使获得补贴者仍有工作的积极性。

设 y_a 为实际家庭收入,y_b 为给予补贴的收入标准,y_a 为家庭总收入,y_m 为最低生活费用,t_n 为负所得税税率,T_n 为负所得税额,则有:

$$T_n = t_n(y_b - y_a)$$

如果家庭没有任何收入,即 y_a 为 0,则:

$$T_n = t_n \cdot y_b = y_m$$

这表明最高的负所得税可以保证最低生活费用。

当家庭收入不为零时,得到负所得税之后,家庭总收入 y_d 为:

$$y_d = y_a + T_n = y_a + t_n(y_b - y_a)$$

这表明尽管大家的收入都在政府规定的某一标准以下,但原有家庭收入越高,得到负所得税以后,实际收入也就越高。

我们可以用一个数字例子来说明这一点,假定最低生活费用为:

$y_m = 5000$ 元　负所得税率 $t_n = 0.5$,给予负所得税的收入标准:

$$y_b = 10000 \text{ 元}$$

如果家庭没有收入,则:

$$y_d = 0 + T_n = 0 + 0.5 \times (10000 - 0) = 5000 \text{ 元}$$

如果家庭收入 $y_a = 2000$ 元,则:

$$y_d = 2000 + T_n = 2000 + 0.5 \times (10000 - 2000) = 6000 \text{ 元}$$

如果家庭收入 $y_a = 8000$ 元,则:

$$y_d = 8000 + T_n = 8000 + 0.5 \times (10000 - 8000) = 9000 \text{ 元}$$

如果家庭收入 $y_a = 10000$ 元,则:

$$y_d = 10000 + T_n = 10000 + 0.5 \times (10000 - 10000) = 10000$$

这里要进一步说明的是:负所得税的收入标准 y_b 是指补贴的标准,在此表明 10000 元以下的家庭要补贴,10000 元以上就不补贴,而且要用正税率征税,公式就应该有所改变。

以家庭为单位的征税政策比以个人为单位的征税政策更加合理，因为家庭劳动力与家庭负担之间往往不成比例。

3. 中性原则

(1)拉弗曲线(Laffer Curse)

A. 拉弗是美国供应学派的经济学家，在20世纪80年代讨论税收规模时提出政府税率越高，试图得到的税收规模越大，而实际所得到税收反而越少的基本观点，反映在图表上表现为在一定区间内税率和税收成反比变化。见图6-1：

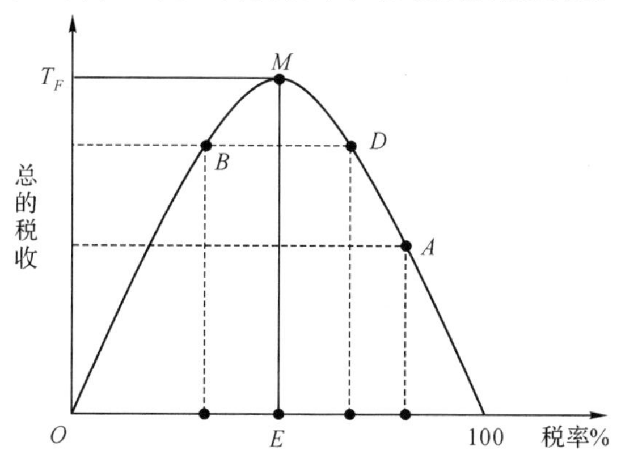

图6-1　拉弗曲线

在上图中表明了税率与税收规模的关系，当税率在 E 点时税收规模为最大、政府税收最多，如果税率为100％或零，结果都是一样的，政府的税收也就没有了。从图上看，当税率在 O～E 之间，税率提高税收增加，税率与税收成正比。而过了 E 点，税率的提高税收反而会下降，税率与税收成反比。A 点与 B 点进行比较显然 A 点的税率高于 B 点，但税收规模却是 B 点大于 A 点，所以人们从这里可以看出应该选择 B 点税率。在 B 点税率较低，而政府税收规模较大，原因是低税率刺激人们的投资热情，总税收规模扩大。就 B 点与 D 点比较，税收规模一样，而税率不同，表明政府获得同样的税收是可以由不同的税率来实现的。在过 E 点后税率越高税收反而越少，这是因为它会挫伤人们的工作与投资积极性，引起效率牺牲造成资源浪费。

但最佳税率的确定是困难的，我们只能从方法论上，将拉弗曲线作为一种参考，事实上，拉弗曲线还是存在一些问题的。

①拉弗曲线实际上没有可操作的量的规定性，只是提出了税率越高并不越有利的一条基本原则。

②不能简单地依此得出税率越低越好的结论，减税也会造成政府预算支出的减少，这样的结果，要么是赤字增加，要么是提供的公共产品减少，影响公平原则的

实现。

③税率的确定既要看政府的职能与各国的实际情况，也要做好随时调整的准备，固定税率并不适合各种税收形式。

(2)效用弹性说

效用弹性说是指人们的纳税量应与收入增量给人带来的效用满足程度联系起来。当一个人的收入增加所带来的效用满足也增加时，说明这是一个穷人；而收入增加效用满足反而下降了，说明这是一位富人，他的货币边际效用已经出现负数；收入增加与所带来的效用满足程度处于同比例增加，说明这人是位中产者。将效用弹性理论用公式表示：

$$E_u = \frac{\Delta u / u}{\Delta y / y}$$

效用弹性有三种情况，即小于 1；等于 1；大于 1。

①效用弹性等于 1，说明收入增加，效用也作相应增加，收入增加在这些人当中还有积极意义，但可以看出，收入增加幅度提高较快的话，这些人的效用弹性就有可能下降，所以我们将存在这类收入与效用关系的人，从收入多寡的角度看作为中产阶级，对他们的征税采用比例税比较合适。

②效用弹性小于 1，根据边际效用递减规律，富人的边际货币效用会小于穷人的边际效用，出现效用弹性小于 1 的是属于富人，对他们应采用累进所得税制，对他们增加部分收入开征高税率，不会影响他们太多的边际效用。但边际税率过高也会引起效率损耗。

③效用弹性大于 1。收入增加对这部分人来说福利也会增加从而效用也能提高，对他们的家庭收入的征税可采用负所得税税率或采用累退税制。显示这部分人是穷人。

公平与效率是现代经济的一个重要课题，就公平与效率的关系而言，总起来讲有两种不同的观点，一种认为这两者是可以统一的，另一种认为是不可能统一的。由于社会经济现象的复杂性不管持何种观点，现在依然是谁也难以说服谁，所以才有公平优先还是效率优先的争论，抽象地说这个问题也是难有结果的，虽然我国从 20 世纪 80 年代开始提出效率优先兼顾公平的分配原则，但这一原则的提出也是有条件的，而不能简单地搬用。

随着社会经济形势的变化，尤其是政府从事业经营中解脱出来，从政府层面再讲效率优先兼顾公平就显得有些不合时宜了，市场经济条件下政府的首要职责是保障社会公平。

第二节　公共税收制度的经济效应

一、公共税收制度的含义

税收制度，一般是指国家各种税收法令和税收征收管理办法的总称，是国家向纳税单位和个人征税的法律依据和工作规程。它规定了国家与纳税人之间的征纳关系，成为征纳双方共同遵守的法律依据。直观看税收制度属于上层建筑的范畴，由国家制定，体现国家的意志，反映了国家与纳税人之间的相互关系。

税收制度有广义和狭义之分。广义的税收制度是指国家以法律形式规定的税种设置及各项税收征收管理制度。一般包括税法通则、各税种的基本法规、条例、实施细则、具体规定和稽征管理办法等等。其中，税法通则是一个国家征税的最基本的法律，主要规定一个国家征税的总则、税制原则、税种设置等内容。

狭义的税收制度是指国家设置某一具体税种的征收制度。它一般由纳税人、征税对象、税率、纳税环节、纳税期限、减税免税、违章处理等要素构成。国家要设置税种征税，必须以法律或制度的形式对这些要素作出明确的规定。

税收制度的各种含义既相互联系又相互区别，广义的税收制度规定税制的基本格局，其中心是税种之间的组合问题，狭义的税收制度则是某个具体税种的法律规定形式，反映的是征税活动的具体规范。显然，两者是有区别的。但是，离开各个税种的具体法律规范，广义的税收制度也就不存在了。同时，税种配置的基本格局又影响和制约各个税种具体的法律规范。

国家税收制度的确立是根据本国的具体政治经济条件而定的，由于各国的政治经济条件不同，所以各国的税收制度也不尽相同，具体的征税办法更是千差万别。更具体到一个国家而言，由于各个时期的政治经济条件不同，税收制度也有所差别。

二、公共税收制度的经济效应

税收效应是指纳税人因政府征税而在其经济选择或经济行为方面作出的反应，以及由此对社会经济运行本身的影响。

保持税收中性只是建立完善税制的努力方向，在现实经济生活中，税收作为一种强制和无偿的国家占有社会产品的过程，总会对纳税人的经济选择或经济行为发生影响，对经济资源配置和经济稳定增长发生影响。也就是说，税收实际上是很难处于中性的。因此，我们必须对税收的经济影响加以研究。对税收效应的研究有利于人们制定合理的或尽可能“中性的”税收政策。

1. 公共税收制度对生产的影响

税收对生产的影响主要通过对劳动供给和投资的影响而起作用的，当然税收状况如何对储蓄所产生的影响也会影响生产，虽然传统的关于储蓄等于投资理论在许多国家也受到了挑战，但储蓄对生产的影响依然存在。所以我们分析税收对生产的影响时已将税收对储蓄影响联系了起来。

(1)税收对劳动与投资的影响

人们在分析研究税收对劳动与投资的影响时，一般认为这种影响是两方面的：税收既对劳动和投资有收入效应，又对劳动和投资有替代效应。税收的收入效应，是指由于征税或加税使纳税人的收入发生变化，并影响其经济行为所产生的正负影响和综合反应。税收的替代效应是指由于征税，使某一种商品或服务与另一种商品或服务之间的相对价格发生变化，结果改变了人们对各种商品或服务的选择，用一种不征税或征税少的商品或服务来代替征税或税率高的商品或服务。

①税收对劳动供给的影响。收益是影响劳动供给发生变化的重要因素。税收之所以会对劳动供给发生影响，就在于它是对纳税人个人收益的一种扣除。

劳动者的时间由劳动和闲暇两部分构成，两者均是有弹性的(劳动者可以自行调整且不会危及基本生活)。假定一个劳动者的劳动供给随收入的增加而增加，则他的劳动供给曲线 S 是上扬的。如收入用工资率表示，劳动者 P 的劳动供给变化可用图 6-2 表示。

在图 6-2 中，劳动者的劳动时数随工资率的提高而逐渐增加。当工资率下降时，劳动者 P 就减少工作时数。劳动者在征税前可支配的收入为 W_1，劳动时数为 H_1。假定政府对劳动者 P 的工资收入征税 W_1W_2，劳动者可支配的收入降至 W_2，随着劳动边际收益的减少，劳动者 P 的劳动时数由原来的 H_1 减至 H_2，这表明政府征税促使劳动者减少劳动供给而增加闲暇选择，这时税收对劳动供给产生替代效应。

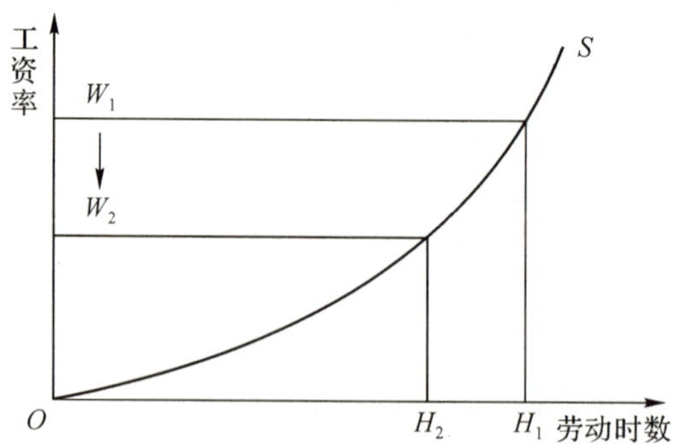

图 6-2 劳动供给曲线(一)

如果劳动者的劳动供给在开始阶段随着工资的提高而倾向增加，但工资水平上升至一定限度后，劳动者对工资收入的需要被认为不那么迫切了。工资水平再往上升，劳动供给不再倾向于增加，而趋向于减少，此时劳动供给曲线 S 先是递增，然后是一条向后弯曲的线。见图6-3。

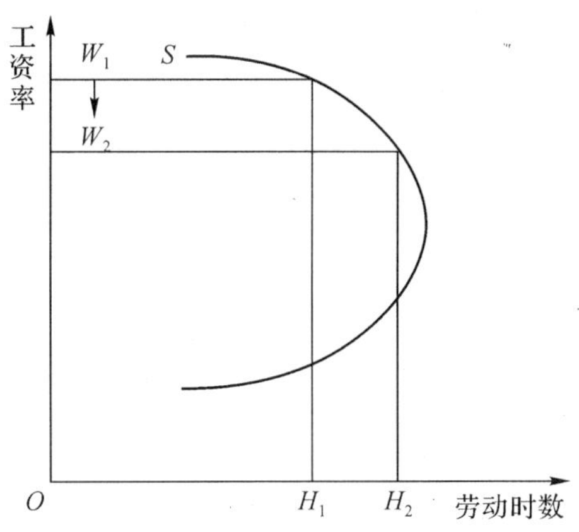

图 6-3　劳动供给曲线(二)

图 6-3 所表示的是，劳动者在征税前后的可支配收入为 W_1，劳动时数为 H_1。政府征税 W_1W_2 后，劳动者的可支配收入由原来的 W_1 下降至 W_2。随着劳动者税后可支配收入的减少，劳动者的劳动供给倾向于增加，劳动时数由原来的 H_1 增加到 H_2。这时税收对劳动者的劳动供给产生了收入效应。政府征税减少了劳动者可支配收入，劳动者为维持以往的收入或消费水平而倾向于更勤奋地工作，从而减少闲暇和享受。这就是说，政府征税后会使劳动供给增加。

概括税收对劳动供给的影响，从劳动供给曲线形状看：当劳动者的劳动曲线上扬时，征税会使其减少劳动供给，增加闲暇；当劳动供给曲线向后弯曲时，征税会使其增加劳动供给，减少闲暇。

经济学家们对于税收的影响进行了大量的更有说服力的实证分析。英国的布雷克等人对纳税人就劳动供给问题进行过问卷调查，并对征税与劳动供给变化的相关程度进行过回归分析，两种方法得出的结论是基本一致的。征税对劳动供给的不利影响是轻微的，某种程度上有提高劳动供给的功效。征税会使劳动者更加努力地工作，劳动供给倾向于增加。其他学者研究的进一步结论还有：在相同所得的情况下，比例税率比累进税率更多地能够激励劳动供给的增加，换言之，比例所得税更具收入效应。因为比例税率和平均税率相等，税后边际收益相等。而累进税率的边际税率大于平均税率，税后边际收益递减，所以累进所得税的替代效应更加显著。

②税收对投资的影响。所谓投资是指企业一定时期内用于购买资本物品的支出。投资是一个流量，它意味着资本货物的形成。

所有作为企业的纳税人都要追求最大利润。为了实现利润最大化，纳税人会一直投资到投资成本等于投资收益时为止，只要投资收益大于投资成本，纳税人会一直投资下去。所以影响纳税人的投资行为的主要因素是投资收益和投资成本。

税收影响纳税人投资行为主要是通过影响纳税人的投资收益和投资成本体现

出来的。税收对纳税人的投资收益的影响主要表现在公司所得税的征收上。政府征收公司所得税，会降低纳税人的投资收益率，并使投资收益和投资成本对比发生变动，从而对纳税人的投资行为产生两种不同的影响。

第一种影响是投资收益率的下降，投资对纳税人的吸引力降低，造成纳税人以消费代替投资。

在图 6-4 中，纵轴代表纳税人对投资的选择，横轴代表对消费的选择，政府征税前，纳税人对投资和消费的组合用 AB 线表示。AB 与无差异曲线 I_1 在 P_1 点相切，表明 P_1 点所决定的投资和消费组合可给纳税人带来最大的效用。

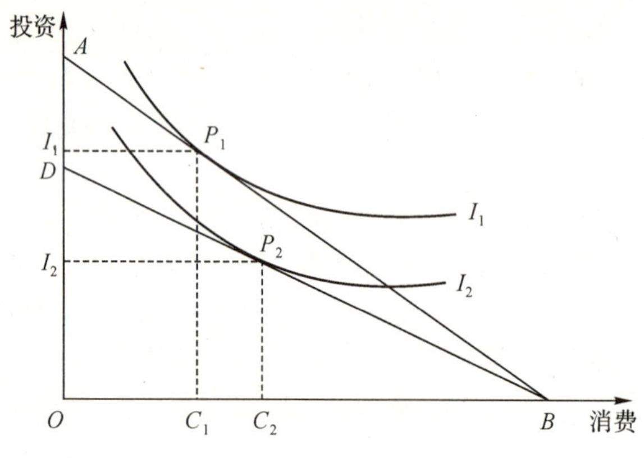

图 6-4　税收对投资的影响(一)

现假定政府对企业征收公司所得税，若纳税人因此而倾向于减少投资，其对投资和消费的选择组合线会从 AB 向内旋转至 DB，DB 与新无差异曲线 I_2 在 P_2 点相切，此切点决定了纳税人税后可获得最大效用的最佳组合。即投资额变为 I_2，小于税前的 I_1，消费额为 C_2，大于税前的 C_1，说明因政府征税而减少了私人投资。

税收对投资的第二种影响是：若纳税人因政府征税而减少了可支配收益，纳税人为了维持以往的收入水平而不得不增加投资，则税收对纳税人的投资起了鼓励作用。图 6-5 表明，若纳税人因政府征税而倾向于增加投资，其对投资和消费的选择组合线会从 AB 向内旋转至 AE。AE 与新无差异曲线 I_2 在 P_2 点相切，这一切点决定了纳税人税后对投资与消费选择的最佳组合点，即他选择 I_2 为投资额，大于税前的 I_1，选择 C_2 为消费额，小于税前的 C_1，说明纳税人因政府征税而增加了私人投资。

投资对纳税人投资成本的影响主要是通过折旧因素而发生的，而折旧的多少是由税收制度决定的。投资资本的折旧分为实际折旧和税收折旧两个方面。所谓实际折旧是根据固定资产的实际损耗的情况计算的折旧。所谓税收折旧则是税收制度根据经济政策的需要而规定的可以计算的折旧。实际折旧和税收折旧通常并不一致。

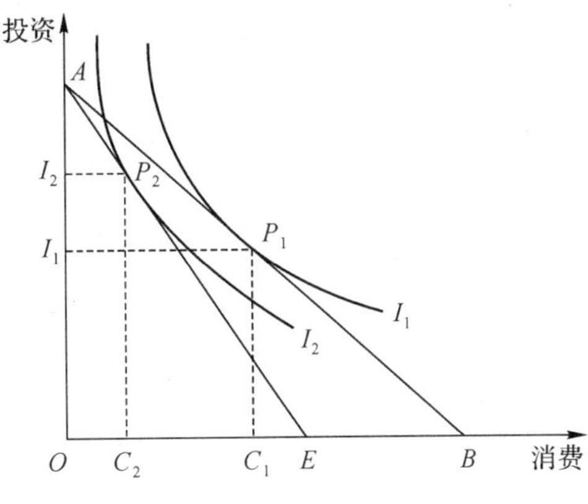

图 6-5　税收对投资的影响(二)

折旧额的高低对纳税人投资行为有重大影响。税收制度规定纳税人可以从应税所得中扣除的折旧额度,决定了政府对纳税人投资施加影响的方向。如果税收制度规定的税收折旧率等于实际折旧率,对私人投资的影响是中性的;如果税收制度规定的税收折旧率高于实际折旧率,对私人投资的影响就是鼓励性的,结果会增加私人投资;如果税收制度规定的税收折旧率低于实际折旧率,对私人投资的影响就是抑制性的,结果会促使纳税人减少私人投资。

③税收对公司融资的影响。税收会影响一个企业的融资决策,许多研究都表明,税收损失向以后年度结转,对于商业银行持有的金融有价证券组合的确会产生很大影响。

理论表明,其利息扣除的预期边际税率比较低的企业,不大可能用债券为其新投资融资。税盾(tax shields)即税收损失向以后年度结转或投资税收抵免,会影响平均税率,但不影响边际税率。

考察债务—股本比率的很多经验研究都遇到了这样一个问题,那就是在人们的脑海中存量概念已根深蒂固,而实际上人们应该更多地研究税收对增量融资决策(即企业的实际融资决策)的影响。

损失向以后年度结转对企业的适用税率有很大影响。损失向以后年度结转将使税率减小到零,也就是说,利息扣除的边际税率等于零。税收损失向以后年度结转很高的企业为什么不大可能用债券进行融资,因为它们不能利用利息扣除。然而,投资税收抵免并不影响债券发行的盈利性,因为通常企业是盈利的并且要纳税。税盾只有在改变利息扣除的边际税率时,才会对融资决策产生影响。

政府对于社会经济活动的干预主要通过财政过程来实现。财政过程是以国家为主体的分配活动,财政收入是这一过程的重要环节或阶段,税收是财政收入的主要内容。因此,财政收入与税收的分析构成了政府行为分析的重要内容。

(2)税收对资源配置的影响

"资源配置优化原则"是当代经济学家公认的基本税收原则。征税显然不应妨碍资源的优化配置。国家可以利用的资源是有限或稀缺的,必须合理使用和分配资源才可以增进社会福利,满足人们的需要。然而征税对资源配置的影响本身又是客观存在的。征税的数量是政府根据纳税人对资源的占有和使用、配置状况决定的，政府选择征税对象，以什么方式征税将对资源的配置、使用当然会产生影响。“资源配置优化原则”应当包括这样的含义，当资源配置未达到最佳状态，还有调整的可能性时，征税应发挥合理的调节作用，促进资源的优化配置。

在市场制度比较完善的国家，经济资源的配置在利益的驱动下，基本上可以自由地流动。资本总是向着利益最高的方向流动，某一产品某一产业或某一地区的投资利润，如果受到纳税或其他因素的影响，资本就会投向其他产品、产业或其他地区，从而导致经济资源的重新配置。

①在不同地区的配置。税收也可以实现经济资源在地区之间的重新配置。如某一地区的资本与劳动力因税收过高，这些资源就会转移至其他税负较轻的地区。政府运用税收的再分配作用，可以进行地区间的经济资源重新配置，即通过征税，促使某一地区的资源向其他地区流动，实现地区经济发展的平衡。尽管地区间存在的税制差异会为纳税人避税创造条件，但政府出于各种目的，有时会有意地制订地区间的税制差异。在两次世界大战中，英国某些地区过重的地方税使其遭受严重而长久的失业。第二次世界大战后，英国政府对受重税损害的地区，给以新的“财政平衡补助金”，同时，让该地区纳税人的应税价值水平低于全国平均水平，这才使该地区得以复苏和发展，成为发达地区。

②在不同产品之间的配置。政府征税产品的选择，以及对不同产品征税税额的确定，会对资源配置有明显的导向作用。如果政府认为现有的经济资源配置是有效率的，选择的征税产品范围就宽广，则纳税人权衡经济资源流动造成的生产力损失比回避征税产品的税收负担更大，一般不会使资源流动。如果政府认为现有的经济资源配置是低效率或无效率的，则有意识地选择部分产品征税，纳税人出于长期考虑，会将经济资源投向非税产品的生产。这样，政府选择部分限制社会公众消费的产品征收重税（如有害药品、烟、酒、奢侈品等），则使纳税人的投资改向，从而达到经济资源的重新配置。这种经济资源的重新配置对于社会公众有利，因而也是有效率的。

③在不同产业间的配置。政府对不同产业税收政策的选择，会导致经济资源的重新配置。如果某一产业常需负担税收，而其他产业不需要负税或负税较轻，则经济资源将流向其他产业。如果纳税人权衡因经济资源的重新配置导致收入损失低于支付较少税收后的所获，则经济资源的重新配置于纳税人是有效率的，反之则是无效的。政府可以有意识地采用不同产业的税收政策影响各种不同产业的均衡、协调发展。

国家在制定税收政策时，应当更多地从经济与社会的角度（而不是单纯从税收角度）考虑其影响，通过税收调整资源的配置，促使其从无效率向有效率方向转变，从低效率向高效率方向转变。

2.公共税收制度对分配的作用

公共税收制度是现代社会调节收入分配的最重要杠杆，公共税收制度的运作状况自然会对社会、经济各个方面产生作用，我们这里所指的公共税收对分配的作用，是指政府通过公共税收参与国民收入分配产生的结果。由于税收的种类、性质及其征收方法不同，对国民收入分配会产生的影响也是不同的。通过税收，可能会使国民收入分配更趋不平，也可能会使国民收入分配趋向公平。至于何种税收，何种征税方法可以促进或妨碍国民收入公平，人们一般的倾向性看法是：

第一，就征税方法而言，税收制度中有累退税、比例税、累进税。累退税操作不当最具促进国民收入分配不均的趋势，比例税及轻缓的累进税总的来说也具有促使国民收入分配不均的趋势，只有较高的累进税才能抑制资本的积聚，有利于消除分配不均的现象。

第二，就计税方式而言，对一般消费品征税，有从价征税和从量征税。纳税人在一般消费品的消费数量上差异不大，但在消费品价格上相差较大。如果政府对消费品从量征收，则会加大国民收入分配的贫富差距。如果政府对消费品的征税从价计征，则可以起到公平分配的作用。因为纳税人选择消费品的价格，某种程度上反映了纳税人收入上的差异。

第三，就税收性质而言，人头税最容易加大分配不公；消费支出税由于仅对消费支出征税，不能反映纳税人的负担能力，也有可能造成分配不公；所得税是对资本、劳动产生的所得征税，所得额的大小征收高低不同的税率，还可扣除费用开支和给予最低生活费免税，理论上具有平等分配的可能；遗产税则是财产所有人死亡后遗留财产发生转移时的征税。遗产税通常采用累进税率征收，在遗产分配上避免不劳而获，可以相对减少分配不平等；一般财产税由于分级累进征收，也可以限制财富分配的不平等。

前面我们讲到的负所得税实际上是一种累退税的方法，收入越低，负所得税率越高，即补贴越多，这种操作应是有利于公平的，但许多国家的累退税不是这个含义，而是为了鼓励投资所实施的一种资本规模越大、税率越低的一种做法，这种做法对分配而言，容易造成分配不均，我们第一条中所指的就是这个含义。

3.公共税收制度对消费的作用

要研究公共税收制度对消费的作用，也需要将储蓄与投资结合进来，储蓄和投资都会影响人们的消费，而税率直接与储蓄和投资状况相关联。

储蓄是未来消费和投资的一个重要源泉，因此储蓄水平对国民经济的稳定与增长发生重要影响。这里，我们主要研究私人储蓄。影响私人储蓄水平的因素很多，但最重要的是两个因素：收入、利息率。这里的收入是指纳税人税后可支配的收入，而不是税前总收入；利息率也是指税后的利息率或实际收益率，而不是税前的利息率。关于税收对纳税人私人储蓄的影响，有两种不同的看法。

一种看法是，政府征税会降低纳税人的可支配收入，从而促使纳税人减少当期消费，为维持既定的储蓄水平而增加储蓄（相对提高了储蓄水平），在此种情况下，政府征税反而会促进纳税人私人储蓄的增加。

在图 6-6 中，纵轴代表纳税人对私人储蓄的选择，横轴代表对消费的选择。在纳税人可支配收入既定的条件下，其储蓄和消费的选择可以组合成一直线 AB。纳税人从储蓄和消费中均获得满足，一定数量的储蓄和一定数量的消费带来的效用是无差异的，两者组合可以形成无数条无差异曲线。AB 与无差异曲线 I_1 在 P_1 点相切，这一切点使纳税人获得的效用最大。即他选择 C_1 为消费额，选择 S' 作为储蓄水平（储蓄额）。

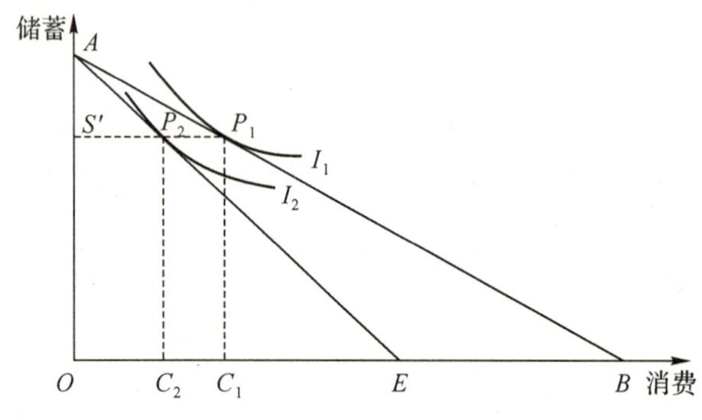

图 6-6　税收对储蓄的影响（一）

如果政府对利息所得征税，该纳税人的税后可支配收入会因此减少，纳税人对储蓄和消费的选择组合会发生变化。假定纳税人储蓄目标是既定的（如为将来积累养老金、保险基金，或进行投资，或购买一定的商品等作准备），其储蓄必须维持在 S' 的水平上，该纳税人对储蓄与消费的选择组合成 AE 直线，AE 与新的无差异曲线 I_2 在 P_2 点相切。P_2 为纳税人税后对储蓄和消费选择的最佳组合。即他选择 C_2 为消费额，S' 为储蓄数额。C_2 小于税前的 C_1，而 S' 与税前相等。由此可见，税收对私人储蓄的第一种影响是政府征税导致纳税人可支配收入减少的条件下，纳税人以降低当期的消费为代价而相对提高了储蓄比例。

另一情况是，政府征税会减少纳税人实际利息收入，降低储蓄对纳税人的吸引力，从而引发纳税人以消费替代储蓄，造成纳税人私人储蓄的下降。

在图 6-7 中，纵轴和横轴分别表示纳税人对储蓄和消费的选择。在纳税人可支配收入既定的条件下，纳税人对储蓄和消费选择组合的最佳点仍为 P_1。即选择的消费额为 C_1，储蓄额为 S_1。

现假定政府对利息所得征税，由于政府征税导致纳税人的储蓄收益下降（即实

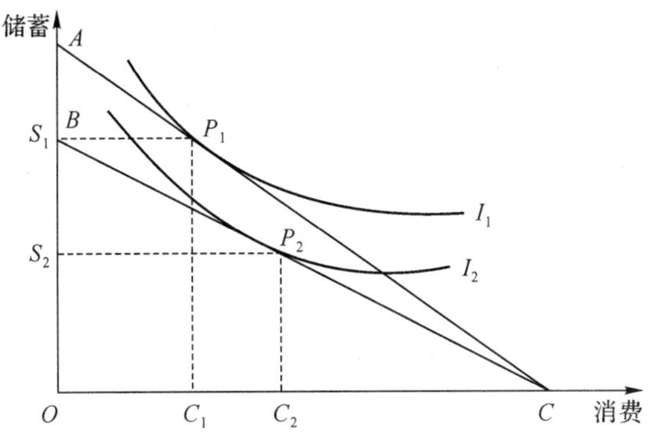

图 6-7　税收对储蓄的影响(二)

际得到的税后利息所得比税前减少),储蓄与消费之间的相对价格出现一定的变化。纳税人对储蓄与消费的选择组合线为 CB,CB 线与新的无差异曲线 I_2 在 P_2 点相切,此切点决定了纳税人获得的最大程度的满足的储蓄额为 S_2,小于税前的 S_1,消费额为 C_2,大于税前的 C_1。这表明,政府对纳税人的储蓄收益征税的条件下,纳税人降低了储蓄倾向,减少了储蓄额,而相应增加了消费额,纳税人以当期消费代替了储蓄。

尽管人们在政府征税对私人储蓄的影响上意见不一,但通过对税收制度与私人储蓄水平之间的关系所作出的实证分析可以得出两点结论:第一,由于高收入者的边际储蓄倾向较高,征自高收入者的税比征自低收入者的税,对私人储蓄有更大的妨碍作用。第二,由于边际税率与税收的替代效应存在正相关关系,所得税累进程度越高,对私人储蓄的妨碍越大。同理,累进所得税比比例所得税对私人储蓄的妨碍更大。

第三节　公共税收制度的内容

一、公共税收形式的分类

1. 税收分类

一个国家的税收是由许多不同的具体税种构成。构成一个完整税收体系的各税种根据不同的标准可以有不同的分类,比较重要的分类方法有:

(1)按税率分类,可分为累进税与比例税。

(2)按税收的归属关系分类,可分为中央税、地方税及共享税。

(3)商品税与要素税。这主要是依据货物循环流动中征税的分布点进行的划分。所谓商品税，指在商品货物市场上征收的税收。所谓要素税，指在要素市场上征收的税收。另外，依税负覆盖范围不同，这两类税又可分别细分为一般税和特定税。依纳税者不同，这两类税又可分为对厂商与对家庭的征税。

从商品税与要素税的区分中可以发现，商品市场中对卖方征收一定比率销售税，其效果等同于对买方以相同比率征收支出税。这一点不仅适用于一般商品税，也适用于特定商品税。在要素市场上，如果不存在储蓄，对要素购买征收一般税和对要素收入征收一般税，具有不等效性。了解这些，有助于我们分析税收之间的相似性与差异，有助于我们分析纳税人对税收影响的反应。

(4)根据征收对象的不同我们可以将税收分为所得税、流转税、财产税等，这也是划分不同税种最主要的依据。所得税也称收益税，是直接依据纳税人的所得额或收益额征收的税；流转税，也称商品税、货物税、营业税或销售税等，依照各国具体税收制度的不同而有不同的名称，这是依据商品或劳务买卖中的流转额或增值额征收的一种税；财产税，是对纳税人拥有或支配的财产征收的一种税；资源税，是对从事资源开发的单位和个人就列举的应税资源征收的一种税；行为税，是以纳税人的某种特定行为作为税征对象的一种税。

(5)对人税与对物税。这是按是否直接依纳税人的纳税能力征税而划分的。对人税是根据人的纳税能力征税；对物税是根据经济活动，例如购买、销售，或对财产持有而征税，不在于交易者或所有者的特性，而在于物的本身。根据这一标准，对物税可以对家庭，也可以对企业征收；对人税则必须对交易的个人或家庭征收。对人税与对物税的区分是很重要的，因为，它涉及税制的公平性。所有的税包括对物税的负担者都是人，考虑税制的公平性时必须考虑税收的最后负担者是谁。从这个角度讲，对物税就不如直接根据纳税能力征自特定个人的对人税。

(6)直接税与间接税。这是按税负是否可以转嫁来划分的。直接税指税负难以转嫁的税种，通常包括直接对纳税人(个人与家庭)征收的税收，如个人所得税、财产税等；而间接税是指税负相对比较容易转嫁的税种，主要包括对商品或劳务的交易征收的税，如营业税、消费税、关税等。

(7)按税收的计征标准可以分为从价税和从量税。凡是以征税对象的价格为标准，按一定比例计算征收的税为从价税；凡以课税对象为重量、容积、面积、数量等为计征标准的税为从量税。

(8)按税收用途分类，可以划分为一般税和特定税。一般税，是指满足一般性财政需要的税收。特定税是指满足特定财政需要的税收，如社会福利税。

(9)按税收价格的关系分类，可分为价内税和价外税。价内税的税金是作为价格的组成部分，如消费税；价外税的税金是作为价格以外的附加，如增值税。

2. 国际货币基金组织的税种分类

国际货币基金组织即 IMF(International Monetary Fund)，它是 1945 年根据《国际货币基金协定》建立的国际金融组织，现拥有 148 个成员。IMF 的税种分类方法与 OECD 基本一致，不同之处只是它把商品与劳务税一分为二，国内部分列为第五类，进出口关税划分为第六类，另加第七类为其他税收。此外，OECD 将社会保险税列为税收，而 IMF 将其认定为非税收入。

3. 经济合作与发展组织的税种分类

经济合作与发展组织即 OECD(Organization for Economic Co-operation and Development)，它是由主要发达国家于 1961 年成立的经济联合组织，现有 24 个成员。OECD 的年度财政统计手册把成员国征收的税收划分为以下六个类别：

(1)所得税，包括对所得、利润和资本利得的征税；

(2)社会保险税，包括对雇主、雇员和自营人员的征税；

(3)薪金及人员税；

(4)财产税，包括对不动产、财产值、遗产和赠与的征税；

(5)商品与劳务税，包括产品税、销售税、增值税、消费税等，也包括对进出口征收的关税；

(6)其他税。

二、公共税收制度的结构

对于公共税收制度结构问题，在税收理论史上曾经有过单一税制和复合税制之争。所谓单一税制，就是由一种税构成的税收制度。所谓复合税制，就是由多种税构成的税收制度。在实践中，单一税制始终没有付诸实现。所以通常所说的税收制度，实际上是就复合税制而言的。但虽实行复税制，不同历史的发展阶段各国的主体税种却各不相同。在古代，各国多以对土地征税为主构成税收体系；第二次世界大战前，西方国家都以消费税等流转税为主体税种；第二次世界大战后，美、英、日等国逐渐变为以所得税为主体税，而法国变为以增值税为主体税种。

税制结构的设计应以税收原则为标准，要解决的问题主要有三个方面：一是税源的选择问题；二是税种的配置问题；三是税率的安排问题。以下就分别对这三个问题进行论述。

1. 税源的选择

税源是税收的经济来源或最终出处，如所得税的税源就是纳税人的所得。在税源的选择问题上，主要是考虑税源与税本的关系。税本是指创造税源的资本。税源是否丰裕直接关系到税收的规模，因此，保护和培育税源是税收工作的一项根本任务，保护好税本才能保护发展税源。税本、税源、税收之间的关系是，税本是税收来源的根本,税源是由税本产生的收益,税收则来自于税源。显然,有税本才有税源,有税源才有税收,所以税源的选择问题实际上研究的是如何选择税源,才能不使税收侵蚀税本。

笼统而言,可以作为一般税源的无非是工资、地租和利润,如果以这三者作为税源,并将征税的额度限制在这个范围内,则一般不会损害税本。至于财产,尤其是在财产中占重要地位的生产性资本,则属于税本的范畴,一般是不能作为征税对象的,否则就会损害资本的形成和积累,最终导致国民经济萎缩,政府收入来源枯竭。当然,一些非生产性的财产,是可以作为征税对象的。比如可以开征遗产税、赠与税,能起到调节收入分配的作用。

2.税种的配置

按照税收原则的要求来解决税种的配置问题,并不意味着所选择的税种都能够完全符合各种税收原则的要求,因为某种税收在满足各项税收原则的程度上往往存在着冲突和矛盾。比如累进所得税,从税收公平的角度看,它是最为可取的,因为累进的所得税既可体现横向公平的要求,对处于同等经济地位的纳税人按相同的税率征税,又可体现纵向公平的要求,对处于不同经济地位的纳税人按累进的税率征税。但它却不能满足税收效率的要求,因为累进所得税的边际税率随收入的增加而逐步提高,这对劳动投入、储蓄、投资等都将产生消极的影响,对经济效率是有害的。再如消费税,它一般都采用比例的单一税率,所有的纳税人不论经济地位如何都按相同的税率纳税,就税收效率而言它显然是较好的选择;但从税收公平的角度看,高收入者所纳税款占其收入的比例比低收入的人为少,具有很强的累退性,因此又是很不可取的。

所以,税种的配置实际上研究的是各个税种之间的相互配合问题。在此基础上,才能合理设置各种税种,使其相互协调,相互补充,形成一个能在总体布局上体现税收原则要求的税收体系。

由各个税收构成的相互协调、相互补充的税收体系,总是以某一种或几种税居于主导地位。这种居于主导地位的税种就构成税制结构中的主体税种,主体税种的选择对于税种的合理配置具有关键意义。

在主体税种的选择上,以希克斯(J. R. Hicks)和约瑟夫(M. F. N. Joseph)为代表的西方经济学家更为推崇对所得征税。其原因在于:

(1)所得税给纳税人带来的额外负担也就是对经济效率的损害程度较商品税为轻,因为所得税不改变商品的相对价格,对消费者的选择和资源配置的干扰相对要小。

(2)所得税是一种直接税,一般不能像商品税那样可以通过调整价格的办法转嫁税负,因此政府可以比较有针对性地利用税收手段调节收入分配。

(3)所得税作为一种经济的内在稳定器,可以起到较好的稳定经济的作用。

以上理论观点对于大多以所得税为主体税种的西方发达国家税制结构的形成,产生了重要影响。然而,在大多数发展中国家,由于税收征管体系尚不健全,如果仅以所得税为主体税种,难以保证国家财政收入的充足和稳定,所以政府往往也必须非常重视营业税、增值税等间接税。

3.税率的选择

税率的选择主要是两个方面的问题:一是一个国家总体税率水平的确定;二是税率形式的确定问题。

我们前面已经介绍了拉弗曲线,这是美国供应学派经济学家拉弗(A. Laffer)对大量的数据进行统计分析后提出,在一定的范围内,提高税率可以提高一个国家税收的数额。但是,这是有限度的,税率一旦超过了某一个临界点,就会进入所谓税收的禁区,此时,进一步提高税率反而会使税收的数额减少,当税率达到100%时,税收将趋近于0。因为税率的提高总会对于经济的发展产生某种负效应,比如会影响人们发展经济扩大税源的积极性,这种负效应积累到一定程度后,税收自然会减少。这一原理已经为大部分经济学家所接受,是西方国家降低税率的重要理论依据。当我们确定国家的总体税率水平时,必须要保证不超出税率的一定临界点。

税率的形式主要有两种:一是比例税率;二是累进税率。比例税率有利于调动人的积极性,提高经济发展的效率;累进税率有利于维护社会的公正。税率形式的选择也就是在效率与公平之间寻找某种均衡。

三、我国现行主要税种形式介绍

在我国现行税种中,按征税对象的性质,习惯上分为五大类:按所得征税,主要包括个人所得税、企业所得税、外商投资企业和外国企业所得税、农业税等税种;按流转征税,主要包括增值税、消费税、营业税、关税等;按财产征税,主要有房产税和契税、车船税,以后还可能增设财产赠与税、遗产税等;按资源征税,主要指资源税和盐税;按行为征税,主要有土地使用税、耕地占用税、固定资产投资方向调节税等。我们简要介绍目前占我国财政收入的比重较大,对国民经济的影响较为显著的一些主要税种。

1.流转税

(1)增值税

①增值税的定义及其特征。增值税是以增值额为征税对象的税收。所谓增值额,从理论上讲,就是企业的商品销售收入额或劳务收入额扣除经营中的特定消耗后的余额。从一个生产经营单位来看,就是该单位的商品销售额或劳务收入额扣

除所购商品金额之后的余额，它大体上相当于单位活动所创造的价值；从一个商品来看，该商品生产和流通各环节所创造的增值额之和。

②我国增值税制的主要内容。我国从1979年开始进行增值税试点，后经反复试验，不断总结经验，于1993年12月13日发布了《中华人民共和国增值税暂行条例》，自1994年1月1日起施行。增值税的改革，是我国1994年税制改革的主要内容。改革后的增值税，其主要内容有：

其一，征税范围。增值税的征税范围包括货物的生产、批发、零售和进口四个环节。此外，加工和修理修配也属于增值税的征税范围。

其二，纳税人。增值税的纳税人是在我国境内从事货物销售或者提供加工、修理修配劳务以及进口货物的业务的单位和个人。外商投资企业和外国企业也是增值税的纳税人。

其三，税率。我国改革后的增值税设了两档税率。其中，基本税率为17%，低税率为13%，此外，还有一档零税率。根据规定，低税率的适用范围仅限于以下几类货物：Ⅰ粮食、食用植物油；Ⅱ自来水、暖气、冷气、热水、石油液化气、煤气、天然气、沼气、居民用煤炭制品；Ⅲ图书、报纸、杂志；Ⅳ饲料、化肥、农药、农机、农膜；Ⅴ国务院规定的其他货物。除以上几类货物适用低税率外，其他货物和应税劳务(指加工、修理修配劳务)一律按17%的基本税率征税。

零税率的适用范围仅限于出口货物。

(2)消费税

消费税是国家为了体现消费政策和产业政策，对生产和进口应税消费品征收的一种税。

①征税范围。消费税的征税范围为在我国境内生产、委托加工和进口的消费税暂行条例规定的应税消费品。消费税只在生产环节和进口环节征收，流通环节不在征收范围之内。目前确定的征收消费税的品目共有11个，即烟、酒及酒精、化妆品、护肤护发品、贵重首饰及珠宝玉石、鞭炮焰火、汽油、柴油、汽车轮胎、摩托车、小汽车。

②纳税人。消费税的纳税人是在我国境内从事生产委托加工和进口应税消费品的单位和个人。外商投资企业和外国企业也是消费税的纳税人。

③税目税率。我国消费税共设置11个税目、13个子目。税率分比例税率和定额税率两种。对价格差异不大，计量单位规范的消费品，实行定额税率，如啤酒为220元/吨，汽油为0.2元/升等，其他消费品则采用比例税率，税率为3%～45%。

(3)营业税

营业税是对在我国境内提供应税劳务、转让无形资产或销售不动产的单位和个人，就其营业额征收的一种税。

①征税范围。营业税的征税范围包括在我国境内提供规定的劳务(以下简称应税劳务)、转让无形资产或销售不动产。应税劳务是指属于交通运输业、建筑业、金融保险业、邮电通信业、文化体育业、娱乐业、服务业税目征收范围的劳务。

②纳税人。营业税的纳税人是在我国境内提供应税劳务、转让无形资产或销售不动产的单位和个人。

③税率。我国改革后的营业税共有9个税目：交通运输业、建筑业、金融保险业、邮电通信业、文化体育业、娱乐业、服务业、转让无形资产、销售不动产业。税率设置了三档：大部分税目的税率为5%；交通运输业、建筑业、邮电通信业、文化体育业为3%；娱乐业税率为5%～20%。

(4)关税

关税是指对进出口我国国境的货物和物品征收的一种税，它分为进口税和出口税两种，由海关负责征收。

①征税对象和纳税人。关税的征税对象是进出国境的货物和物品，货物是指对外贸易进出口的商品；物品是指入境旅客携带的、个人邮寄的、运输工具或服务人员携带的，以及用其他方式进口个人自用的行李、邮包、商品等。进出我国港口行驶的外国运输工具，也是关税的征收范围。关税的纳税人大体分两类：进出口货物关税纳税人是经营进出口业务的单位；进出口物品关税的纳税人为物品的所有人或收件人。

②税率。关税税率分进口税率和出口税率，一般采用差别比例税率。进口货物按照必需品、非必需品、限制进口品等分成若干个税级分别确定税率。各种货物的税率又分为优惠税率和普通税率两种。

2.所得税

(1)个人所得税

个人所得税是对我国公民个人和我国境内的外籍个人取得的应税收入而开征的一种税种。现行个人所得税的内容包括：

①纳税人和征税范围。个人所得税是在中国境内有住所，或者无住所而在中国境内居住满1年的个人，以及在中国境内无住所又不居住或者在中国境内无住所而境内居住不满1年，但从中国境内取得所得的个人。

个人所得税的具体征税范围包括：

其一，凡在中国境内有住所，或者无住所而在境内居住满1年的个人，也称居民纳税人，无论是在中国境内还是在境外的个人所得，均应征收个人所得税。

其二，在中国境内无住所又不居住或者在中国境内无住所而在境内居住不满1年的个人，也称非居民纳税人，只就从中国境内取得的所得征收个人所得税。

②征税对象。个人所得税的征税对象，是指税法规定的各项所得，具体包括：一工资、薪金所得；二个体工商户的生产、经营所得；三对企事业单位的承包经营、承租经营所得；四劳务报酬所得；五稿酬所得；六特许权使用费所得；七利息、股息、红利所得；八财产租赁所得；九财产转让所得；十偶然所得；十一经国务院财政部门规定的其他所得。

③税率。个人所得税依据不同的所得，适用不同的税率，具体点说：

一、工资、薪金所得，适用超额累进税率，税率为5%～45%；

二、个体工商户的生产、经营所得和对企事业单位的承包经营、承租经营所得，适用5%～35%的超额累进税率；

三、劳务报酬所得，适用比例税率，税率为20%，对劳务报酬所得一次收入较高的，可以实行加成征收，具体办法由国务院规定；

四、稿酬所得，适用比例税率，税率为20%，并按应纳税额减征30%；

五、特许权使用费所得，利息、股息、红利所得，财产租赁所得，财产转让所得，偶然所得，适用比例税率，税率为20%。

(2)企业所得税

企业所得税是对我国境内企业(外商投资企业和外国企业除外)的生产经营所得和其他所得征收的一种税。现行企业所得税是在原国营企业所得税、集体企业所得税和私营企业所得税的基础上进行归并改革实施的，实际上是内资企业所得税。

①纳税人。凡是实行独立经济核算的企业或组织，都是企业所得税的纳税人。具体包括国有企业、集体企业、私营企业、联营企业、股份制企业、有生产或经营所得和其他所得的其他组织。

②征税对象。企业所得税的征税对象是指企业的生产经营所得和其他所得。生产经营所得是指从事制造业、采掘业、交通运输业、建筑安装业、农业、林业、畜牧业、渔业、水利业、商品流通业、金融业、保险业、服务业、邮电通信业以及其他行业的生产经营经国务院、税务主管机关确定的所得。其他所得是指股息、利息、租金、转让各类资产收入、特许权使用费，以及营业外收入等经国务院、税务主管机关确认的所得。

③税率。企业所得税实行比例税率，法定税率是33%，对规模较小，利润较少的企业实行低税优惠照顾。优惠税率定为两档，全年应纳税所得额在3万元(含3万元)以下的，暂按18%税率征收；全年应纳税所得额的3万元以上10万元(含10万元)以下的，暂按27%税率征收。

(3)外商投资企业和外国企业所得税

外商投资企业和外国企业所得税是对在我国境内的外商投资企业和外国企业

的生产经营所得和其他所得征收的一种税。

①纳税人和征税对象。外商投资企业和外国企业所得税的纳税人是外商投资企业和外国企业。外商投资企业是指在我国境内设立的中外合资经营企业、中外合作经营企业和外资企业。外国企业是指在中国境内设立机构、场所，从事生产经营和虽未设立机构、场所，而有来源于我国境内所得的外国公司、企业和其他经济组织。

外商投资企业和外国企业所得税的征税对象是外商投资企业和外国企业的生产经营所得和其他所得。

②税率。外商投资企业和外国企业所得税采用比例税率，税率为 30%，同时另按应纳税的所得额附征 3%的地方所得税，综合税率为 33%。

另外，外国企业在中国境内未设立机构、场所，而有来源于我国境内的利润、利息、租金、特许权使用费和其他所得，或者虽设机构、场所，但上述所得与其机构、场所没有实际联系的，都应缴纳 20%的所得税，税款由支付人在每次支付的款额中扣交。由于这种所得税由支付单位代扣代交，不扣除成本费用，实行源泉控制，通常称为预提所得税。

四、我国现行税收制度中存在的不足与改进

我国现行税收制度中存在的不足有：税种结构失衡、税收政策调节功能弱化、税收负担不合理等问题，如：

现行税制虽然是由流转税和所得税构成的双主体结构，但是，由于受企业效益及财务会计管理等原因的影响，所得税的比重逐年下降，造成流转税的比重急剧增加。

中央宏观调控是必要的，也是合理的。但也会弱化税收的政策调节功能，忽视了税收优惠在调节产业结构、促进产业升级、调节地区结构、调整国民经济布局方面的作用。

现行的生产型增值税不允许扣除企业外购固定资产所含的税金，使得增值税仍然存在重复征税的因素，不同行业和不同企业的税收负担不均衡，不利于企业间的公平竞争，不利于资本投入、技术进步和设备更新，限制了技术密集型和资本密集型企业的发展。增值税的征税范围较窄。与生产流通密切相关的劳务、交通运输、建筑安装、邮电通讯等未纳入增值税的征收范围，不仅造成税负不均衡，也不利于增值税抵扣机制的完善。在小规模纳税人和专用发票的处理上，存在较多问题。对于消费税而言，一些需要特殊调节的消费品尚未纳入消费税的征收范围，税收适时调节的作用发挥得还不够充分，税负水平还不够合理。现行营业税税目需要进一步细化。

内外资企业所得税的税法不统一，造成：一方面，内资企业，尤其是国有企业在竞争中处于不利地位，不利于为内外资企业营造平等竞争的外部环境；另一方面，对外资企业的优惠过多、优惠设计过于简单，为税收征管带来很大难度，容易让纳税人借机避税或逃税，使国家的财政收入蒙受损失。地方税税种虽然较多，但税种设置不尽合理，主体税种的作用不明显，收入规模一般都较小，税收成本相对偏高，不能满足地方财政的需要。一些地方税种也存在内外税制不统一的问题，同样造成内资企业和外资企业税收负担不公。

部分地方税税种老化，征收范围和计税依据、征管办法不够规范，已经不符合当前社会经济发展的需要。城市房地产税、车船使用牌照税、农业税、屠宰税等都是 20 世纪 50 年代公布实施的税种。大部分采用固定税额，税种、税负多年未做调整，从发展的观点看，这种情况不利于我国税收持续增长，也不利于建立稳定的分税制财政体制。

随着我国正式加入“世界贸易组织”，关税的税率结构和税目还需要进一步细化和完善。现阶段看来一些行之有效的关税手段行将取消。所以，进口关税体制还有待进一步规范。

现行的进口税收优惠政策对内外资企业的进口设备享受优惠的尺度不一致，影响了政策效率的充分发挥；加工贸易仍存在较多问题，也须进一步加以规范；边境小额贸易进口税收优惠，只是我国实行的单边优惠政策，没有实行贸易政策对等原则，不符合国际惯例；在进口税收方面对农资实行的优惠政策，农民并未能直接得到好处；等等。出口退税机制和“免抵退”的办法也有待进一步完善。

目前，中央与地方的税政管理权限的划分尚无明确的规定，地方政府在行使税政管理权时，缺少必要的依据，妨害了地方政府发挥组织收入的主动性。合理界定中央与地方政府的税政权限的任务十分迫切。

从中央与地方的税种划分上看，需要根据地方税的特点，调整中央税与地方税。我国现行中央与地方的税种划分，基本上是以“收入规模”来界定的。在分税制改革时，把收入较多的消费税、关税及代征增值税和消费税划为中央税，增值税、资源税、证券交易税划为共享税后，基本上满足中央财政收入占 60％的需要后，就把其他税种统统划为地方税。这种依据收入额而非根据税收自身特点确定地方税的做法很不合理。

税收立法的步伐相对税制改革和经济发展而言，已经显得滞后。我国尚没有《税收基本法》，税收在《宪法》中体现得也远远不够。各项税收实体法的立法层次偏低，大多是国务院经人大授权制定的暂行条例。1993 年颁布的税收征管法也有待更新与完善。此外，税收执法和司法水平都有待提高。

目前，1994 年税制改革后形成的税制模式初步趋于稳定，还需要一段时间细致观察和进一步研究现行税制中的一些不完善之处，然后提出解决办法，所以短时期内不宜立即推行全方位的税制改革。从中长期的角度看，应该结合未来的国内、国际的经济和社会形势的发展，从效率、公平、与国际惯例接轨，与我国政府的职能的演化趋势相适应，规划我国税制未来的改革方向。

所以，进一步改革税制的总体目标是通过优化税制结构，强化政策调节功能和税制的收入能力，建立起与国际惯例接轨、适应社会主义市场经济发展要求的、以均衡的流转税和所得税为主体的，公平、规范、富有效率的税制体系。按照这一"优化"思想适时地进行的税制改革应当坚持下列原则：

（1）促进经济的可持续发展；（2）体现国家的产业和地区政策；（3）促进税收公平；（4）遵循国际惯例，力求适合国情；（5）实行国民待遇。

【学习与思考】

1. 税收的性质是什么？税收有哪些基本特征？
2. 如何在税收制度中处理好公平与效率的关系？
3. 如何理解税收制度中的公平原则？
4. 试用效用弹性论对我国现行税收制度作出评价。
5. 谈谈税收制度对生产与分配的作用。
6. 税制结构设计主要应解决哪些问题？为什么？
7. 我国现行税种的主要形式有哪些？
8. 当前我国税收制度中存在的主要不足有哪些？如何加以改进？

第七章 财政赤字与公债

【本章提要】

财政赤字与公债是政府支出过度所引起的，但政府的支出过度并非就是政府的过错行为，巨大的开支和受制约的收入，会形成财政赤字与公债，但有时它又能促进经济发展与人们生活的稳定。但财政赤字与公债的存在既需探究它的成因，也要限定它的规模，还要合理地让它们发挥作用。这是本章所要研究的任务。

【主要概念】

财政赤字　挤出效应　公债及其规模　国债　财政贴息　财政政策　货币政策　偿债基金　国债依存度

【案例导读】

与国际警戒线曾经渐行渐远的中国财政赤字率将在2009年急速反弹并逼近3%的警戒线。2009年3月5日，国务院总理温家宝在在十一届全国人大二次会议上作政府工作报告中披露，为弥补财政减收增支形成的缺口，2009年中国财政赤字将扩增至9500亿元。

中国权威财政专家说，这将是自1949年新中国成立60年来最高额度的财政赤字，与2003年历史最大规模赤字3198亿元相比，在绝对量上增加近200%。根据5日披露的财政预算报告，2008年中国的财政赤字只有1800亿元。

（案例来源：《中国扩增财政赤字至9500亿元 创新中国成立60年之最》新浪网 www.sina.com.cn，2009年3月5日）

如何看待中国9500亿财政赤字的长远影响？

第一节　财政赤字

一、财政赤字形成的原因

在20世纪30年代以前，由于人们一般认为政府不应过多地干预经济，经济理论界遵循的还是以亚当·斯密的自由放任理论为主。在这样的认识指导下，政府用于市场干预的支出比较少，所以财政赤字的量也比较小，当时赤字形成的原因主要不外是两个方面：一方面是为了大型公共工程或土地扩张的需要；另一方面是为了应付一些意外的紧急需要，例如，应对巨大自然灾害或与战争所要求的支出。但是，随着20世纪30年代经济大萧条的出现，罗斯福新政的推行，凯恩斯学说的被接受，并在一定程度上取得成功以后，政府开始广泛地参与社会经济活动。第二次世界大战以后，西方国家的政府在经济中的地位发生了显著变化。政府全方位地介入国家的经济和社会发展活动。财政赤字与发行公债被看作是实现政府某些目标的有效手段，这些目标包括资源配置，刺激需求，保持社会稳定，提高就业率，实现分配公正等等。于是，赤字形成的原因也就相当复杂了。有时，政府在进行财政预算时，甚至有意造成财政收支的不平衡，"制造"赤字财政。

从当前来看的财政赤字增长和变化的主要原因是三个：一是社会福利支出在大规模增加；二是巨额公债利息的支付；三是经济危机的频频发生。这些都加重了政府的经济负担，增加了政府的支出和财政赤字的形成。

设立众多的社会福利项目是西方国家政府介入经济与社会发展的一个重要方面。这些社会福利项目以政府补贴的形式帮助低收入者、老年人、残疾人、病人、失业者等等。这些社会福利项目对于维护社会的公正和社会的稳定显然是必要的。但是建立这些项目时，没有充分估计到社会年龄结构的变化（人均寿命的延长）和医疗保险成本的上升对政府支出的影响，这使得后来的社会福利支出的增长大大超出预期，造成大规模的财政赤字。而社会福利项目（如公共退休基金和公共保险项目）一旦建立起来，就具有刚性，也就很难取消。政治家们为拉拢公众，大多积极支持这些项目的增长。于是，财政赤字居高不下便成为不可避免的结果。例如，美国从20世纪60年代到80年代政府支出占GDP的平均比重从19%上升到23%，社会福利项目支出却从4.8%剧增到10.6%。而同一时期美国政府事实上大量削减了国防支出和非国防选择性支出。自60年代以来，美国政府支出中的福利项目（包括失业救济金、老人的医疗保险、公共退休基金的支出和农业补助等）的增长率比通货膨胀税率高3.5倍。

20世纪80年代以来西方国家的财政赤字居高不下的另一个重要原因是对巨

额公债利息的支付。1986 年美国的公债利息支付为 1360 亿美元，占当年财政支出的 13.8%。利息支付已经成为美国政府支出中增长最快的项目之一。从 1962 年到 1982 年，利息支出占 GDP 的比重上升了 2.75 倍，在同期的政府支出总额中占 GDP 的比重只上升 1.24 倍。在 20 世纪 80 年代初，一些西方国家的总财政赤字和扣除利息支付后的净财政赤字都比较大，而到 20 世纪 80 年代末期，大多数国家的净财政赤字已经缩减。如果扣除对公债利息支付一项，不少国家事实上都有财政剩余。公债和因此引起的对公债利息的支付构成了这些国家的沉重经济负担。

再是，财政赤字的出现与经济周期也是直接相关。财政赤字可以分为两部分：周期性财政赤字和结构性财政赤字。周期性财政赤字是指由于经济波动（或商业周期）所引起的财政赤字。例如，当经济衰退和萧条时，公司的利润和个人的收入多会下降，政府的税收收入就会因此减少，有可能抵不上财政支出而产生赤字。相反，在经济复苏和繁荣时，公司和个人的收入会上升，政府的财政收入会因此增加而有可能产生财政剩余。

结构性财政赤字是指国民经济处在充分就业状态时仍出现的财政赤字。从统计上说，结构性财政赤字是在剔除了因商业周期而引起的财政赤字（或剩余）之后的财政赤字。估算结构性财政赤字的关键是假设国民经济处在充分就业的状态。所谓充分就业，是指一切在劳动年龄内有就业意向的人都得到了就业，而并非指 100%的劳动力都有全职工作。在美国，有一个大致的自然失业率约为 5%左右作为标准来衡量，人们认为将失业率控制在 5%以下都表明社会处在充分就业状态。因此也可以理解为充分就业在美国是指 95%的劳动力都有全职工作的状态。在这种情况下，对当年的财政收入和财政支出进行估算。如果财政收入少于财政支出，这个赤字就是结构性财政赤字。周期性财政赤字则是当年总的财政赤字和估算的结构性财政赤字的差项。

区分这两种赤字对帮助我们分析赤字形成的原因和研究解决的办法有重要的意义。通过分析我们可以知道在经济危机和萧条时期，周期性财政赤字会增大；反之，当经济复苏和繁荣时期，周期性财政赤字和财政剩余有可能互相抵消或者至少达到一个比较小的平均数。有学者对从 20 世纪 60 年代到 80 年代的美国的周期性财政赤字作过一个测算。根据这个测算，这一时期美国的周期性财政赤字平均不到 GDP 的 2%。而同一时期，美国总的财政赤字高速增长，财政赤字与 GDP 的比率从 60 年代到 80 年代增加了 4%以上。可见，这一时期美国财政赤字的增长主要是由于结构性财政赤字的增长所引起。

二、财政赤字对经济的影响

近年来，国内外的学者们一直在思考这样一个问题：中国改革开放 30 多来年，伴随着 30 多年的财政赤字，这种持续的财政赤字为什么没有引起恶性通货膨胀？如何评价这种持续的赤字政策？

1. 中国的财政赤字是一种经济发展的手段

中国的经济发展处于多元结构并存的发展时期。传统的农业经济、迅速发展的工业经济与刚刚崭露头角的知识经济三元经济状态并存，没有政府的介入，没有财政的支持，无法想象何时才能繁荣昌盛。

经济发展的实质在于工业化，而工业化的核心又是结构转换。旨在实现工业化的经济发展，一方面是现代工业的成长，另一方面是对传统农业的改造，而中国的现状是：农业低效率发展不能为工业部门的迅速扩张奠定坚实的基础，反而有可能对工业增长具有抑制效应；现代工业正处于形成过程中或者说刚刚进入工业化加速时期，不可能大规模以现代化工业来改造传统农业，提高农业生产效率；私人资本缺乏积累的条件和积累的资本数量，通过市场供应的资本十分有限，训练有素的劳动力储备极少；产业结构极不合理，导致整个国民经济运行效率不高。在这种左右为难的境况下，无论是农业的现代化（包括乡镇工业的发展）、工业化进程的加速，还是产业结构的调整与升级，都需要政府的直接投入和间接投资（包括税收优惠和其他鼓励措施）。当然，政府的介入也会发生各种问题，但全靠高效率的市场机制实现工业化也许周期十分漫长，而政府有效的干预之后也许可以大大缩短，更何况中国目前还没有乃至今后相当长时期内也不可能迅速形成高效率的市场体系和市场机制。倘若承认政府干预的这种作用，那么，政府的增支减收政策无疑会产生财政赤字。

回顾中国 30 多年来的经济发展历程，不难发现，财政赤字有效地动员了社会资源，积累了庞大的社会资本（包括社会基础设施和经济设施），推动了国有企业的制度创新（包括初期的减税让利政策），加速了居民的消费周期，促进了经济的持续高速增长。

2. 财政赤字的拉动效应

从某种程度上说，中国的财政赤字不仅不具有挤出效应（crowding-out effects），指政府支出增加对引起私人支出减少的影响，反而可能有拉动效应（crowding-in effects），指政府支出增加对引起私人支出增加的影响。从挤出效应理论来看，财政赤字对民间部门（包括企业和个人）投资的挤出效应是通过利率机制实现的，即赤字支出推动利率上扬，抑制了民间部门的投资支出。但是，我们曾经做过分析认为，由于中国目前的利率管制制度使得利率水平对财政赤字的反应灵敏度很小以及公债利率对银行利率没有推动作用，因此，财政赤字不会通过影响利率水平而挤出民间部门投资支出。即使利率与财政赤字之间存在着一定关系，但目前经济运行中的民间部门投资对利率变化缺乏弹性。很多经验研究表明，发展中国家普遍存在着私人投资对利率反应不灵敏的现象。总之，在中国目前的经济运行状况下，财政赤字具有零挤出效应。

此外中国的财政赤字还具有拉动效应。简单来说，拉动效应是指政府支出增加（赤字）使得国民收入和私人投资有所增加。经济理论界认为，拉动效应主要由3个因素决定：财政支出的生产性、投资函数的形式以及资产的替代性。

(1)在人们现有的财富主要由货币、公债和股票构成的情况下，如果股票相对于公债的风险越大，以公债融资的赤字支出就越会产生拉动效应。在中国目前股票市场尚不完善，投资者尚不成熟的情况下，人们普遍认为股票的风险大于公债，这也是理论上早已证明了的。

(2)有经济学家在分析生产性财政支出对价格水平的影响时指出，倘若财政支出具有生产性，赤字支出就具有拉动效应。中国在1981—1995年间，财政支出中经济建设费平均占近一半，即48.67%，财政支出具有很强的生产性。况且，绝大部分赤字支出一般都用于为民间部门生产经营活动提供基础设施的投资。

(3)经济学家们认为，如果投资函数的形式为$I(r,Y)$（其中，I代表投资，r代表利率，Y代表国民收入），利率上扬虽然会使投资减少，但国民收入增加却使投资增加，投资最终是增是减，需要考虑这两种相对力量的大小。具体到中国的情况，如前所述，民间投资对利率缺乏弹性，而经济又是长期持续增长，故赤字支出通过国民收入增加而产生拉动效应。

3.财政赤字的经济增长效应

自改革开放以来，中国经济保持了持续高速增长，财政政策的贡献非常突出。鉴于到目前为止，社会保障制度尚未真正形成和完善，税收制度因个人所得税比重相对较低而缺乏弹性，因此，财政政策中的自动稳定政策效果尚不显著而相机抉择政策措施主要是减税和增加支出（结果必然是财政赤字），但这些措施不仅出于短期调整不景气、稳定经济目的，而且更重要的是长期作为刺激经济增长的工具来使用的。所以扩张性的财政政策对经济增长的贡献很大。

人们对改革开放32年中国政府采取的扩张性财政政策进行分析，中国经济年均增长9.9%，创造了世界经济增长史的奇迹。其中，1981年到1990年，年均经济增长9.3%；1991年到2000年，年均经济增长10.4%；2001年到2010年，年均经济增长10.5%。近10年的年均经济增速比改革开放32年的年均增速高0.6个百分点，比上述两个10年的年均经济增速分别高出1.2个和0.1个百分点。这说明随着经济体制改革的不断深入，政府的宏观经济管理能力加强，运用财政政策的技巧日臻成熟，技能大大提高了。

三、财政赤字的消极后果与对策

但人们如果一味地认为财政赤字是有益无害的话，那也就大错特错了。事实上任何经济现象都有正负两个方面的影响，关键是看机会成本的大小，我们前面在讲财政赤字的一些积极作用的时候，实际上是针对中国特定的制度环境和经济环境的。在中国发展的一定阶段，私人资本或市场资本弱小，政府也没有多少资本，又要赶超世界经济，财政赤字可能是被迫选择的政策手段。但财政赤字居高不下，经济结构不合理就必然要增发货币与公债来加以弥补，而增发货币与公债对经济发展显然也是存在着消极作用的。

我们在此处主要分析增发货币对经济发展的一些消极影响。

经济学理论表明，增发货币的一个直接后果是通货膨胀。影响通货膨胀率的有三大因素：货币的增长速度、货币乘数的变化速度和 GDP 的实际增长率。货币的增长速度和货币乘数的变化速度的加快会加速通货膨胀，而 GDP 的实际增长会减少通货膨胀。它们之间的关系可以表示如下：

$$P=M+V-Y$$

其中 M 是货币增发的量，V 是货币乘数的变化速度，P 是通货膨胀率，Y 是 GDP 的实际增长率。

货币的增长速度加快意味着过多的货币追逐同量的商品，在其他条件不变的情况下这就会导致通货膨胀。而货币乘数增大意味着整个经济的货币周转速度的加快，在一定时期内购买同量的社会总商品不再需要像以前那么多的货币量了，由此导致的货币过剩引起通货膨胀。GDP 的实际增长率上升带来的后果则是相反的，因为经济的运转是靠货币来作为中介的，GDP 的增长需要一定量的货币，如果经济增长而货币总量不变，会导致过少的货币追逐过多的商品，而造成通货“紧缩”。严重的通货“紧缩”会导致经济衰退。在通常情况下，实际国民生产总值的增长相对稳定，货币乘数在短期内虽然变化较大，在长期内也是相对稳定的。那么，通货膨胀在很大程度上取决于货币的增长速度。需要指出的是，在短期内，由于货币乘数可能有较大变化，通货膨胀与货币增长的关系可能不很明确。但从长期来看，两者之间的关系是非常紧密的——过量的发行货币一定会引起通货膨胀。

通货膨胀对于债务人来说显然是有利的，对于发行公债的政府来说，当然也不例外。在通常的赤字计算过程中，税被看作是唯一的政府收入来源。但是，当政府是债务人而价格水平又发生变化时，债务实际价值的变动，也可能是一项重要收入来源。假定年初时政府负债 1000 美元，到年底时才偿还。再假定在这一年中，价格上升了 10%。这样，用来偿还债主的 1000 美元的价值，要比当初向他借的 1000

美元的价值低 10%。实际上,通货膨胀使政府的实际债务减少了 100 美元(1000 美元的 10%)。或者说,政府的实际收入因通货膨胀而增加了 100 美元。当然,债权人的实际收入同时也减少了 100 美元。但是,从社会经济发展的总体情况来看,通货膨胀对经济增长常常是有负作用的。这是因为:

首先,通货膨胀的再分配功能也会带来许多负作用,甚至造成不同社会利益集团的冲突。没有预期到的意外通货膨胀使实际利率下降,贷款人收回的实际利息将会减少,不得不承受相应的损失。老年人在年轻时可能存了很多钱用以养老。没有预期到通货膨胀的发生,会使他们年老时发现养老的钱不够用了。未预期到的通货膨胀还会使拿固定薪水的职工受损失,到因为职工的固定薪水一般不与通货膨胀挂钩,或即使挂钩,也可能跟不上通货膨胀的增大。

其次,通货膨胀会导致经济发展不稳定,从而影响对未来投资收益的预期的准确性,使投资者倾向于减少投资,特别是长期投资。另外,通货膨胀对股票市场也有负作用。历史上的高通货膨胀往往造成股市波动加剧,引起金融市场的混乱,对股东利益造成很大损害。因此,一旦意外的通货膨胀发生,职工得到的实际工资就可能因而降低。

再次,长期通货膨胀还可能引发恶性通货膨胀或称金融危机,即指年通货膨胀率高于 50%的情形。恶性通货膨胀和财政赤字会形成进一步的恶性循环。恶性通货膨胀可能会使政府的实际税收降低。因为政府的税收总是滞后于公司或个人的收入。由于这一滞后和恶性通货膨胀,当政府得到税收时,这些税收的实际价值已经大为减少了。这些增大的财政赤字使得对增发货币的依赖性进一步增强。如此产生的恶性循环就可能最后导致一国经济的崩溃。20 世纪 70 年代许多拉丁美洲国家的恶性通货膨胀和巨额的财政赤字就是一个典型的例子。自 80 年代以来,阿根廷、玻利维亚和秘鲁的年通膨胀率都分别达到 1000%以上。玻利维亚在 1984 和 1985 年期间,财政赤字相当于大约 1/4 的国民生产总值。这一时期,这些国家的实际经济增长率呈负数,私人投资锐减,国外资本撤走。恶性通货膨胀对国民经济带来了极其严重的后果。

财政赤字货币化虽然有一定的方便之处,但从长期来看,终究是弊大于利的。因为,中央银行对膨胀性财政政策的宽容而过量发行货币最终会导致通货膨胀,在发生了通货膨胀之后,中央银行必须采用紧缩性货币政策来治理通货膨胀,利率最终仍会上升。西方工业化和其他发展中国家的实践表明,通货膨胀率和利率在长期内是同向变化的,即通货膨胀在长期内会导致利率的相应升高,利率的升高必然会导致私人投资的减少,对国民经济产生负影响。

第二节　公　　债

一、公债的分类

1.公债的历史

公债发行的历史虽然可追溯到古希腊与古罗马时期，但是直到中世纪早期，由于当时经济发展和信用制度水平都比较低，公债规模还是很小的。公债发行起因于为公共事业的支出所需，公共事业项目往往要经过较长时间才能建成，而受益者往往是子孙后代，所以发行公债，由后代偿还被认为是债务的合理延伸。公债在近现代的经济发展中有着较为迅速扩展的过程和时期。在早期经济发展中，公元 12 世纪商业比较发达的地中海沿岸国家公债发行就已较为经常。到中世纪末期，意大利几乎所有的城市共和国都发行了公债。16 世纪以后，在当时比较发达的国家，发行公债已经成为政府解决财政赤字问题的常规方法。英国在“光荣革命”以后，建立了比较完善的公债借贷制度，代表了近代国家公债管理的一种比较典型的方式。

在公债的合理性得到不少人的赞同的同时，大部分经济学家又都主张控制公债的规模，并尽量实现财政收支均衡。亚当·斯密担心，公债规模的扩大会导致非生产性资本增加，并进而造成经济发展的停滞。所以，直到 20 世纪 30 年代为止，除了战争、大规模扩张领土等特殊情况外，一般地来说，政府的债务规模还并不算大。

到 20 世纪 30 年代的经济大危机以后，以凯恩斯为代表的一批经济学家认为公债可以成为刺激需求、扩大就业的有效手段，而且内债并不一定意味着负担，可能只是财富的一种再分配方式。随着这一理论逐步被人们接受，也随着政府在经济生活中的作用日益扩大，公债与赤字的规模明显增加了。直到 20 世纪 80 年代，巨额财政赤字和公债已经对一些国家的经济发展产生巨大的负面影响。有人认为这些国家如果不下决心削减财政赤字和尽早偿还公债，它们的经济增长和宏观经济稳定将会受到严重损害。在这一背景下，有关公债的原因和后果的经济学理论研究和公债的管理方式与手段又重新得到加强。

中国最早的国债产生于清朝末年。清政府为了弥补巨额财政赤字曾发行过国内公债，并大量举借外债。北洋政府和国民政府也曾经多次发行内债和外债。与此同时，共产党领导的解放区也发行过“战争公债”（江西）和“建设公债”（东北）。

1950 年，为了保证仍在进行的战争供给和恢复国民经济，中华人民共和国中央人民政府曾发行过 302 亿元的“人民胜利折实公债”。1954 年到 1958 年，为了进行大规模的社会主义建设,国家又分 5 次发行了总额约为 3546 亿元的“国家经济建设公债”。终因对公债的作用缺乏正确的认识,过分强调预算平衡,1958 年以后中国政府不再发行公债,并逐步偿清了全部公债,一度成为当时全世界唯一一个“既无内债,又无外债”国家。

1981 年,为了克服国家财政困难和筹措重点建设资金,中国政府又重新开始发行国债。到 90 年代末,中国政府已经发行过国库券、国家重点建设债券、财政债券、定向债券、特种债券、保值债券、转换债券等不同的国债。实践证明,在中国这样的一个国家,以发行公债的方式筹取资金和调节经济是十分必要的。国债筹措和运用得好,不仅有筹集资金克服财政困难的短期功效,而且具有平抑经济波动,改善资源配置,刺激总需求,促进经济发展的长期功效。

2.公债的种类

公债是政府财政收入的另一个重要来源。公债的种类比较多,人们根据研究问题的需要采用不同的分类标准。公债主要的分类标准有以下几种:

(1)公债按照发行地域可分为国内公债(内债)和国外公债(外债)两大类。当在国内无法筹措大量资金以满足财政支出的需要,而国外又拥有大量闲置资本时,一个国家便可能向国外发行公债,外债是一个国家通过信贷吸收外资的一种方式。

(2)公债按照市场条件可以分为上市公债与非上市公债两大类。上市公债的特点是“自由认购,自由买卖,自由转让”。这种公债的交换价格最终取决于证券市场上的供求关系。非上市公债一般期限长,利息高,只能由政府用现金偿还或转为其他公债。

(3)公债按利息报酬可分为有息和无息两大类。但目前世界上的公债一般都是有息使用,即需要向购买者支付利息。公债由于自身有政府信誉作担保,相对安全,所以利率也比银行存款低些。但我国为筹集政府资金,搞好建设,公债利率反而高于银行存款利率。无息公债通常只在国家处在特别困难时期与对外战争时期、大的自然灾害时期才出现。这时的公债也就具有了强制性质。

(4)公债按照偿还期限可能分为短期公债、中期公债和长期公债三类。一般说来偿还期限 1 年以内的公债通常被称作短期公债,1 年以上 10 年以内的公债被称作中期公债,偿还期限超过 10 年就被称作长期公债。

(5)公债按照发行方式可以分为自由公债和强制公债两大类。一般来说,公债不具有强制性,大部分国家的大部分公债都是自由公债。但是,当国家面临财政危机或面临战争、自然灾害等特殊困难时,也可能动用政治权力强行发行公债。

二、公债对经济的影响

用发行公债的方法来弥补财政赤字是目前大部分经济学家的主张,但是,对于发行公债的后果和公债发行的数量限定，人们的看法却很不相同。

一部分经济学家认为，公债的积累会造成一系列的负面影响。首先，公债的发行对公债的利息支出会占据一个社会有限的可贷资本。对可贷资本的过量需求会导致利率上扬，从而"挤掉"私人投资。因为利率越高，可贷资本的供给也越多；反之，利率越低，可贷资本的供给则越少。同时，利率越高，对可贷资本的需求越少；反之，利率越低，对可贷资本的需求则越高。假设公债的发行增加了，当可贷资本供求均衡时，我们就会得到一个新的比较高的利率。由于私人投资对利率非常敏感，高利率会挫伤私人投资的积极性。而私人投资的减少就意味着经济增长的放慢。其次，高利率会吸引储蓄，抑制消费。这是很显然的。当利率上升时，消费者总是更倾向于把钱存入银行而不是向银行申请借款用于消费。最后，在资本市场开放的国家，高利率会吸引大量国外资本涌入，从而使本国货币升值，进而使出口减少，进口增加。

20 世纪 60 年代以后，一部分经济学家提出了相反的观点，认为以公债弥补赤字对经济发展不会产生负面的影响。美国经济学家设计过一个著名的理论模型。这个模型证明，增加公债与增加税收有着相近的经济后果，即所谓债务中性原理。美国经济学家认为，在政府借款时，"年老"一代的成员认识到，他们后代的境况将要恶化。再假定老一代关心后代的福利，因而不愿意降低后代的消费水平。对此，老年人的一种可能的选择是，干脆增加其遗产，使增加额足以抵补未来应缴纳的额外的税。这样做，私人能把政府债务政策造成的代际影响消除掉，从而使政府筹资的形式变为完全无关紧要的。美国经济学家的假说，引起了很多争论。有些人拒绝接受这种观点，认为它是建立在难以置信的假定之上的。关于目前赤字对未来税收负担的影响的资料，很难得到。那种认为人们会找到这种资料，进行正确的分析，并进而据此确定最优遗产额，这是不可能的。即使他们能这样做，在一个人离世之时很难确定的情况下，也很难安排一笔刚好适量的遗产。最后，在代与代之间也许不存在那么多的利他主义行为。虽然美国经济学家的模型的一系列假设离实际较远，但这一模型至少说明了用公债弥补财政赤字所带来的经济后果也许不像人们原来想象的那样严重。

有的经济学家认为，如果财政赤字是靠举公债来弥补的话，就意味着将来的税收会增加。换句话说，当年的赤字不以增加当年税收来弥补，就意味着将来的税收要增加。一个理性的人一定会认识到这一点。因此，他就会减少当年消费，增加储蓄，准备将来多交税。由于当年的税收相对较低，每个人的可支配收入相对较高，他们就更容易多储蓄。这些储蓄又会被转化为可贷资本。尽管公债增加引起可贷资本需求的增大，但由于可贷资本的供给也同时增多了，利率因而不太可能上扬。因此，传统观点的立足点——利率会上升——并不可靠。更何况，在当今国际资本市场发达的情况下，国内利率上升哪怕一点点，就会吸收大量国外资本，财政赤字和公债累积会引起利率上升的论点很难令人信服。一些经济学家对财政赤字、公债规模与利率的关系作了许多的实证分析，他们并没有发现用公债弥补财政赤字会引起利率上升。

这一理论对美国和其他西方国家的财政赤字自20世纪60年代以后的赤字与公债的高速增长产生了很大的影响。在美国，无论是赤字金额，还是赤字占GDP的比重，都在提高。而且，无论是民主党，还是共和党政府，都推行赤字财政政策。美国的财政赤字在里根政府任期内达到新的高峰。根据政府的统计报告，1986年年底的联邦债务为1.75万亿美元这样一个大得难以理解的数字。对此，一个美国幽默作家在谈及国债时说："和光年一样，万亿是一个深奥的哲学观念，它只能引起对数学有特别癖好的人的兴趣。这可以解释，为什么多数人在被告知国债不久将达2万亿、20万亿或200万亿时，他们毫不感兴趣，只管自己蹒跚而行。无法理解的东西，就是无法理解，无论你报多少数都一样。"

与此同时，紧缩性货币政策和相对较高的利率又吸引了大量国外资本的涌入，造成美元大幅上涨，美国的外贸赤字因此而大增。财政赤字与外贸赤字的同时增加，使不少经济学家和政治家对于其可能的后果十分忧虑。在老布什和克林顿政府任期内，平衡财政预算的呼声重新抬头。两届政府在国会的压力下，都力图压缩政府开支增加政府税收。共和党为此提出了"平衡财政预算方案"，要求政府逐年削减财政赤字，在7年间达到财政收支平衡，此后逐步达到财政剩余以还清公债。

总而言之，无论在理论上还是实务操作上，对公债弥补财政赤字是否会对一国的经济带来实质性的影响的答案都不明确。债务的负担问题，实质上是一个代际关系背景下税的归宿问题。和许多其他归宿问题一样，澄清债务的负担是十分困难的。甚至对于如何定义"债务负担"这一要领都有很不相同的看法。有人认为应当以一组同龄人的终生消费的状况来衡量它；另一些人则认为应当以某一时点上所有活着的人可能的消费来衡量。即使我们选定了一个定义，负担的存在还要取决于对其他若干问题的答案。它是内债还是外债？各种经济决策如何受债务政策的影响？举债得来的款项用于什么项目？人们已经开始对这些决策进行了实际考察，要想得到哪怕是比较一致的意见也十分困难。

大多数经济学家认为，一个国家可以有一些公债，至于公债累积到何种程度会对经济产生负面影响，目前仍是一个有待于研究的问题。

三、公债的发行与管理

公债一般都是由专门的政府部门负责管理的。公债管理部门根据政府收支的需要和行政或立法部门确定的公债发行量的上限，制定出每年的公债发行计划并负责实施。在西方国家，财政预算必须由国会批准。政府一般每年都将包括财政赤字和发行公债规模在内的财政预算提交给国会。在美国，财政预算法案经国会通过后，还要经总统批准才能生效。如果国会所通过的公债规模比较小，政府便不能额外透支，甚至可能付不出政府雇员的工资，造成阶段性的政府“破产”。

政府发行公债首先必须有人愿意认购，认购公债的人也称作公债投资者。为了吸引公债投资者，理解不同的公债投资者的动机是非常重要的。美国公债的主要购买者是美国的中央银行、商业银行、州和地方政府、国外机构与个人。这些债主拥有公债的动机和考虑的风险因素不尽相同。

国家中央银行拥有公债的动机一般不是为了获利，中央银行购买公债通常是为了实现对货币市场的操作和控制，公债市场给中央银行货币政策的运作提供了一个渠道。当中央银行想要放松银根时，它需要增加货币发行，这时，它可以在二级市场上购进一定数量的债券，它对出售债券者的支付便构成了货币发行。反之，当中央银行想收紧银根时，便把它拥有的公债出售一部分，这样就收回了一部分原来在社会上流通的货币。如果中央银行向财政部门直接购买公债，其直接经济后果是引起通货膨胀。有的西方国家很注重中央银行的独立性，每当政府出现财政赤字时，中央银行自行决定是否向财政部直接购买债券，政府机构不能对中央银行施加压力。美联储就是世界上最具有独立性的中央银行。

除了中央银行购买公债以外，还有其他国债投资者，例如，私人投资者、商业银行、州和地方政府等等。一般地说，这些投资者购买公债主要是追求投资收益。与其他投资形式相比公债投资有一些明显的优点。首先，公债支付的利息一般总是高于银行存款。其次，很多国家为公债投资提供免税等优惠条件，这是影响投资收益率一个非常重要的因素。再次，相对于股票和其他金融投资而言，公债投资的风险非常小。在拉美高债务国家虽然也发生过公债到期时政府拒绝偿还的情况，但那是极为罕见的情况。当今世界绝大多数国家没有拒偿过公债。最后，公债的流动性通常也很好，公债的持有者一旦发生经济困难，可以随时到证券市场将公债出售。经过长时间的发展，西方国家的公债市场已经相当发达。投资者可以在市场上非常方便地购买或出售公债。就个人而言，如果一个投资者购买了长期公债，只要他需要，任何时候都可以把这些公债在二级市场上出售掉。这对公债投资者，特别是对长期公债投资者而言非常重要。同样，商业银行与地方政府也经常需要资金调剂，公债的流动性对他们也非常重要。当企事业机构、商业银行和地方政府由于现金周转不灵，需要互相拆借资金时，公债可以被用作抵押物。这样就不需要把公债出售掉，避免了不必要的买卖和市场波动带来的损失。国外公债购买者一般与国内购买者的动机相似。投资外国公债，投资者还应考虑汇率风险，在购买公债时，考虑到当他将来出售或兑现公债时的汇率会如何变化。如果他预期对方国家的货币可能贬值的话，尽管公债现在支付的利率较高，他也许还是会放弃购买的打算。

专门参与公债投资交易而赚取利润的人被称作证券商。证券商可以起到增加市场流动性的作用。当一个公债投资者要出售一笔公债时，他并不需要自己找买家。只要他愿意以市场价或低于市场价的价格出售给证券商，证券商就会收购下来。证券商然后另找买家，加上一个差价，把这笔公债出售。由于公债的市场价格经常变动，这个证券商在这笔交易上既可以赚钱也可能亏本。证券商承担了亏本的风险，其他公债投资者不必有这一担心地进行公债投资活动。证券商的存在使得更多的投资者愿意投资公债市场，从而增加了公债市场的流动性。公债的发行情况与利率的高低是紧密相关的，当对可贷资本的需求与供给相等时，就得到了市场的均衡利率。如果对可贷资本的供给不变，而对可贷资本的需求增加了，利率就会上升；反之，如果对可贷资本的需求不变，而对可贷资本的供给增加了，利率就会下降。货币政策和财政政策的变化会直接影响到一个经济周期中对可贷资本的需求与供给，从而引起利率的变化。如果中央银行实行扩张性货币政策而增加货币供给，就意味着短期内对可贷资本的供给增加，利率会降低。而当中央政府奉行扩张性财政政策而使财政预算连续出现财政赤字，而这一财政赤字又是以发行公债来弥补的。这就意味着在中、长期内，对可贷资本的供给会减少，利率便有可能因此而升高。为了吸引投资者购买公债，一些高通货膨胀率的国家将利率和通货膨胀率挂钩。这一做法除去了通货膨胀这一主要风险，会吸引投资者。但是，在高债务的国家，这也会产生一个危险，即人们会担心政府在哪一天最终还不起公债。墨西哥为了除去通货膨胀和货币兑换率的风险，曾发行美元债券。因美国通货膨胀率通常较低，以发行美元公债，并以美元偿还公债就构成事实上的公债与通货膨胀率挂钩。但由于20世纪80年代初国际利率的普遍上升，墨西哥公债因而飞速增加，最终不得不抵赖以美元发行的公债，而造成具有国际影响的金融危机。

政府在发行公债时，公债中各兑现期（长期、中期、短期）的债券所占的比重（兑现期结构）是一个应当认真考虑的问题。简单的理论模型指出，最优的兑现期结构取决于两大因素：利率和利率结构。当利率（包括短期和长期利率）普遍上升时，政府应缩短债务的兑现期而发行更多的短期债券。当短期利率不变，而长期利率与短期利率的差额增大时，政府也应缩短债务的兑现期而发行更多的短期债券。其理由是，在这两种情况下，发行更多的短期债券能减少由于利率普遍升高或者由于长期利率升高而引起的利息支出。但是，在利率普遍上升的情况下，缩短债务兑现期的做法会有一定的风险。这样做会使债务兑现期变得相对地集中，使投资者对政府的偿债能力产生怀疑。特别是当一国的债务已积累得较多时，这一现象会变得愈加明显。此时，甚至短期债券的发行也会变得困难起来，从而引发金融危机。

意大利经济学家对意大利公债的研究表明，投资者信心在利率的决定中起着很大的作用。以同样期限的债务而论，意大利公债支付的利率要比商业银行支付的利率高得多。这正说明了投资者对意大利公债的信心很弱，需要很高的利率才能抵偿他们所承担的风险。在利率相同的条件下，投资者宁愿把钱存入银行。

公债积累到什么程度算是到了上限，这是一个几十年来长期困扰经济学家的问题。一般认为，公债的大小不能只看绝对数额，而要看两个相对的指标：公债与GDP的比率和公债利息与GDP的比率。因为公债规模的大小是与一国的经济规模大小紧密相关的。大国可以多借点债，小国只能少借些债。因此，只看公债绝对数量并没有多大意义，更有意义的是看公债总额与GDP的比值。

自20世纪80年代以来，在所有的西方国家，公债与GDP的比率几乎都表现为一种迅速上升的趋势。例如，在美国，这个比值从1980年的44%上升到1994年的69%；同一时期，联邦德国从32%上升到129%。西方国家公债增加主要是由于在这一时期内对公共退休基金和健康保险项目支出的剧增造成的。对这些国家的公债的估算表明，如果这些国家的政府维持现行的开支计划，从2000年到2030年，公债总额与GDP的比值在美国会增加3倍多，而在日本则会增加10倍。这些数字说明了工业化国家的公债问题已经到了非常严重的地步。西方国家的公债利息支付占GDP的比例也在80年代达到了较高的数值。例如，这一比例在比利时、丹麦、希腊、爱尔兰和意大利，在80年代末达7.5%到10.4%不等。经验表明，这一比例如果超过15%，就会对政府财政造成很大的压力，不可避免地会带来各种宏观经济上的问题。如政府为了还债被迫减少其他社会福利支出和生产性支出，高额利息支出迫使政府继续发债，并可能导致通货膨胀的压力。

中国在1981年恢复发行公债后的最初10年曾采用行政摊派的方式。直到1991年，中国真正意义上的公债市场才开始建立。该年4月，财政部第一次组织了国债承销团，有70多家国债中介机构参与了国债承销。1993年中国建立了一级自营商制度，有经财政部认定的银行、证券公司等金融机构共19家直接向财政部承销第三期记账式国债，并通过分销、零售业务促进了国债发行。1994年，国债的发行侧重于品种的多样化，推出了半年和一年期短期国债和不上市储蓄国债。1996年开始采取招标发行方式，通过竞价确定国债价格，市场化的程度大大提高。这样，经过几年的努力以后，中国国债发行市场已经基本形成。其结构是：以差额招标的方式向一级承销商出售可上市国债；以承销方式向承销商销售不上市的储蓄国债；以定向私募方式向社会保障机构和保险公司出售定向国债。

四、国债政策本身的完善

在从中介协调角度确定了制定国债政策原则的同时，国债政策本身也需要加以完善,以使其更好地发挥中介协调作用,真正起到基础作用。国债政策应该在流通、发行、使用、偿还等各个阶段都要加以完善。

1.完善国债市场

国债市场的完善应以提高流通性为目标。重点是大力培育机构投资者,以改善市场结构。由银行等机构投资者参与承销国债,对提高国债的流通性至关重要。前几年,由于中国的证券市场处于试点阶段,金融改革实际上刚刚开始,商业银行可用于国债的资金还很薄弱,国债市场流通性不强。但近年以来,一些专业银行、商业银行先后成为国债主承销商。由于中央银行规定中、农、工、建等四大商业银行的准备金可以持有一定比例的国债,各大商业银行承销国债的积极性空前高涨。同时,中央银行以国债为主要工具的公开市场操作已开始实施,各专业银行通过国债回购来融通资金,调剂头寸。机构投资者的参与,使国债市场能长期稳定地成为联系储蓄和国债投资的中介桥梁,使涓涓细流式的个人收入增长与集中性、批量性的国债发行衔接起来,并为一般投资者提供了购买和抉择上的方便,促进了流通,活跃了交易。

积极开展公开市场业务,其操作要按照经济办法,有利于国债市场的发展,否则就会使国债市场变得扭曲。在试办公开市场业务操作阶段,一方面,货币政策工具除了通过调整商业银行备付金来调节货币流动量外,还有释放中央银行利率调整指导性信号的作用,所以,在加大利用这一工具力量的同时,允许更多的金融机构参与这一市场行列,比如可以考虑将国债一级自营商中的非银行金融机构也纳入与中央银行买卖债券的一级自营商队伍中,以求央行政策信号传递遍及面的扩大和被社会经济吸收转化的快速化。另一方面,配合这一政策工具的启用和运作,进一步缩小信贷规模控制的范围,有些须在信贷上给予必要支持的骨干重点项目和企业,可以交由政策性银行办理,财政贴息,对商业银行的贷款管理过渡到真正由其自行按资产负债比例管理要求决定的模式上。这很重要,因为在对商业银行仍有大量信贷规模控制的情况下,不会有真正的利率市场化。这些努力的目的是使央行公开市场业务操作这一新型调控工具开始催动银行体制改革,使央行买进、卖出债券成为利率调整的主要依据,改变央行对利率的直接决定的做法。

可考虑建立全国性的国债中央登记托管结算公司,这有利于打破目前国债交易市场相互分割的局面,促进全国市场一体化,使国债交易可以安全、便捷地进行,保证国债的流通真正具有全国性。降低交易成本,吸引更多的投资者参与国债市场,有利于风险控制,为交易提供安全的技术保障和法律保证,为国家有关部门运用国债政策对宏观经济调控提供市场渠道和技术支持。

要进一步发展国债市场在促进利率市场化方面的作用。首先,抓住金融投资对象暂时较少、国债比较好销的有利时机,修改有关国债一级自营商制度的一些规定，取消最低限额基数承销的规定，相应规定每家自营最高承销份额，以防止市场垄断局面的出现。坚持就每期国债的全额用于招标发行做法，为了确保招标发行成功和债务筹资成本的合理性，可以保留底价和基本承销价的规定，但为了充分体现市场竞争结果，应相应扩大投票价格区间，目的是通过国债发行利率的逐步市场化带动其他金融资产利率市场化的进程。其次，在增加进入二级市场国债品种和量的同时，大力发展国债回购交易市场，创造条件改变目前上海证券交易所将市场价值折扣为面值的综合标准回购交易合同的做法，逐步做到在防止债券卖空和资金透支的前提下，实现市场交易对等性，使国债回购收益率成为市场程度再强一些的参考指标，目的是以此敦促银行体制改革的速度和程度的加深。在逐步放松被管制的利率体系的过程中，中央银行开始采取间接性、经常性的货币政策工具，在遵循市场原则的情况下，更多地依靠传导利率和整个信贷政策信号。这主要是指中央银行通过国债市场开展公开市场业务操作，利用国债交易吞吐基础货币，向社会释放调整利率的信号，而逐步取消原来传统的行政性、直接性的统一硬性规定利率高低的做法，这一步是利率逐步走向市场化的关键。

国债市场的规模还与储蓄率高低有一定关系，中国居民有较高的储蓄率，而且储蓄中有很大一部分是长期资金，可以将一部分吸收到长期的国债投资上来。东欧国家多数是“消费优先型”，而我国和日本则是“储蓄优先型”。“储蓄优先型”的国家通常积累率较高，有利于经济发展。我们应该充分利用这一特点，建立一个合理的储蓄—投资结构，将这部分资金中的一定比例转化为国家债券，有利于保证国家的重点建设，有利于发展关系国民经济全局的事业。居民可以将自己的长期存款直接转化为国债，也可以鼓励专业银行用长期存款买进一部分国债。个人需要现金，银行周转有困难，都可以在二级市场上转让持有的国债。专业银行还可以用债券作为抵押向中央银行借款，或将债券卖给中央银行。

2.完善国债的发行

在国债发行阶段，要确定合适的国债发行规模，努力降低举债成本，改进国债的发行方式，确定合适的国债利率，确保政府债券的顺利推销，完善国债的期限结构，促进经济稳定协调发展。

对于国债规模，这个问题是目前争论较大的是压缩，还是继续扩大，理论界和实际部门争议很大，有专家认为，目前保持适度的发行规模的增长是最合理的选择。首先，从财政政策的角度来看，财政赤字有逐年扩大的趋势，而且这种趋势在近几年日益严重。为了有效地执行财政政策，必须保持财政收入基本上与财政支出平衡，在目前要达到这一点，发行国债是唯一最佳途径，国债发行规模的扩大势在必行。另外，从货币政策来看，执行货币政策，需要有一个良好的国债量的基础。一定量的流通国债规模是公开市场业务的条件。目前，在市场上，可供流通的国债显然远远不能满足货币政策的需要，这就不可避免地要求增加国债的量，尤其是短期的、可流通的国债的数量。所以，一定量的国债规模的增长是需要的。但是国债又不可能无限度地增长，应该确定一个界限。这个界限的确定，从财政政策的角度来看，要从财政需要和其承受能力之间的平衡来确定。有专家结合我国的实际提出，我国的国债占 GDP 的负担率，虽然 30 多年来不断提高，但仍处于较低水平。2009 年中国财政赤字率为 2.24％，国债负担率为 17.96％，与美国、英国等发达国家相比处于较低水平。2010 年，为促进经济平稳较快增长，中央财政国债余额限额增至 71208.35 亿元，财政赤字率仍控制在 3％以内。但是由于我国财政的债务依存度很高，偿债率也高，债务的扩大已给财政带来过重的负担，国债规模继续扩大必将使财政更加步履艰难并有难以偿还的风险，这就要求适度控制国债规模。从货币政策来看，由于大量国债发行所引发的信贷规模的扩张必然导致货币量的过度供应。所以从今后很长一段时间里，我国的国债发行：

(1)改善国债的品种期限结构

国债期限结构要合理搭配，扩大短期国债，合理发展中、长期国债。根据投资人的需求和资金本身的特点，国债应该采用不同的期限。为适应国债发行多期限化和短期化的需要，每年发行工作应该连续不断地进行，保持每个月或每季度都有发行。

实现均衡的期限构成。为实现国债在期限构成上的均衡化，通常的做法是：①尽量按政府的头寸状况安排债券的到期时间。因为政府的税收具有较强的季节性，并不是以均衡的速度流入国库。如能将债券的到期日尽量安排在税收旺季，而避免在税收淡季进行还本付息，将有助于实现国债还本付息活动的均衡。②按实现均衡期限构成的目标要求设计债券的期限。因为各种债券的期限确定，不仅要满足投资者的需要，还要考虑尽可能实行长、中、短期相互搭配。债券期限设计的均衡是还本付息活动均衡的前提条件。③按有规律的时间模式发行国债，掌握国债的发行。国债发行时间上的规律性必将带来还本兑付时间上的规律性。

制定国债政策时，应系统化设计国债品种期限。有长期、中期到短期的多种形式，而每个长期、中期、短期又可以分成若干具体期限，形成一个系列。长期国债长期以来采取派购的方式，也要走向市场化并使之完善。短期国债主要应该由银行购买，除为中央银行的公开市场操作提供手段和解决国库对于短期资金的需求外，它还可以为货币市场确定一个基准利率，促进短期货币市场和银行同业拆借市场的形成和发展。

国债的品种实行无券记账为主。无券记账可以缩短券款的运行周期，解决因实物券运送时间长而影响发行的问题。无券记账方式已经在一定范围内试行了几年，但是由于只在固定系统内实行，使得无券记账的非实物国库券在系统外很难流通,因而出现了不同的价格。解决这个问题,当前最重要的是把国债交易的系统和银行的支付系统联网,同时各个系统之间也要联网。

(2)继续走向市场化道路,并使之进一步完善

我国国债发行方式要多种形式的搭配,以市场发行量主,行政发行为辅,并逐步发展到完全通过市场发行,以降低发行成本。近期内可以考虑主要采用行政分配、承购包销和银行、金融机构认购相结合的方式,尽可能采取招标等的市场发行方式。由于金融机构比较熟悉市场情况和国家发行条件,采取认购的方式比较简便易行。个人投资人不熟悉市场情况,需要承销团作为联结国家向个人发行的中间环节。当市场充分发育以后,就可以采取招标的方式发行国债,增强国债的变现能力。实现国债的市场发行的条件,除了要有较发达的商品经济,投资人有较高的金融意识,所有制产权明确等方面以外,主要应该具有一定机构投资人。所以,近期内,应大力培养机构投资人,在这方面我国证券市场中还比较薄弱。

同时应大力推行发行利率市场化的进程。市场化的好处有:随行就市有利于降低筹资成本,促进金融市场利率的市场进程。但在推进发行利率市场化的过程中,不应太着急,要一步一步地采取相应措施:一是发行半固定利率债券,即对同一种债券按持有期的长短而规定不同利率。持有期越长,利率越高,同时给予持有者要求提前偿还的权利。由于这种债券收益率按持有期限的长短而拉开了档次,既可鼓励持有者较长期地持有国债,也可考虑到因较长期持有国债而可能出现的债券收益不稳定或下降的情况。二是发行可变利率债券,即事先不规定债券利率,而采取在到期日按当时的市场利率计算债息的办法。这种使政府债券的利率直接随市场利率的变动而变动的办法,有助于避免因市场利率变动而可能发生的政府债券收益损失。三是发行指数化债券,即将债券本金和消费品价格和其他价格指数挂钩,并随价格指数的变化而相应增减。债券利息根据固定的利率和指数化的本金计算,这对于在通货膨胀的环境中推销政府债券,满足投资者对政府债券的保值需要是有一定作用的。

3.建立偿债基金,本息分开

偿债基金是由国家财政预算设置专项基金用以偿还国家债券利息,即每年从财政收入中拨出一笔专款设立基金,由特定机关管理专门用于偿债利息,而不准用作其他用途。在国债利息未还清之前,每年的拨款不能减少,以期逐年减少债务,故又称作“减债基金”。这样,能起到保证国债按期归还,均衡各年度的债务负担,从而起到保证财政和经济稳定的作用。偿债基金有利有弊,设立偿债基金的国家债券,自然使投资者有信心而受到欢迎,其发行价格能较同值的证券为高,这是它有利的方面;但是,当国家遇到特别开支时,往往就会挪用偿债基金,因为这样会比开征新税种或提高税率要便利得多,如果事实确是这样会使偿债基金形同虚设,失

掉其稳定的资金来源，这是它需要防止产生的弊端。

偿债基金是为了适应各种投资者对国债还本付息方式的不同需求，增加政府根据经济形势干预国债市场的能力而采取的一项对策。资金持有者因收入档次，投资预期等条件的不同而带来的对政府债券的需求差异，不仅表现在债券期限上，也表现在还本和付息方式上。要吸收和动员尽可能多的社会资金，也必须在政府债券的还本和付息方式上采取灵活措施。例如，在国债偿还的管理上，对债券本金可用偿债基金偿还，既可分期逐步偿还，也可到期一次支付，还可用到期债券兑换新发行债券，或各种偿还方式同时交替，以求适应各种投资者的多种还本需求，提高政府债券的吸引力。在利息的支付上，可纳入经常性预算支出。

从近期看，偿债基金来源是问题的关键所在。解决基金来源可以有这样一些渠道：根据有偿使用原则，从国债资金支撑的盈利性较高的项目中提取部分资金；从当年财政收入中提取部分偿债基金来源；国债资金使用受益的地方根据项目产生效益的实际情况由当地财政适度缴纳；国债发行超收部分适度缴纳偿债基金中的增值部分继续滚存，在事先反复论证和项目评估，资金投入应分期分阶段安排，务求稳妥。

4.加强国债使用监管

财政通过发行国债筹建的资金，首先补充重点项目的资金不足，加大产业结构调整力度，优先将国债收入用于生产性建设项目，弥补国家建设资金的不足，同时根据这些项目的投资所得偿还国债，自行创造还债来源，实现国债规模的均衡发展及自身良性循环。

处理好国债资金的增值性、优惠性和无偿性原则，对于三者之间的界限应严格加以区分。对于建设周期短，投产后效益好的生产性项目，一定要以谨慎性为原则，既收回成本，还要收取一定的债息和管理费，可在建成投产后采取收费服务方式偿还，而对于某些非盈利性项目，则应视具体情况，只收回国债本金，甚至采取财政贴息办法。但对于这部分的投资，应严格控制，并要在事先反复论证和项目评估，资金投入应采取分期分阶段安排。

在做好国债发行工作的同时，要着手建立债务预算制度。为了便于社会投资者进一步了解国债资金的使用情况，也为了使继续扩大国债规模奠定良好基础，国家财政应增强国债资金投资和用途的透明度。在国家预算中明确国债收入的使用方向。

五、公债规模

1. 内债规模

(1)国债依存度

所谓国债依存度主要是指一个国家国民经济的增长对国债发行的依靠状况。1991—1995年，最发达的工业化国家国债依存度平均为10%，赤字规模比较大的发展中国家国债负担率平均为24.5%，新兴工业化亚洲国家(1968—1990年)为8.9%，都远远低于中国的国债依存度66.74%(见表7-1和表7-2)。这再次表明，中国中央政府财政支出过多地依赖债务收入，财政处于脆弱状态。

表7-1　部分国家中央政府国债规模指标　单位：%

	国债负担率 1991—1995年		国债依存度 1991—1995年	
最发达国家				
美国	40.7		10.1	
加拿大	—		—	
法国	34.0		9.2	
德国	17.6		7.7	
英国	28.1		13.0	
平均	30.1		10.0	
赤字规模较大的发展中国家				
印度	48.2		28.0	
巴西	—		—	
巴基斯坦	44.2		22.9	
土耳其	8.1		22.7	
平均	33.5		24.5	
新兴工业化的亚洲国家	1968—1990年	1991—1995年	1968—1990年	1991—1995年
韩国	4.9	8.5	3.1	1.9
印度尼西亚	1.2	1.2	0.9	-1.8
马来西亚	44.9	46.0	17.8	2.8
泰国	19.7	5.4	13.6	-9.2
平均	17.7	15.3	8.9	-1.6

资料来源：根据国际货币基金组织《政府财政统计年鉴》(1997)和《国际金融统计年鉴》(1998)编制。

表 7-2 中国中央政府国债规模指标 单位:%

年度	国债负担率	国债依存度	国债余额	国债发行额增长率	实际 GDP 增长率
1990	4.87	19.64	197.24	−25.3	3.8
1991	5.41	25.79	281.27	42.6	9.2
1992	5.25	39.39	461	63.9	14.2
1993	5.50	29.04	381	−17.35	14
1994	5.21	64.86	1138	198.69	13.1
1995	5.45	75.72	1511	32.78	10.9
1996	5.63	85.89	1848	22.3	10
1997	6.81	95.24	2412	30.52	9.3
1998	9.20	121.86	3809	57.92	7.8
1999	11.76	96.69	4015	5.41	7.6
2000	13.12	84.37	4657	15.99	8.4
2001	14.24	84.67	4884	4.87	8.3
2002	16.07	87.63	5934	21.5	9.1
2003	16.64	84.63	6280	5.83	10
2004	16.12	87.71	6924	10.25	10.1
2005	17.80	80.24	7042	1.7	10.4
2006	16.57	88.91	8883.3	26.15	12.7
2007	20.24	66.74	7637	−14.09	14.2

资料来源:根据《中国统计年鉴 2008》有关数据计算而得。

(2)国债负担率

1991—1995 年,最发达的工业化国家国债负担率平均为 30.1%,赤字规模比较大的发展中国家国债负担率平均为 33.5%,就是新兴工业化亚洲国家(1968—1990 年为 17.7%,1991—1995 年为 15.3%)也大大高于中国的国债负担率(见表 7-1 和表 7-2)。这表明,中国的国债负担率与国际公认为 60%警戒线相距还很远,国债规模还有很大的拓展余地。但是,值得注意的是:中国的国债负担率虽然比其他国家低,但它们的高国债负担率是债务余额滚动几十年甚至上百年的结果。倘若中国国债的发行规模按目前的势头发展下去,再过三五十年,国债负担率也会很高。另外,更重要的是,中国目前的国债余额增长率已经大大高于实际 GDP 增长率,甚至比名义 GDP 增长率高。这表明,中国在非经济衰退的正常经济运行时期,要注意控制国债的发行规模。

2. 外债规模

国际上常用的衡量一国外债规模是否适度的总量指标体系包括偿债率、负债率和债务率等。其中偿债率是指偿还外债本息与当年贸易和非贸易外汇收入(国际收支口径)之比;负债率指外债余额与当年国内生产总值之比;债务率指外债余额与当年贸易与非贸易外汇收入(国际收支口径)之比。据此计算,2009年我国偿债率、负债率和债务率分别为2.9%、8.7%和32.2%(见表7-3),相对于国际安全警戒线20%、30%、100%的标准,我国外债规模整体上处于适度水平,目前的外债规模不会造成债务危机。

表7-3　中国外债规模指标　　(单位:%)

	偿债率	负债率	债务率		偿债率	负债率	债务率
				2005	3.1	12.2	35.4
2000	9.2	13.5	52.1	2006	2.1	12.7	31.9
2001	7.5	15.3	67.9	2007	2.0	11.5	29.0
2002	7.9	13.9	55.5	2008	1.8	8.6	24.7
2003	6.9	13.4	45.2	2009	2.9	8.7	32.2
2004	3.2	13.6	40.2	平均	4.66	12.34	41.41
				国际警戒线	20.0	30.0	100.0

资料来源:根据《中国统计年鉴》(2010)编制。

3.综合分析

中国的国债负担率比较低,而国债依存度却很高,这种现象说明两个问题:一是,中央政府财政支出占GDP的比率相对较低,或者说,财政动员的社会资源相对要少;二是财政状况本身不佳,但赤字对经济的影响还不会造成严重影响。从中,我们是否能够得出这样一种政策选择:政府目前担心的并不一定是赤字会给经济造成多么严重的不良后果,而是应当采取主动的财政调整措施,改善财政状况。

改善财政状况的措施可以有三种选择:第一,压缩财政赤字;第二,扩大中央财政支出,提高中央财政支出占GDP比率;第三,在中央财政支出占GDP比率不变或有所提高的情况下,增加赤字融资渠道之外的融资来源,即增加税收收入。可是,在这三种途径当中,前两种途径都意味着要增加税收收入(因为虽然第一种途径可以通过调整中央一地方财政关系而即刻见效,但调整这种关系的阻力是可想而知的),而在短期内要使税收收入大幅度提高是很难的。因而,倘若政治经济形势需要,政府也打算改善财政状况,那么,最直接、最有效的方法就是压缩赤字。但是,在目前的经济形势下,摆在决策者面前的是一种两难选择:要改善财政状况,很可能就得使1998年以来的经济不景气状况继续存在,下岗职工增多,已下岗的人再忍受更长时期的无工作痛苦;而要尽快走出经济低谷,刺激经济增长,可能就需要以中央财政状况的恶化为代价。

综上分析,无论从赤字比率还是从国债负担率来看,无论是从中国经济发展阶段的需要还是从中国中央政府的经济职能来看，目前的赤字规模都是比较适度的，不会引起经济混乱，反而从长期来看还能加快工业化进程。鉴于中国目前财政收入体系状况和财政体制特别是中央政府与地方政府事权、财权（收支）划分现状的局限性看，无论是从赤字依存度还是从国债依存度来看，无论从中央政府的宏观调控能力还是从中央财政状况来看，都可以发现，由于中央财政收支规模过小，即使规模不大的财政赤字和国债规模，也几乎将中央财政推向崩溃边缘。可以说，目前的财政赤字规模并不可怕，需要关注的可能是财政状况的恶化趋势；而当前是否要竭尽全力改善财政状况，最终取决于决策者是更关心财政状况，还是更关心国民经济运行状况。

第三节　赤字与公债的交互作用

一、赤字与公债形成交互的环境

按照中国现行统计方法，中国自1979—1997年间，国家财政赤字占GDP的比率年均0.88%，同期商品零售价格指数为7.47%。自1998—2003年间，国家财政赤字占GDP的比率年均2.10%，同期居民消费价格指数为0.15%。2003—2007年间，国家财政赤字占GDP的比率年均1.09%，同期居民消费价格指数为2.64%（见表7-4）。

表7-4　1979年—2007年赤字比率与价格指数比较　　单位：%

年　度	中国统计口径			IMF统计口径	
	国家财政赤字比率	商品零售价格指数	居民消费价格指数	中央财政赤字比率	消费价格指数
1979	−3.35	2.0			
1980	−1.53	6.0			
1981	0.78	2.4			
1982	−0.33	1.9			
1983	−0.72	1.5			
1984	−0.81	2.8			
1985	0.01	8.8	9.3		
1986	−0.81	6.0	6.5		
1987	−0.53	7.3	7.3		
1988	−0.90	18.5	18.8		
1989	−0.94	17.8	18.0		
1990	−0.80	2.1	3.1	−1.97	3.1

续表

年 度	中国统计口径			IMF 统计口径	
	国家财政赤字比率	商品零售价格指数	居民消费价格指数	中央财政赤字比率	消费价格指数
1991	－1.10	2.9	3.4	－2.31	3.5
1992	－0.97	5.4	6.4	－2.28	6.3
1993	－0.85	13.2	14.7	－2.05	14.6
1994	－1.23	21.7	24.1	－1.84	24.2
1995	－0.99	14.8	17.1	－1.72	16.9
1996	－0.78	6.1	8.3		
1997	－0.78	0.8	2.8		
1998	－1.09	－2.6	－0.8		
1999	－1.94	－3.0	－1.6		
2000	－2.51	－1.5	0.4		
2001	－2.29	－0.8	0.7		
2002	－2.62	－1.3	－0.8		
2003	－2.16	－0.1	1.2		
2004	－1.31	2.8	3.9	－2.03	11.43
2005	－1.24	0.8	1.8		
2006	－1.02	1.0	1.5		
2007	0.27	3.8	4.8		

无论是在理论上还是在实践中，人们通常认为连年不断的财政赤字必定会引发严重的通货膨胀。可是，中国 30 年来的经济现实却与这种传统思维定势格格不入。原因何在？首先应当指出，大量的理论分析结果表明，虽然财政赤字对价格水平造成上抬压力的可能性总是存在，但是，这种压力能否成为现实，取决于财政赤字的融资（弥补）方式和经济体系的吸收或承受能力。在主要以发行国债的方式弥补的情况下，财政赤字通常只是改变社会购买力的结构，而基本不改变社会总供求的量的对比。还有大量的经验分析结果表明，在工业化国家中，预算赤字与货币增长之间似乎没有什么关系，货币供给的改变是为了实现货币政策目标而非通过货币当局为预算赤字融资。在发展中国家，预算赤字的货币化是引起通货膨胀的主要原因，但不是唯一的原因，还有名义汇率冲击和工资上升等因素。

具体到中国的情况，需要根据赤字规模决定因素及其相关理论、积极的调整措施进行解释，在这些年来，伴随着中国经济的赤字规模和大量的公债而没有造成经济生活中的严重困难，主要是因为：

1.有利的社会经济环境奠定了坚实的基础

首先,在计划经济向有计划的商品经济向社会主义市场经济的转变过程中,财政赤字动员了国民经济各部门的闲置资源和能力,再加上货币化进程加快,这一方面提高了产出水平,另一方面增加了货币需求,而没有通货膨胀效应。

其次,改革开放的30多年来经济持续高速增长,年均增长率9.8%左右,这种持续的实际经济增长大大减轻了财政赤字造成的通货膨胀压力。况且,近30年来,国际学术界逐渐形成这样一种观点,即只要实际产出增长率大于实际利率(中国的情况正是如此),长期赤字就是可行的。

再次,政府的管理能力,特别是工资和价格的控制能力很强,这与借鉴国际上的经验和吸取计划经济条件下的正反两方面的经验教训有关。

最后,中国民众对政府非常信任,而且将政府信誉与金融信用视为同一体,长期有一个较高的储蓄率。经验研究表明,在一个其储蓄者对政府的偿债能力有信心的国家,很容易容纳较大的预算赤字。

2.及时而迅速的财政政策的调整保持了宏观经济稳定

改革开放以来,中国经济于1988—1989年出现过热现象,平均商品零售价格指数和平均居民消费价格指数分别高达18.2%和18.4%。中央政府从1990年开始立即采取了适度从紧的财政政策,财政赤字占GDP的比率从1989年的0.94%降至0.8%,降低了近15%。再加上货币政策等其他政策工具的配合,使1990—1992年的经济运行迅速恢复正常,这3年的平均商品零售价格指数和平均居民消费价格指数分别降低至3.5%和4.3%的低水平。1993—1995年出现了第二次经济过热现象,这3年的平均商品零售价格指数和平均居民消费价格指数分别高达16.6%和18.6%。为此中国立即实施了“软着陆”战略,财政赤字占GDP的比率从这3年平均的1%降至0.78%,降低了近29%,1996—1997年呈现出“高增长(平均9.4%)、低通胀(平均为5.5%)”的良好态势。可见,及时而迅速的政策措施调整是避免财政赤字引起持续通货膨胀的有力保证,创造“东亚奇迹”的国家和地区(尽管对这种“奇迹”有各种疑问,但它们毕竟在短短的30年里实现了工业化)的实践也证明了这一点:这些国家和地区的年平均通货膨胀率为9%左右,而其他中、低收入水平的国家则为18%。

3.大规模的财政补贴对于平抑物价起到了很大作用

改革开放以来,中国把财政补贴作为保证经济改革和社会稳定的一个积极的手段,形成了以价格补贴和企业亏损补贴为主,以财政贴息、税前还贷、税收支出、房租补贴等为辅的多种形式的财政补贴体系。就价格补贴和企业亏损补贴而言,1986—1997年间,这两项补贴支出占国家财政总支出的比率年均17.26%,无疑是财政赤字的主要原因之一。不管人们对这种“规模大、范围广、渠道多”的财政补贴如何评价，正是这种财政赤字的成因，不仅支持了价格制度和企业制度的改革，更重要的是直接缓解了物价水平上涨压力。

二、公债对经济的正交互

综合前面的分析可看出，国债政策既是财政政策的重要内容，又是货币政策的组成部分，同时，它又是一项相对独立的政策，构成连接货币政策与财政政策的基点，成为二者协调运作的枢纽。因此，要搞好财政政策和货币政策的协调配备，使其在政府宏观调控中形成最佳搭配和最大合力，政府从中介协调的角度来制定一个科学的国债政策是关键。而要从中介协调角度制定国债政策不失为一种新的视点。就像我们已知的，国债政策是连接财政政策和货币政策的基点，发挥着重要的中介作用，要充分地发挥其中介协调作用，在制定国债政策时，片面地从财政政策或货币政策的要求来考虑都是不妥的。货币政策是从流通领域通过货币供给量来影响社会总需求，但包含调节社会总供给的性质；财政政策是从分配领域通过预算收支、税率等来影响社会总供给和总需求；国债政策则是从分配和流通领域，通过国家债券的发行、流通、使用和偿还来影响社会总供给和总需求的。要使一定时期的社会总供给和社会总需求保持平衡，就需从货币政策、财政政策和国债政策等三个方面，采取目标一致、手段同向、政策协调配合，才能有效调控社会总供需平衡。国债的作用是在与其他两个政策的配合中发挥出来的，要发挥好国债的积极作用需要三者做到：

1. 财政政策和货币政策在制度上的配合

要更好地发挥国债政策的基点作用，还需要财政政策和货币政策的配合。近阶段，要采取适度从紧的财政政策。在财政支出方面，配合国家宏观调控，坚决抑制通货膨胀，坚决实行财政支出增长低于财政收入增长的紧缩型支出政策，实现逐年压缩财政赤字，并将财政赤字控制在适度的规模之内，为彻底消灭财政赤字准备条件，逐步地分别轻重缓急，调整和优化财政支出结构。在财政收入方面，深化改革，提高国有企业效益，建立现代企业制度，加快国有企业的产权制度改革。在税收政策上实行国民待遇原则，尤其是对外资企业既不能搞歧视性国民待遇的税收政策，也不能搞超国民待遇政策，清理整顿各种税收优惠政策，逐步建立规范的分税制财政体制。

实行适度从紧的货币政策，不要全面紧缩，而是在总量控制的前提下，支持产品有市场、有效益的企业和产业快速发展，增加市场有效供给，并采取切实措施，优化经济结构，提高资金效率。财政通过发行国债筹建资金，补充重点项目的资金不足，加大产业结构调整力度。在货币政策的具体操作上，采取的主要政策措施可包括：严格控制贷款规模，强化信贷管理；优化贷款投入，调整贷款结构，保证重点资金需要；加强现金管理，积极组织存款，控制现金发行；运用公开市场业务、存款准备金及银行再贷款等货币工具，达到抑制通货膨胀，又不至于通货紧缩而能促进经济发展的目的。

2.政策目标上一致

无论是国债政策还是财政政策和货币政策的制定和实施，其最终的目标是保持宏观经济的平衡，即总供给和总需求的平衡。从中介协调的角度来考虑政策必须使三者在目标上保持一致。只有目标上统一协调，各个政策杠杆之间才能呈同方向变动，而不发生互相掣肘现象，才能充分发挥各个政策对经济发展的促进作用，保证国民经济的稳定协调发展。从长期来看，促进生产力水平提高，保证国民经济的稳定协调发展。从短期来看，由于生产力水平、技术等因素的相对稳定性，由此决定的社会有效供给水平变动不大。但国债在一定程度上能影响社会的总供给。国债可以把分散的、有限的资金集中起来。本来，这一部分的资金由于其规模和持有者的限制，只是游离于社会之中，不能形成生产资金，但是通过国债的发行，使这一部分的资金集聚起来，并通过政府的使用，从而变成为一定的生产资金，增加了社会的有效使用资金量，可以促进供给的增加。国债对总供给的影响还可通过其投资使用方向的不同而改变产业结构进而促进社会有效供给的增加。政府可以把国债收入用于生产性投资，特别是投向一些资金极为短缺的“瓶颈”部门，从而在结构上调整生产能力并相应增加生产资料和生活资料的供给总量。另外，国债可以通过利率的高低影响一些企业的行为进而影响总供给。国债利率水平偏高，可以吸引一些资源暂时闲置者，甚至使得一些利润较低的企业或金融机构不惜挤用生产周转金投资国债而不愿投资生产，形成对某些利润较低的生产部门的冲击，影响社会供给；或者使得一些企业在面临投资和购买国债时作两难选择，使得一部分企业宁愿坐收其利，而不愿从事生产性投资，从而影响了社会的供给。国债利率水平偏低将削弱对资源所有者的吸引力，一些利润很少、效益很低的生产企业不愿投资国债，使有限的资源长期被低效益部门占用，而高效益或基础产业所需的资源却得不到保证，不利于资源优化，会削弱社会的有效供给。国债的偿还能引起一部分资金供求的变化，改变一部分企业资金量，从而改变这一部分企业的供应能力，进而改变社会的总供给。但是，国债对社会总供需平衡的影响主要是通过其对社会总需求的影响而形成的。

财政政策和货币政策都是通过对微观经济主体的影响进而影响总供给的。目前，财政政策和货币政策对作为微观经济主体的企业的行为影响的不同，从而在调控总供给的能力方面发生了根本变化。改革开放以来，经济建设的资金来源渠道已经转向了银行信贷，银行信贷规模决定了社会投资规模和企业流动资金的状况。在决定社会总供给因素中，流动资金是重要的一环，企业再生产必然配有相应的流动资金，否则企业无法进行正常的运转。1983 年之前，企业流动资金由财政投资、银行筹资及企业自有资金等渠道自行解决。此后，财政渠道逐年减少，最终并停止了对原有企业流动资金的供给。企业自有流动资金由于物价上涨，留成比例过低，生产规模扩大等原因逐年减少。这样，国有工商企业所需流动资金的 80%来源于银行贷款。由此可见，由货币政策决定的银行信贷规模已经成为保持总需求和总供给平衡的关键性因素，制定国债政策要充分考虑银行信贷规模。

国债能够有效地调节社会总需求量，促使其与社会有效供给相适应，从而成为实现国民经济短期管理目标的有力工具。从短期来看，社会有效供给水平变动不大，而由社会货币资金量引致决定的社会需求，因社会货币资金流通量的多少、币值的高低，则变化较大，从而使对社会需求的调控成为国民经济短期总量管理的目标。政府可以运用国债来调节供给与需求的总量平衡。当社会需求偏离有效供给过大时，政府通过发行国债，回笼一部分货币资金，将社会暂时闲置的个人、公共消费资金集中起来，并改变其使用性质让一部分现实的购买力，转向公共设施和基础设施或将资金沉淀下来，从而压缩社会总需求或增加有效供给，使两者趋于平衡。当社会总需求不足时，国家也可发行适量国债，作为扩大财政支出实行扩张性财政政策的资金来源，借以刺激社会性需求，启动市场。国债资金直接投向公共部门，形成公共部门的消费资金，有助于提高公共部门的消费水平，或通过偿还本息刺激总需求。

目前，中国的国债在一定的程度上增加了总需求，对总供需的不平衡造成了一定的影响。当前政府消耗性支出的资金来源中国债所占比重越来越大，政府购买性支出与新增国债收入是同步增长，且新增国债收入占购买性支出的比率不断提高。1981 年是 4.72%，1992 年提高到 13.64%，近两三年的提高幅度更大。特别是 20 世纪 90 年代以来，国债收入急剧增加时，政府每年用于购买性支出的国债收入的比率年年提高。另外，由于我国的国企改革最初是沿着减税让利的路子走下来的，企业的留利不断增加。1994 年实行新税制后，国有企业利润分配状况依然如初，同样是以企业留用资金量的增加和上缴国家财政量的减少为代价。应该说，国债的发行支持了减税让利政策，提高了企业的留利水平，增加了企业投资的资金来源，促进了企业投资活动，扩大了社会总需求的增长。再者，由于国债利率高于同期存款利率，人们一直把国债作为一种安全可靠、收益率高的资产，当国债这种资产增加时，人们由于国债的资产效应作用，会增加其消费支出，从而推动总需求的增加。最后，国债的利息支付也在一定程度上支持了这一点。这种作用的程度，主要依赖于国债规模的大小。而目前我国国债规模又是如此之大，而且今后又有越来越大的趋势，其对总需求的影响无疑是一大推动力，在目前消费严重不足，生产相对过剩的情况下，制定国债政策时要考虑如何长期保持总供给与总需求的平衡,促进需求的增长,以求得保持社会总供需平衡。

3.政策手段上的配合

国债政策与财政政策、货币政策作为国家宏观经济调控的三个重要手段,它们之间既有同一性,又有差异性。同一性决定它们之间可以协调配合,是其配合的基础。差异性决定它们之间只有协调配合,才能达到最终共同目标,是协调配合的必要条件。同一性表现在:三者都是以货币为载体;三项政策都是以社会总需求为调控对象;三项政策都是以能动性调控为特征。三项政策由于各自的本质特征不同,因而各自的功能作用的范围、手段又不尽相同。从中介协调的角度来制定国债政策还需要财政政策和货币政策在政策手段上配合才会显得更加完善。

传统经济体制下,中央银行的宏观金融调控主要靠银行信贷规模管理,不但僵硬,而且极易突破规模、引发信用膨胀,既不科学,又难操作。新型市场经济要求中央银行改进宏观金融调控体制。已被市场经济发展历史有力证明了的是,一、中央银行利用国债为手段的公开市场业务操作,是加强中央银行宏观调控能力和灵活性的重要法宝。二、国债还可以配合商业银行实行资产负债运营的风险管理,为了保证银行资产运营的安全性和流动性,商业银行资产储备中除了留有现金、准备金和贵金属外,还必须持有一定量的国债。同时,商业银行通过持有国债获得一定的收益。三、有利于在总量控制的基础上,积极搞活微观经济。如:在货币紧缩时,国债政策可以通过调整国民经济的收入分配、使用格局,增强企业自我积累能力,以缓冲货币紧缩可能给企业带来资金不足的矛盾。同样,在财政采取紧缩政策时,中央银行可以通过调整信贷力度,财政部提前赎回国债等政策,以必要的市场机制增进企业的活动。所以,国债既是财政政策的有力调控工具,也是银行执行货币政策的灵活手段。

【学习与思考】

1. 财政赤字形成的主要原因有哪些?
2. 分析财政赤字对经济的影响。
3. 试分析通货膨胀对经济增长的影响。
4. 试分析公债对经济的影响。
5. 谈谈公债的发行与管理问题。
6. 如何完善我国的公债市场?
7. 在什么条件下赤字与公债能够形成正的交互作用?
8. 要发挥国债的积极作用需要哪些条件?

第八章

政府的经济职能

【本章提要】

本章研究政府的经济职能。提出了市场经济条件下政府投资的必要性,政府投资的选择与改进问题,并对我国当前的政府投资现状进行了分析。本章还对政府职能的几种理论进行了总结和分析,并对当前市场经济体制下政府职能的目标和实现的途径进行了分析,提出了政府经济职能变化的一般趋势。

【主要概念】

政府投资　BOT　政策性银行　主权财富基金　中介服务　经济制度　充分就业　通货膨胀　经济增长　国际收支平衡

【案例导读】

2011年10月20日,中石油总裁周吉平称:由于政府限制成品油价格,今年公司炼油业务将出现净亏损人民币500亿元。

在他看来,今年政府为缓解通胀压力,对成品油价格实行了控制,因此中国的成品油价格并未完全反映出今年早些时候国际油价的攀升。这是造成中石油今年炼油板块巨亏的重要原因："今年油价超过100美元/桶时，国内成品油价格肯定未能实现与国际油价同步。"有石油业内人士指出："但因此中石油的亏损是否那么庞大就值得斟酌了，其目的令人怀疑，我认为中石油是在夸大亏损额。"

据他透露，因为中石油是上下游一体化石油企业，因此其业务覆盖上游勘探、中游炼化及下游销售，"想要在各板块间调节利润是很容易的"。

举个例子，在炼油板块巨亏的同时，中石油的销售板块却长期享受近1000元/吨的销售毛利，这就很不正常。

巨亏涉嫌夸大

此前，中石化的"政策亏损说"也曾引发争议。当时中石化每年都获得中央财政百亿元以上的补贴。中石油只是中石化的故伎重施。

根据现行成品油定价机制，当国际市场三地原油价格连续22个工作日平均移动价格变化超过4%时，国家发改委价格司可相应调整汽柴油及航空煤油等成品油价格。

"然而今年国际油价大幅波动，国家发改委却出于缓解通胀需要，并未严格执行成品油定价机制，或者说，调价幅度远低于国家油价涨幅，因此原油价格上涨的很大一部分压力只能炼油企业自己承担"，中石油旗下炼厂负责人坦言。

他举例说，4月6日国家发改委上调汽油价格500元/吨，柴油价格400元/吨，调整幅度接近7%，被称为是史上第二大涨幅；而同期国际油价已上涨了14%以上，而且这次涨价还是在国际油价已上涨近一个月后才实施的，提价之前的成本是要由炼油厂负担的。

但上述业内人士却指出，中石油夸大了炼油政策性亏损的规模。他表示："中石油业务覆盖了整个石油产业链，通过上下游一体化，完全可以调节各板块利润，达到盈利目的。油价波动对其造成的亏损绝不至500亿之巨。"

来自易贸资讯的数据证实了这点：4月1日，93#汽油山东地炼出厂均价为8725元/吨，而当地93#汽油的最高零售限价却达9376元/吨，两者价差为651元/吨；4月2日90#汽油浙江地区地炼企业出厂价仅为7980元/吨，而当地90#汽油的最高零售限价却达8890元/吨，两者价差达910元/吨。

"中石油是将部分甚至大部分利润转移到了销售板块，从而让炼油板块陷入了巨亏。"上述人士表示。

对此，国家发改委应该是心知肚明。今年2月，国家发改委一份文件中明确指出："要求中石油、中石化发挥石油企业内部上下游利益调节机制作用，平衡内部各板块利益关系，缓解炼油企业困难。"

定价期待放开

近期国内很多加油站都开始实施限购，此时中石油抛出"油价致亏说"无疑增加了各界的不满。

“此次油品供应紧张是现行定价制度弱点的再次暴露，它完全不考虑国内的供需情势，”廖凯舜说，“事实上国内成品油供需绝未达到油荒的程度，只是因为供需比较紧张，批发价格与零售价格倒挂，导致民营加油站难以获得廉价资源罢了。”

据他介绍，今年成品油价格长期没有到位，导致中石油、中石化各炼油厂开工积极性普遍不高，且此前市场普遍预期国内成品油终端零售价格将要下调，因此经销商库存水平也处于低位。而且9月和10月正是农忙时节，终端用户对柴油的需求旺盛。三重因素叠加，导致民营加油站油荒。

“此时，一些民营加油站在舆论上的大肆渲染两大集团终止供油，从而扩大了全社会对油荒的紧张程度，于是囤油、多加油等油荒现象就在全国很多地区上演了。”他表示。

对此，易贸资讯副总裁钟健表示认同。他认为，现行定价机制除了调价周期过长等问题外，未考虑国内供需形势也是其重要的问题。

“4月调价时，国家发改委有意错过了春播，但这种举措与现行定价机制的精神并不相符，这会造成市场对价格趋势的错位判断，进一步扭曲市场的供需。”一位中石化经济技术研究院高层指出，“而国庆节后的降价，又忽略了秋收时节市场对成品油需求的增长。”

上述高层认为，政府应逐步放开成品油的价格管制，让企业自主定价，以避免现行定价机制屡屡出错的尴尬。

“我不主张完全放开成品油市场，但打破寡头垄断，实现有限竞争格局是必需的。只有多油源、多渠道、多层次的成品油市场体系形成，油荒的尴尬才能够彻底消失。”上述高层表示，“政府管得太多不是好事！”

10月20日，周吉平表示，政府应考虑将来允许企业自主定价。

（资料来源：21世纪经济报道，http://finance.eastmoney.com/news/1349,20111022170934279.html 2011年10月22日）

请思考，为促进中石油的持续健康发展，我国政府应当如何履行经济职能？

第一节　政府投资的一般分析

一、政府投资的必要性

在市场经济条件下，社会应主要通过市场机制来配置资源，这是毋庸置疑的。但是，市场经济发展的历史也不断证明，由于外部性、经济周期以及理性不足等原因的存在，存在着广泛的市场失灵现象，完全通过市场机制来自发地配置资源，并不能实现资源的最大效率，也不能消除经济周期。因而宏观经济学认为，只有政府介入经济活动，才能有效弥补市场失灵，使社会经济活动更为平稳有效的运行。从目前世界主要市场经济体的情况看，在政府的各种经济活动中，政府投资作为一种经常使用的政府调控经济的手段，在社会经济资源配置中具有十分重要的作用。

尽管世界各国政府几乎都在投资，但对于“政府投资”这一概念究竟何指，却一直没有一个明确而统一的定义。一般认为，政府投资是和“私人投资”相对应的，即政府投资是政府为投资主体的投资，与私人投资（包括个人与私人企业）相区别。但由于我国经济体制的原因，一些学者在表述政府投资时，是将其与“企业投资”相对应的，即政府投资在私人投资以外，也不包括以国有企业为主体的投资。不同的界定反映了各国经济发展过程以及经济体制的差异以及不同的对于政府投资的理解。在西方成熟的市场经济国家，由于传统上自由主义的影响，政府一般不参与经济事务，所以对政府投资的范围有着比较严格的限制。但在我国，由于计划经济体制的影响，以及对市场经济的理解和改革过程的特殊性，政府投资的范围比成熟的市场经济国家要大得多。

1. 政府投资是政府对经济进行宏观调控的必要手段

在市场经济条件下，市场机制不可能自发地维持经济的长期均衡，因而经济运行具有明显的周期性和不稳定性，理论上来说，这种周期性可以自动调节、自我修复而自动地达到新的均衡，使经济在周期性运行中调整结构，但是不仅这个过程比较长，而且会影响到经济运行的效率。此时，通过政府投资，就可以通过改变投资总量和投资结构，运用反周期的调控方法，调节社会总供给和总需求，以抹平经济周期，防止经济出现大起大落现象。当出现社会总需求不足时，政府可以通过扩大投资，以增加社会总需求来拉动经济增长；反之，在经济出现过热时，政府减少投资，可以起到抑制总需求的作用。当然，政府也可以采取其他的间接调控方式也达到这一目的，但就调控效率而言，毫无疑问，政府投资是最直接因而也是最有效率的。

与此同时，在许多发展中国家，政府投资还有着调整经济结构的作用。一些发展中国家，经济发展的时间较短，在上世纪80年代以来经济全球化的大潮中，其经济结构失衡明显，而像中国这样的经济转型国家，也面临着经济发展和经济结构调整的双重任务，导致其结构调整的难度比较大，通过政府投资，政府可以加大对经济发展中的“瓶颈”部门，需要重点发展的产业的投入，不仅可以缓解经济发展中的结构性矛盾，而且能够加速经济结构的调整，加快经济转型。

2. 政府投资可以弥补市场机制运行的不足

在本书的第二章我们曾经指出，市场经济下广泛的存在着“市场失灵”现象，市场机制配置资源很难在自发进行的状态下达到“帕累托最优”。单纯依靠市场机制既难以提供公共产品，即便能提供某些公共产品，也无法满足社会的需要。原因在于：一是由于“外部性”的存在，导致私人成本和社会成本、私人收益和社会收益的背离，使一些社会效益好而经济效益差的领域无人生产。二是由于公共产品的消费具有非排他性，存在着“搭便车”现象，从而使厂商不能获得足够的刺激来生产这些产品。三是由于那些投资额特别巨大、生产周期比较长、同时又具有很大风险的项目，私人企业和个人均无力独自承担其研发与生产，但这些项目又是一个国家的经济社会发展所必需的，因而需要政府资金的加入。因此，像亚当·斯密这样的市场自由主义者，也在其所著的《国富论》中指出，政府必须要为社会提供公共产品。而政府提供公共产品的重要方式，就是政府投资。

我国是个发展中国家，在工业化、现代化的过程中，政府投资为构建我国完善的工业体系、为经济的发展奠定了基础。不仅如此，政府投资在调节供求关系、引导投资方向、改善投资环境等方面的作用也日益突出。目前在我国经济发展进程中，结构性矛盾始终存在，基础设施的落后一直是我国国民经济发展中的重要制约因素。在快速城市化的进程中，相比较城市人口的迅速增长，城市的基础设施建设水平还比较落后。如城市道路建设、垃圾处理设施、生活污水的处理等。这些基础设施具有公用性、非独占性和不可分性，且大都属于资本密集型行业，需要大量的资本投入，而且它们的建设周期都比较长，投资形成生产能力和回收投资的时间也比较长，这些特点决定了这些基础设施难以吸引企业和个人投资，尤其是在城市快速扩张时期，没有政府强有力的支持，很难推动基础设施的发展。

3. 政府投资已经成为市场经济国家政府对经济进行宏观调控的惯例

自从罗斯福新政和凯恩斯主义确立以后，发达的市场经济国家都大大加强了对经济活动的干预，许多国家纷纷通过对市场活动中的直接投资创办国有企业以调节国民经济的运行。如二战后的日本，政府投资在其经济的恢复和重建中起到了重要的作用。从 1946 年到 1990 年，日本每年的政府公共投资额从 297 亿日元增到 26.3 万亿日元，45 年间增长 885 倍，年均增长率达 16.7%，远远超出了其 GDP 的增长速度。从世界范围看，发展中国家政府投资总额在总投资中所占比例都要高于发达国家，且其中生产性投资比例较高。我国是发展中国家，政府投资在经济建设中起着不可替代的作用。财政投资在政府投资中担当着重要角色。1982 年以前，政府财政支出中，经济建设费用一直在 55%以上，以后，除 1993 年为 39.52%外，其余各年份都超过了 40%。

2008 年以来，美国又一次爆发了严重的金融危机，并逐渐波及欧洲、亚洲等其他国家。为了挽救危机，美国政府采用了政府投资的手段。自 2008 年以来，美国政府相继实施了住房与经济恢复法案、美国政府通过紧急经济稳定法案、美国恢复与再投资法案、问题资产公私合营投资方案等总额高达 7870 亿美元的救市方案，有相当大一部分资金将用于发展新型能源、新材料与生物医药等产业，意图通过政府投资形成美国经济新一轮的增长点以挽救危机。

2008年11月，在世界经济金融危机日趋严峻，并对我国的经济稳定增长产生了较大影响的形势下，为抵御国际经济环境对我国的不利影响，国务院宣布了进一步扩大内需、促进经济增长的十大措施，实施总额约为4万亿元的政府投资计划，其投资的领域主要包括：建设保障性安居工程、农村基础设施建设、铁路、公路和机场等重大基础设施建设、医疗卫生、文化教育事业、生态环境建设、高技术产业化建设、地震灾区灾后重建等。到目前为止，这些投资对我国抵御金融危机的侵袭，保持经济的持续稳定增长发挥了积极的作用。

二、政府投资方式的选择

政府投资方式是指各级政府在投资项目的选择、投资项目的资金筹集、资金投放、项目的管理等方面的运行方式，依据不同的标准，可划分为以下几类：

1. 依政府的参与程度不同，划分为政府间接投资、政府独立投资和政府参与投资

(1)政府间接投资：政府通过认购企业债券、提供利息补贴的方式而进行的投资。在企业有向符合国家产业政策的行业、部门投资的意愿而又苦于资金不足时，政府就可以认购其发行的企业债券，给以必要的资金支持，以鼓励企业投资。而对于那些属于国民经济短线但由于价格不合理或技术风险大等客观原因而低利或微利的行业或部门，政府可以通过利息补贴的方式加以支持和帮助，从而刺激对这些行业和部门的投资。

(2)政府独立投资：政府通过直接投资于国民经济发展急需、但企业又不愿意或无力投资的产业或部门，以改变社会总投资的分配比例，从而实现国家的产业政策。政府独立投资包括拨款和贷款。

(3)政府参与投资：往往是政府通过与企业或其他投资者联合进行投资，实现对投资的引致作用。这种投资方式既可以吸引企业和公众投资，使之符合国家产业政策要求，也是实现规模经济的有效途径。

2. 根据各类投资主体分散的重复不同，分为政府集中投资和政府分散投资

政府投资权高度集中于中央政府，项目的审批和资金的投放都归中央政府负责的方式为政府集中投资方式；如果投资的决策权限分别归属于中央和各级地方政府，则属于政府分散投资方式。

3. 以政府投资是否有偿为依据可以划分为无偿投资和有偿投资

我国改革开放以前，政府投资大部分为无偿投资，有偿投资只占投资总额很少部分，如20世纪60年代试行的支农周转金、小型技术措施贷款等。

三、影响政府投资方式的因素

1.政府的经济职能

政府的经济职能与政府投资方式有着密切的联系。政府采取何种手段来实现其经济职能，直接决定着政府投资方式的选择，而且政府经济职能的变化决定了政府投资方式的变化。

一国政府经济职能的定位，在于其所选择的经济体制，以及政府所面临的经济发展阶段与状况。一般来说，在计划经济体制下，政府几乎控制了全部的经济活动，政府的经济职能扩充到整个的经济领域，除了宏观领域的提供公共产品、保持经济稳定以外，还包括组织生产、主持分配、决定投资等微观活动。尽管诸如生产、投资等微观活动是以政府组织的国营企业作为主体的方式来进行的，但因为政府是企业的主宰，企业不过是秉承政府意志的行政附属机构，政府不仅可以集中企业的全部利润，甚至可以调配企业的资产从事经济建设，这就决定了政府在投资方式的选择上，主要采取直接投资方式，政府负责每个建设项目的资金筹集、投放、物资的采购、项目的管理等各个具体环节。但在市场经济体制下，政府不是社会经济活动的组织者和具体实施主体，其经济职能与计划体制相比大为缩小，主要是为社会经济活动提供法制框架、提供公共产品，以及保持宏观经济的稳定，即政府的经济职能全面退出微观领域，只在宏观领域发挥其不可替代的作用。当政府需要以投资方式来执行其某项宏观经济职能时，其所采用的方式主要是间接投资。

目前我国已经建立起了社会主义市场经济体制，在计划经济体制向市场经济体制转变的过程中，我国政府经济职能发生了很大转变，政府的经济职能范围正逐步由全方位覆盖向重点选择转变。按社会主义市场经济的要求，政府管理经济的职能，主要是制定和执行宏观调控政策，提供公共产品，为经济发展创造良好而公平的环境等，而不直接干预企业的生产经营活动。除了一些关系国计民生的重要行业外，政府已经退出了微观领域，即便在这些重要行业如电信、金融等领域，也是以企业自主决策、自主经营、自筹资金、自担风险、自负盈亏的原则来组织生产和投资活动，政府只根据宏观调控的需要进行政策引导和行政指导。政府仅主要参与基础产业和公益性事业的投资。在这一过程中，政府的投资方式也发生了很大的变化，政府投资方式从过去的单一化向多元化转变，以适应其他经济主体发展对基础产业的需求。具体而言，从过去的以直接投资为主转变为适应市场经济需要的以间接投资为主。

2.政府的投资体制

政府的投资体制是指组织、领导和管理社会投资活动的管理权限和职责的划分等的基本制度和主要方式。它包括投资主体及投资决策权的划分、投资管理权限和职责的划分、投资调控方式、投资管理机构的设置等要素。一定的政府投资方式受投资管理体制的制约，而投资管理体制又受到经济体制的制约，同时，在一个处于转型期的经济体中，它还有自身运行的惯性。在高度集中的计划经济体制下，政府集投资主体与管理主体双重角色于一身，投资方式单一，多是采取政府无偿投资的方式。在市场经济体制下，投资体制发生了很大变化，政府的投资职能和投资范围也相应发生变化，决定了政府投资方式也应有选择地采取多种方式。

3.政府投资的资金来源

政府投资的资金来源主要是在资金成本上来影响政府在投资方式的选择的。政府投资的资金来源是多渠道的：依靠国家的行政力量获取的税收和各种行政事业收费，这些资金无需向纳税人和交费人支付资金成本且无需偿还，因此可以采取无偿投资的方式。而以负债方式筹集的资金要在一定期限内偿还并支付资金成本，就要考虑资金使用效率和资金回报率，因此通过负债方式从国内外筹集资金，多采取有偿投入的方式。但这也不是绝对的，在某些情况下，无偿的资金来源可采取有偿投资方式，而有偿的资金来源可采取无偿投资方式，一般来说只要保持结构上与数量上的基本一致就行。

4.政府投资的范围

政府投资方式与政府投资范围是政府投资两个不同的侧面，两者相辅相成、相互影响。政府投资范围、投资领域的框定，在一定程度上决定政府投资方式的选择。政府投资的范围可以是以下几个层次：竞争性行业，非竞争性行业，所有的经济部门。投资的范围不同，政府投资的方式也不同。

政府投资的范围取决于政府的经济职能定位。如果侧重竞争性行业，行业相对较高的投资报酬率有利于资本的回收，政府投资也往往更多地实行有偿投入方式。政府投资的范围如果侧重非竞争性行业的能源、邮电、水资源及供排水等基础产业，这些产业虽不具备加工业的高回报率但却基本可以以收抵支或微利经营，通过市场化运作，靠自身发展可以偿付成本进行简单再生产和扩大再生产；再比如一些收费的道路、港口、桥梁等，这类设施属于准公共产品生产性质，它的公共性决定了它在经营上不能单纯地追求经济效益，而要进行经济核算，尽量做到自负盈亏。对于这一领域，政府不一定非要大包大揽，在投资方式上可以采取直接投资、控股投资、价格补贴等多种形式进行投资。如果政府投资的投入范围限定于公共产品的生产也就是非竞争性的公共设施和公益性事业生产，由于这些领域是一般企业和居民无力也无意承担的，具有“外溢效应”，为社会共同享用而又不能够通过收取费用满足正常的收支平衡，从而决定了这些领域投资职责天然在政府部门。政府可以集中有限的资金集中投入，更多地实行无偿投资的方式。这些领域主要是指：

(1)防灾系统——如大江大河治理、防洪设施、防岸堤坝、防风、防水、防震等防灾设施；

(2)环境系统——如园林、绿化、公共设施、环境保护、社会治安和消防设施；

(3)科、教、文、卫等系统——如基础科学、气象服务、地质普查和勘探业、九年制义务教育、卫生防疫等的投资。

由于存在着资金约束，政府投资不可能涵盖所有的经济部门，而必须有所取舍，有所侧重。在投资方式的选择上，政府也要根据不同时期的重点和目标选择合适的投资方式及其组合。在我国现阶段，部分是由于受原计划经济体制的影响及公有制为主体的经济制度的影响，部分是由于转型时期政府职能定位的原因，政府投资的范围还是过于宽泛，政府投资方式的选择也不近合理。表现在一些本来应该无偿投入的基础设施和公益性事业的投资却采用了有偿投入的方式，而一些不该投资或该有偿投入的竞争性行业却使用了无偿投入的方式，导致了一定程度上政府经济职能的错位。

四、改革开放以来政府投资体制的演变

改革开放以来，中国的投资方式由过去政府独家投资转变为由各级政府、各个部门和国有企业多渠道投资，缩小指令性计划的范围，下放项目审批权限，简化审批手续，将国家预算内拨款投资改为用银行信贷方式进行管理，对重大的长期建设投资实行分层次管理，加大地方搞重点建设的责任，建立基本建设基金制，成立国家专业投资公司，成立政策性银行，实行项目业主制、招标投标制和项目监理制，充分发挥市场和竞争机制的作用。具体说来，在中国的投融资体制的改革过程中，主要经历了以下几个过程：

1. 试行“拨改贷”制度

从 1979 年开始，国家进行基本建设投资制度的改革，先在北京、上海、广东等省市的轻工、纺织等行业，选择一批有还款能力的项目试行“拨改贷”制度。1982 年扩大了试行范围，1985 年全面推开，1986 年做了一些调整，将国家预算内投资分为国家预算内拨款投资和国家预算内“拨改贷”两部分，对没有还款能力的科研、学校、行政等非经营性建设项目，恢复无偿拨款的办法。国家预算内“拨改贷”投资根据不同行业实行 2.4％～12％的差别利率。在政府投资管理上，计委是主导，负责制定基本建设计划，财政是出纳，要根据国家计委确定的“拨改贷”投资计划将资金拨给同级中国人民建设银行，中国人民建设银行负责调剂和供应资金，并对项目进行监督管理。

对预算内安排的基本建设投资实行拨、贷并存的资金供应方式，是对政府有偿投资方式的肯定和完善，拨改贷有利于投资使用者增强资金周转观念和还本付息观念，克服吃国家“大锅饭”的弊端。但是，由于存在政企不分，贷款决策者不承担

任何风险，政府投资贷款由各级计划部门代表政府决策，贷与不贷、贷多贷少、早贷晚贷，既不是由投资者据实申请，也不是完全由贷款银行据实掌握，而是由政府部门决定。这样一来，出现了决策者、投资者、贷款者的责任多元体，谁都对政府投资负有责任，但又没有明确落实，加之法制不健全产权不明晰，借贷双方的经济权益难以维护，经济责任无法追究。出现了大量决策失误、贷款不能按期偿还、呆账坏账严重的现象，基本建设领域经济效益低下，企业自我积累能力差等问题。这一制度于 1989 年被终止。

2.实行基本建设基金制，成立专业投资公司

实行基本建设基金制，成立专业投资公司，投资方式走出了政企分开的第一步，开始尝试用经济办法对投资进行管理。为了保证国家重要基础工业和基础设施建设，改变计委下计划、财政拨资金、政府投资实质上没有风险责任约束、发生失误难以追究责任的状况，从 1988 年起建立基本建设基金制，并在中央一级成立了能源、交通、原材料、机电与轻纺、农业、林业六个国家专业投资公司，负责管理和经营中央投资项目，用经济办法对政府投资进行管理。基本建设基金分为经营性的和非经营性的，对于经营性的投资，由国家计委切块给专业投资公司，用于基础设施和基础工业等重点建设。经营性基本建设基金分为软贷款和硬贷款，软贷款用于还款能力较低的；非经营性的投资，主要用于中央各部门的文化、教育、卫生、科研等建设和大江大河的治理。各省、市、自治区可根据本地区具体的情况，相应建立基本建设基金。六大专业投资公司在性质上是从事固定资产投资开发的企业，具有控股公司的职能，担负有对中央投资保值增值的责任，同时又具有政策性投资的职能。但是国家专业投资公司也存在着政企不分、关系不顺的弊端。国家投资实行企业化管理的初衷并没有实现。六家专业投资公司与主管部门的关系不顺，项目的立项审批权在国家计委和主管部门，但投资主要由国家专业投资公司安排，对这类建设项目几家都想管，但实际上谁又都管不了。这就造成主管部门和专业投资公司都要管理建设项目，多头管理又无人管理的局面。过去建设项目只对行业主管部门负责，体制改革后反而又多了一个婆婆，企业又添了一个紧箍咒。

3.“贷改投”

为了改变“拨改贷”的弊端，1996 年政府投资实行“贷改投”。凡是国家投资的项目包括基础设施项目，国家将拨付给企业和建设单位的投资资金作为资本金，本着所有者和经营者分离的原则，由企业自主经营。对于新投资项目，如果国家投资的资本金不足，企业和建设单位可以向银行申请贷款，也可以向社会举债，还可以实行股份经营。“贷改投”并不意味着简单恢复过去的拨款制度，过去的拨款投资由于体制不完善，用款单位实际上未能真正承担经济责任，现在把国家资本金改为向企业和建设单位投资，用款单位要按资金利润率和占用的资金向所有者缴纳收

益，这种做法有利于增强项目建设单位的财务自我约束，也有利于提高政府投资的效益。

4.成立政策性银行，完善政府投融资体系

长期以来，基础产业的项目投资主要依赖政策性贷款、专业银行专项贷款、地方“拼盘投资”及各种政府投资债券。由于地方政府“诸侯经济”的扩大、社会“乱集资”的冲击、银行“违章拆借”的泛滥以及上交中央税收的严重流失，使得政府特别是中央政府的重点建设资金来源很不稳定。为了彻底改变这种运作方式杂乱、政出多门、各行其是的局面，1994年国家对政府投资方式又进行了重大改革，撤销原来的国家六大投资公司，剥离专业银行的政策性业务，将政策性业务划归到新成立的国家开发银行，同时又成立了中国农业发展银行、国家进出口银行。这三家政策性银行主要贷款对象是国家的基础设施、基础工业和支柱产业，它们充当的是政府投资的代理人，把计划、财政、银行的政策性投融资业务捏合起来，形成较有效的政府投资运作方式。这三家政策性银行不以赢利为主要目的，以保本微利为基本前提，进一步规范政策性投资的有偿使用方式，对保证基础产业的政策性投资来源的长期稳定创造了条件。

在政府投资方式上，周转金制度和基本建设“拨改贷”、“贷改投”的探索，政策性银行的建立以及稍后成立的国有资产管理基金(专门用来处理国有资产的不良债务)，都是使我国政府投融资体系逐步走上规范化轨道的探索过程，尽管还有这样那样的问题，但取得的成效还是有目共睹的。

5.财政贴息制度——探索以财政资金引导社会资金投入基础产业建设

企业向基础产业项目投资，若得不到平均利润，就会扼制其投资的积极性。政府以财政贴息的方式予以弥补，则提高了企业对基础产业投资的积极性。为了发挥政府投资的引导作用，国家财政从1986年起，实行基本建设政策性贷款项目财政贴息政策。2007年，财政部对《基本建设贷款中央财政贴息资金管理办法》进行了修订，扩大了财政贴息支持的服务，加大了支持力度。“十一五”期间，全国仅对林业的贴息贷款就高达510多亿元，比“十五”增加320亿元，增长2.7倍；中央财政贴息资金达到22.3亿元，比“十五”增加了14.8亿元，增长3倍。财政贴息制度以比较少的资金引导社会资金投入到农业、林业、水利、高新技术开发区、西部铁路等项目，实现了在较短时间内我国基础产业建设的快速发展。

6.吸引和利用外资的BOT投资方式

20世纪90年代以前，我国对基础产业的投资，基本上是政府主管部门直接确定建设项目、直接投资，而且政府还直接参与基础设施和基础工业的运营，承担了沉重的价格补贴，强行的低价使得运营收益无法偿还国内外各种债务，严重削弱了政府进一步对基础产业投资的能力。在这样的背景之下，1995年，国家计委、电力部、交通部联合发布《关于试办外商投资特许权项目审批管理有关问题的通知》，正式在我国进行 BOT 项目试点，此后，我国开始引入这种新的吸引国外资本进行基础设施建设的投资方式。BOT 方式的意义已超出了吸引外资的范围，更重要的是，它是政府投资方式转变的重要尝试。政府只需确定、审批和验收建设项目，通过招标确定项目建设经营为主，投入少量资金甚至无须投入资金，而最终获得建设项目的所有权，有利于政企分开，也有利于加快我国基础产业特别是基础设施的建设。

7. 主权财富基金从无到有

改革开放以来，随着外国投资和对外贸易顺差的不断扩大，我国拥有了高额的外汇储备，到 2007 年 1 季度，外汇储备高达 1.2 万亿美元。为了对外汇储备进行经营管理，防止在人民币升值的大趋势下外汇储备的缩水，2007 年 9 月，中国政府正式宣布成立中国投资有限责任公司，由财政部发行特别国债 15500 亿元人民币，向中国银行购买 2000 亿美元外汇储备，作为其资本金。中投公司是世界上规模最大的主权财富基金之一，实行政企分开、自主经营、商业化运作。自成立以来，中投公司已经成功地进行了多个项目的投资，包括黑石集团、摩根士丹利、澳大利亚房地产信托公司嘉民集团、加拿大泰克资源公司等。据 2010 年 7 月公布的第二次年度报告，中投在 2009 年的投资回报率达到 11.7%，若再加上子公司中央汇金投资有限责任公司(下称汇金)上缴的收益，总回报率达到 12.9%，并且中投内部首度发出分红绩效奖金。

改革开放以来，政府投资方式开始由单一走向多样化、由集中走向分散投资，出现了无偿投资与有偿投资并用，直接投资、参与投资和间接投资并举，中央投资与地方投资并重的灵活有效的投资方式。投资方式的改革在一定程度上拓宽了政府投融资渠道，有意识引导和带动了社会资金投入到经济建设中来，改变了过去的将投资决策权、资金筹集权、项目选择权、项目投资的管理权集于中央政府机关的老做法，尝试着将资金筹集、项目选择权、项目投资实施权和监督权逐渐向政府的代理人和社会中介机构过渡。但政府投资职能的转变不是一朝一夕的事情，由于政府投资还没有建立灵活有效的“退出机制”，政府的职能还没有理顺，积淀的国有资本(竞争性)如何处理也没有明确的答案，投资方式改革也较难深化。

五、我国目前政府投资存在的问题

自从改革开放以来，适应于向社会主义市场经济体制的转型，我国政府投资体制发生了一些重大变化，探索了一些新的投资方式，在体制建设上取得了很大的进展，主要表现为在政府主导下，企业、私人资本和地方政府的投资主权得以确立，并且获得较大的发展，增加了各种投融资渠道；政府直接投资的范围缩小。2004 年，我国颁布了《国务院关于投资体制改革的决定》，标志着我国已经初步建立了与市场经济体制相适应的政府投资体制。但在实践中，依然还存在着投资主体与投融资方式的变化与政府的管理制度不完善之间的矛盾，导致我国目前的政府投资（包括地方政府）活动中存在着一些较大的缺陷，需要在社会主义市场经济体制下进一步加以完善。

1. 全国缺乏统一的领导、规划和管理

全国没有一个专门的机构来管理、指导、协调中央和地方的政府投融资工作。目前，我国的政府投资采取决策、执行和监督分离的管理体制，而每一个环节都涉及很多政府部门。发改委、国资委、财政部、各主管部门、地方各级政府、政策性银行等有关部门都具有管理职能，这些部门之间投资管理职能交叉，各自都有自己制定的投资管理法规和办法，彼此之间又缺乏相应的协调机制，因而导致政府投资缺乏统一规划和管理。各种投资管理机构以多种形式存在，名称、规模、业务范围各不相同，这些政府投融资机构均是分散、独立的单位，不仅不利于充分发挥政府投融资体系的政策性职能作用，更不利于发挥它们在宏观调控中的作用。

而且，伴随着政府投资主体的复杂化、多元化，各个部门、各级政府逐利化的投资行为急待规范。近年来，基础设施和基础工业的产品价格经调整后虽有所提高，但价格偏低的局面没有得到根本改变。受利益驱动，有些地方政府及部门在选择投资领域时，将眼光放在高税率产业（如烟、酒行业）及"投资少、见效快、周期短"的项目，加剧了区域产业结构的趋同化，导致了一系列结构性问题，如能源、交通运输、原材料工业等产业与加工工业发展不协调，基础产业严重滞后，重复建设、低水平投资等。政府投资逐利化倾向还在一定程度上强化了政府对企业的控制，加剧了地方保护主义，就造成市场化进程改革步伐的延缓和机会错失。

2. 在投资范围上，存在着较为普遍的缺位和越位

依照《国务院关于投资体制改革的决定》，政府投资的范围限定在"主要用于关系国家安全和市场不能有效配置资源的经济和社会领域，包括加强公益性和公共基础设施建设、保护和改善生态环境，促进欠发达地区的经济和社会发展，推进科技进步和高新技术产业化"，这一对政府投资范围的规范完全符合现代市场经济体制的要求。但由于受到原计划经济体制惯性的影响，以及在目前体制下，政府作为推动经济增长的主导力量，分税制和现有的政绩评价机制的影响，导致政府对公共产品的生产不能满足社会的需要，却将有限的资金投资于生产竞争性的盈利行业，因而出现政府投资范围存在公共产品投资领域的缺位、竞争性产品领域的越位现象。其根本性的原因，还在于政府对于自身的职能定位不清。

3. 政府引导外资投入的 BOT 方式面临困难

BOT 是英语 Build（建造）、Operate（经营）、Transfer（移交）三个词结合起来的

缩写。这是一种新型的利用财团资本进行基础设施融资的方式。一项 BOT 计划包括三个阶段:财团通过政府授权,计划、融资、设计和建造一个基础设施项目,财团在政府预先特许的一定时期内经营,特许期间,财团对设施使用按市场价格收费,用以维持经营、偿还贷款、支付红利,经营结束将项目新建成的基础设施资产移交给政府或公共部门经营。BOT 投资方式目前在我国已有了初步的发展,在国内已有一些基础设施的工程项目,通过 BOT 方式取得了成功,但总体而言在我国开展得还不普遍,不顺利。

如何积极探索和采用 BOT 方式,加快我国基础设施建设步伐,对缓解基础设施投资资金短缺的困难,分散投资风险,提高项目建设运营效率,为我国带来先进的管理经验和技术,加快我国基础设施的商品化及其建设、经营、管理的现代化都是极为有意义的。然而,这种引资建设方式在具体运用中存在一些不容忽视的问题:

(1)BOT 项目的发起者必须事先垫付巨款进行可行性研究乃至初步设计,BOT 方式虽然将项目的实施和使用(经营)融为一体,但项目是否成立的决策仍掌握在政府手里,有些项目在进行可行性研究和初步设计完成后,政府有可能不予接受或被其他承包商夺去中标的机会,这不利于吸引有意投资而实力一般的中小财团投资。

(2)外商从自身利益出发,往往提出获利尽可能大、投资风险尽可能小的方案,试图由我国政府承担本应由投资者承担的诸多风险,因而造成提出谈判的项目较多,但谈判成功并付诸实施的项目很少的不利局面。

(3)外商投资者投入的是外币,收入的却是本币,项目面临外汇平衡问题,外商往往要求我国政府保证按既定的汇率兑换外币,从而使我国政府既增加了外汇支付的压力,又承担了汇率风险。虽然这一点在我国入世后情况会有所好转,但政府所要承担的相关风险始终还是存在的。

所以,引进 BOT 方式这么多年来,但进展的速度并不快,靠 BOT 方式引资完成的项目并不多。要想加快 BOT 方式的步伐,政府在加大基础设施自身投资的同时,应考虑如何改进 BOT 方式。

4.政策性银行步履维艰

1994 年,我国相继成立了三家政策性银行——国家开发银行、中国进出口银行、中国农业发展银行,这些政策性银行在各自的业务领域内,直接或间接地从事政策性融资活动和投资活动,以贯彻、配合政府社会经济政策或意图。其对于改善政府投资方式、加强基础产业建设起到了重要作用,但在运行中也出现了一系列的矛盾和问题。

(1)资金成本偏高。目前,我国政策性银行的资金来源主要包括:财政拨付的资本金和重点建设资金、发行金融债券、中央银行再贷款、同业拆借资金。由于我国财政困难，无力拿出更多的资金作为国家开发银行的资本金，加之中央银行的借款极其有限，这使得政策性银行在筹资上主要依靠中央银行采取行政摊派方式向各商业性金融机构发行金融债券来开展贷款业务。如国家开发银行2009年通过发行债券筹集的资金与其发放贷款的资金的比重为87.2%。2009年，国家开发银行的总负债为41611亿元，其中通过向国内外发行债券筹集的资金为31884亿元，占资金来源总量的76.6%。金融债券是一种成本相对较高的负债，国家开发银行2009年发行债券的平均利率为3.35%，但同期的银行间市场的加权平均回购利率仅为1.98%。1995年以后，由于国家开发银行发行的金融债券是按年付息的，是一种复利债券，资金成本进一步提高。国家开发银行通过高成本发行金融债券开展政策性贷款业务，只有在其每一笔贷款都能赢利时才能顺利及时地收回本息，而国家开发银行不以追求赢利为经营目标，主要投资于基础产业和支柱产业，以执行国家中长期规划的产业政策和区域发展政策为己任，高进低出的运作使其必然要承担相当高的贴息资金。

(2)资金来源的结构不平衡。2008年国家开发银行共发行债券6200亿元，上升1.6个百分点；期限5年以内的债券发行量达3900亿元，占债券总额的62.9%，在2009年，这一数字虽然由于市场资金充裕和其主要发行债券品种为固定利率债券的原因而有所下降，但截至2009年，国家开发银行在银行间债券市场发行债券31884亿元，其中，期限5年以内的债券发行量占比48.11%。目前国家开发银行发行的金融债券的期限结构，与其所承担的长期性建设项目贷款很不对称。

(3)资金运用任务艰巨。目前政策性银行的业务存在两大主要矛盾：一是软资产与硬负债的矛盾。政策性贷款项目往往经济效益较差而社会效益较好有的甚至是亏损行业，很难在规定的期限内收回贷款本息，甚至形成呆、坏账，加之管理上的漏洞，不良贷款增多，形成软资产；而与此相对应的负债即金融债券却是硬约束，难以保证业务开展的需要。

政府投融资体系的上述种种缺憾，造成的结果是中央政府的宏观调控能力减弱，经济结构失调，政府的投资资金严重不足，不能保证国家的重点建设。

另外，我国政府投融资体系还无法可依，特别是在资金来源、投向及收费标准等方面缺乏明确、严格的规定，许多机构和个人为了自身利益任意将政策性资金作非政策性运用，长期下去会影响政府投融资作用的发挥。

第二节 政府作为中介人的理论分析

一、市场经济守夜人的政府

在市场经济体制下，如何界定政府的职能，是各国政府和学者面临的共同难题。

1. 界定政府职能的出发点

在西方国家，不论在理论上，还是在实践上，对政府职能的界定，都是一个非常重要的、但却争论较大和较为混乱的问题。这一问题不仅仅是一个经济学的问题，而且还涉及政治学、历史学、法学、哲学等一系列领域。不同的国家，不同的学科，即使同一学科的不同学派，甚至不同的个人，对政府职能的界定都可能会是不同的。导致这种差别的主要原因，是他们采用的界定方式与出发点都可能是不同的。总起来说，一些学者界定政府职能的基本方法主要有以下几种：

(1)市场失灵状况

市场失灵是指由于市场内在的功能缺陷或外部条件缺陷，导致市场机制在某些经济活动中不可能实现资源的有效配置的现象。人们通常把市场失灵归结为三种形式：一是市场固有的局限造成的市场失灵，即在市场最完美、最完善的情况下，有些问题市场仍然解决不了；二是现实中的市场无论如何也达不到理论上所假定的那样完善程度，这种对理想市场不可避免的偏离，就会造成一定的市场失灵；三是由于各种原因而导致市场不发育和对市场的破坏产生的市场失灵。在这三种形式中，第三种形式的市场失灵可以通过完善市场而得以克服，但前两种形式的市场失灵则不可能靠完善市场得到克服。为了解决市场失灵，实现资源的最优配置，就需要市场以外的因素进入经济运行的过程。此一因素，天然的就是政府。因此，市场失灵的程度和范围，就决定着政府干预的程度和范围，这是在市场失灵情况下界定政府职能的基本逻辑。如果单从这一层面上说，对政府职能的界定，实际上就变成了对市场失灵的界定。对市场失灵的不同认识，就会形成对政府职能的不同界定，因而有学者在界定政府职能时，往往争论的是市场机制的有效性。虽然他们都承认市场不是万能的，从而在需要政府干预上没有分歧，但他们对市场失灵的程度和范围却存在着较大的分歧，进而决定了他们对政府职能界定的分歧，影响了人们对政府职能的边界的认识。

在西方国家，根据市场失灵状况来界定政府职能的做法已被广泛采用，成为一种最基本的界定方法。这是因为，西方的市场经济体制最初是建立在市场机制充分有效的基础上的，但在现实的经济运行过程中，尤其是在现代市场经济条件下，市场机制并不像理论上假定的那样有效，从而造成了资源配置的非效率，这就迫使一些学者尤其是西方学者不得不对市场失灵作出分析，并寻求克服市场失灵，提高资源配置效率的政府干预的途径和方法。当然，西方学者同时又承认，用市场失灵状况来界定政府的职能也有它的局限性，政府职能正确界定，还需要结合其他的方法。

(2)政府失灵状况

市场失灵的存在，提出了政府干预的必要性，但政府也不是万能的神灵，市场不能调节和调节不好的事情，政府并不必然就能调节和调节得比市场更好。因此，一些西方学者认为，并不是所有的市场失灵，都必然要求政府干预来加以克服。要正确地界定政府职能，还必须分析政府失灵。他们认为，政府失灵主要表现在由于信息机制的限制而使经济体制缺乏灵活性；由于否定特殊的物质利益和自主性而使经济体制丧失了激励机制，从而不能满足消费者的偏好，实现资源有效配置。此外，政府调节还极易导致官僚主义的浪费和非效率。许多西方学者认为，西方国家20世纪70年代政府干预的令人失望的结果证实了政府失灵的存在。有的学者甚至认为，政府干预本来是要克服市场失灵的，但结果政府失灵比市场失灵更糟。政府失灵的存在，就规定了政府职能的边界。在这个边界以内，政府调节是有效的，一旦超出了这个边界，政府调节就会失灵，即使这里仍存在市场失灵，也只能通过市场自身的作用来解决。

在政府干预过度的情况下，通过采用政府失灵的方法重新界定政府的职能，以克服政府失灵，提高资源配置的效率。例如，在传统的社会主义计划经济体制下，政府直接管理着一切经济活动，造成了严重的低效率。人们正是通过分析这种体制的种种弊端，证明了市场化改革的必要性以及用市场调节替代政府调节的程度和范围。在西方国家，自从第二次世界大战以来，政府干预的不断增长，虽然对克服市场失灵发挥了积极作用，但同时也出现了政府失灵，这就提出了对政府职能的重新界定。如美国国会经济发展委员会1979年就提出了《市场经济体制中政府职能的重新界定》的研究报告。该报告在谈到研究目的时就认为，我们关注到：在经济体制中，政府干预的大范围的无控制的增长，正在损害着国家经济和社会目标的实现。因而，该报告的核心是对政府的经济职能进行重新界定。即主张缩小政府的职能，扩大市场机制的作用范围和作用程度。

(3)成本—收益分析的方法

用成本—收益方法是在市场失灵状况分析和政府失灵状况分析的基础上进一步界定政府职能的一种方法。它主要是解决在市场和政府都失灵的情况下调节机制的选择问题。在现实的经济运行过程中，对某些经济活动的调节用市场和政府都会发生失灵，这就使得现实的资源配置机制只能在不完善的市场机制和不完善的政府干预机制之间进行选择。为了实现这种选择，就需要对这两种不完善的资源配置机制进行比较，以选择哪种成本最小、收益最大的调节机制。西方学者认为，这种比较选择是极其困难的，解决这一问题的唯一办法是进行一系列细致的经验研究，就每一个特殊事例的交易成本和福利损失进行比较，也就是成本—收益的比较。

(4)社会因素状况

由于政府职能的界定不仅取决于经济因素状况，而且还取决于各种社会因素状况，因而各种社会因素状况就不可能不影响到政府职能的界定。西方学者认为，任何政府都不是中立的，它总是一定集团和利益的代表，因而政府的政治性质、思想主张和信仰必然影响政府职能的界定。有的西方学者甚至认为，政府职能的界定，在很大程度上还是信仰和观念的选择。信仰和观念是政府职能和政府政策的函数。这意味着，信仰和观念的变化，必然导致对政府职能界定的变化。此外，一国所具有的特殊的历史文化传统，也会对政府职能的界定发生影响。因此，在界定政府职能时，还必须考虑这些社会因素状况。

社会因素状况不仅直接影响政府职能的界定，而且还会通过影响其他界定方法间接制约政府职能的再界定。因为市场失灵状况、政府失灵状况和成本—收益分析方法，虽然在很大程度上可以通过经验研究得以验证，但在一些情况下，失灵的成本和调节的收益往往是难以计量和验证的，这就使选择不可避免地要带有价值判断的成分。在这里，社会因素就会发生作用。例如，什么样的收入分配是最“合适”的，不同的人往往就会有不同的回答。又如，某些经济活动的外部效果的成本或收益无法被衡量，也不能在市场上表现出来，这种信息的缺乏就使价值判断是必然的。因此，像政府在提供教育、鼓励研究和开发、治理环境污染等方面适宜的职能就取决于人们对这些问题的不同价值判断。

2. 市场经济条件下政府的一般经济职能

政府的一般经济职能，是指任何国家、任何性质的现代市场经济体制下，政府都应具有的基本职能，可以说，这是政府职能的最低界限。它在很大程度上是撇开了社会因素的影响，主要根据市场失灵状况、政府失灵状况和成本—收益分析的方法而作出的界定。这些职能主要有：

(1)建立市场经济运行基本框架

市场经济体制是自由交换和权力分散的体制，但这种自由不是绝对的和不受限制的，否则，就不可能有真正的自由交换。为了维护市场的自由交换，就需要政府建立起市场经济的秩序，以界定各个市场经济主体的权利和义务，建立它们活动的边界，从而使它们在边界内自由地做自己想做的事。政府的这一职能主要包括：界定和保护产权，形成各个经济主体的明确的产权界定，这是市场自由交换得以进行的前提。制定各种法律和法规，建立起一整套适应市场经济运行的法律制度。没有一套完整的法律制度，有效率的市场就不可能存在，法律制度是使商品和劳务有秩序地、持久地生产和交换成为可能的一个先决条件。政府不仅应是法规的制定者，而且还应成为法规的实施者和充当“裁判员”，以保证各项法规得以贯彻。政府执行这一职能，就可以形成一种框架，以便在这个框架内，市场经济的自由运行能够达到它的既定的社会目标。

(2)提供各种公共产品

所谓公共产品是具有使用价值上的不可分割性和对它们消费的非排他性的产品。人们也通常以国防为例，即国防不可能交给每一个公民分别完成，某个人享受国家安全并不排斥其他人也享受这种安全，而其他人享受这种安全也不会增加国防的边际成本。因此，公共产品不可能运用市场原则在市场上买卖，而只能由政府来提供。政府提供的公共产品和劳务主要包括：国防、国内安全和警察、消防、道路和桥梁、交通控制系统等各种市政工程、大型的水利设施建设、提供各种形式的信息和咨询服务，等等。这些公共产品和劳务的提供，对于现代社会的福利是至关重要的，因而它们中的一部分已成为政府的典型职责。但是，政府提供公共产品和劳务的程度、范围以及形式并不是固定不变的，根据客观条件的许可，某些公共产品和劳务也可以由私人企业（厂商）来提供。把某些公共产品和劳务承包给私人企业来完成要比由政府直接提供具有更多的好处。政府在提供公共产品和劳务时，也可采取收费的形式，但这应是偶然的，因为如收取道路通过费，这对于经营广阔的完整公路系统是极为不方便和无效的。

(3)稳定经济

这是政府的宏观经济职能，履行这一职能的目的主要是形成市场经济运行的良好的宏观经济环境，消除经济运行的周期性波动。政府的宏观经济职能产生的根本原因在于现代工业使个人、企业之间联系越来越紧密，从而形成了他们之间的共同利益。而在市场机制调节下，每个人或企业追求各自的利益，有时会损害他们的共同利益，如出现通货膨胀、经济衰退、失业等。这就要求政府运用财政政策、货币政策、收入政策等对经济活动进行干预。一些人认为，在斯密时代，由于社会经济规模较少，个人与个人之间的经济关系占支配地位，因而当时的政府就不需要执行现在这样多的宏观经济职能。

对政府一般经济职能的界定存在着许多争论和分歧，要想对此得出一个唯一的答案是十分困难的，即使西方国家都执行着许多方面的基本职能，但各国由于各种原因在执行的程度、范围和手段等方面也都存在着许多的差异。

(4)维护竞争、反对垄断

竞争对市场经济体制具有决定性的作用，因为市场机制的有效性，就取决于市场的竞争性。如果市场被一个或少数垄断者所控制，垄断势力就会导致非效率。但是，市场自身的运行并不具有维护竞争、防止垄断的自动机制，相反，它却往往会产生两种破坏竞争的倾向：一是会对竞争缺乏必要的限制而形成的过度竞争；二是竞争者通过合并或串谋而形成垄断。过度竞争会造成竞争的毁灭，而垄断则会造成竞争的窒息。所以，这就要求政府必须运用反垄断政策和产业组织政策保护竞争，以形成有效竞争市场。

(5)保护自然资源和发展教育

这一职能是根据经济活动中的外部效应产生的市场失灵而确立的。在存在外部效应的情况下，私人成本小于社会成本，即个别企业的经济收益是不一致的。当私人成本小于社会成本，即个别企业的经济活动给社会带来损害时，就产生了外部的负效应，前面我们已经讲到企业在生产时排出的烟尘、垃圾、废料对空气、水、河流、湖泊的污染就属于这种情况。由于这种污染损失并不计入企业的成本，因而单由市场调节就不能阻止自然资源的浪费和自然环境的恶化。这就需要政府从社会利益出发承担起保护自然资源和环境的职责。政府在履行这一职责时，可以采取直接控制的方法，如颁布各种控制法规和标准，采取强制手段禁止或减少污染等；也可采取外部成本内部化的形式，如运用征税手段，使企业成本与社会成本相一致，引导企业从自身利益出发减少或停止对环境的污染和破坏。

当个人收益小于社会收益，即私人活动不仅给自己带来收益，而且也同时给社会带来收益时，这是对产生的外部正效应，其典型的例子之一是教育。人们投资教育，使自身的劳动素质提高，这不仅有利于提高投资者的收入水平和情趣，而且还有利于促进国家经济的发展和社会政治、文化的进步，使社会得到收益。由于私人在投资教育时，往往并不考虑社会收益，而只考虑个人的收益，这就会使私人的教育投资达到社会的最佳水平，从而需要政府为获得更多的社会利益承担起发展教育的职责。政府发展教育，通常采取两种形式：一是出资直接兴办学校，实行各种形式的教育和培训。二是通过直接资助、免税和其他各种形式的帮助，支持非政府部门发展教育。此外，对那些缺乏理智的人，政府还可以通过教育立法，运用强制力量使他们接受教育。

(6)切实提供社会保障

市场经济的运行往往会产生社会所不能接受的残酷的后果，某些人由于生病、年老、文盲或其他原因在就业等竞争中失败，从而陷入失业、贫困、营养不良等困境。在现代文明社会，已经不可能再坚持那种“适者生存”的社会哲学，因而需要政府提供和发展社会保障体系，如发展各种各样的社会安全、失业救济、收入保障、住房补贴、食品券、医疗计划等社会保障制度。目前西方国家虽然对政府福利计划的范围、成本、手段等是否恰当进行着争论，但并没有提出要取消政府的这一职能。

3.市场经济条件下政府特殊经济职能

要界定政府的职能，必须非常重视将时空观引入分析的视野。从空间上看，不同的国家有其特殊的政治制度、思想主张和历史文化传统，因而它们对政府职能的界定就不可能是一样的。从时间观上看，各个国家处在经济发展的不同阶段上，因各自的背景不同要求有不同的政府职能，即使同一个国家，在不同的发展时期，其政府职能也不可能是一样的。因此，政府职能的界定，不可能有单一的模式，而且它还是不断变化的，这就需要对政府职能进行特殊的界定。这时政府职能界定主要应考虑以下几个因素：

(1)经济发展阶段

对政府职能的界定，必须考虑经济发展的不同阶段。这主要包括两方面的关系：①不同的国家所处的经济发展阶段不同，政府的经济职能就会有所不同。这是因为：第一，处在不同发展阶段的国家的市场发育程度不同。例如，发达国家和发展中国家的政府职能就表现出较大的差异。在发达国家，市场发育程度高，市场机制较显完善，因而可以更多地利用市场机制实现资源的有效配置，政府干预的程度和范围相应就会较少。在发展中国家，市场是不发达的，市场机制因而也不完善，这是发展中国家的一个基本特征。市场不发达，就使得市场许多应有的功能难以发挥，有可能造成更大范围和更高程度的市场失灵，从而不得不相应地扩大政府的调节职能。第二，处在不同发展阶段的国家所面临的任务不同，先实现现代化的国家如美国、英国，在实现现代化的过程中较少利用政府的作用，而后实现现代化的国家如日本、韩国，在实现现代化过程中则较多地发挥了政府的作用。这是因为后者面临着要在短期内迅速实现现代化的任务。现代化任务的加速实现，就要在一定程度上借助政府的强制力量，而这种政府的强制力量之所以有效，是因为先实现现代化的国家提供了发展的基本方向。②在同一国家不同的发展阶段上，政府的经济职能也会发生变化。在西方发达国家的资本主义早期阶段，强调斯密的“看不见的手”的调节，政府职能被限制在“守夜人”的职能范围内。随着垄断资本主义的产生和加重，以及经济大危机对市场机制的破坏，凯恩斯的国家干预理论兴起，政府职能随之扩大。进入 20 世纪 70 年代以来，政府失灵的产生和发展，以及市场机制在一定程度上的恢复和完善，又提出重新界定政府职能，要求限制和缩小政府的职能，出现一股新自由主义的思潮。在发展中国家，随着经济的发展，市场的不断发育和市场机制的不断完善，市场机制的作用会不断增强，从而政府的一些职能有逐步缩小的趋势。

(2)社会历史文化传统

在一定阶段，一国政府职能的形成，往往还要取决于习惯和历史文化传统。这些传统包括宗教信仰、文化、种族以及对分散和集中管理的态度等。历史文化传统不同，政府的职能就可能会有所不同。例如，日本建立了不同于美国的积极的政府干预的市场经济模式，这是因为它具有独特的历史文化传统，这种文化传统是以极强的集体忠诚和家长制为基础的。亚洲“四小龙”的迅速崛起，再次证明了与特定的历史文化传统相适应的经济体制的有效性。

(3)经济制度和政治信仰

任何政府经济职能的外延、本质和模型，在不同的社会经济制度下，特别是在不同的阶级利益关系下是不同的，因为政治和经济不是独立存在的，它们是相互界定的，政府保护的利益，追求什么样的经济结果都要依赖于经济和政治的共同决策过程。政府的经济职能就深深地交织着政治和经济的关系。例如，在私有财产制度下，政府就要承担保护私有财产的职责，而在公有财产制度下，政府要保护财产的管理方式就与此不同。

此外，政府职能的范围，也和执政党的政治信仰密切相关。

由于考虑以上因素，政府职能的界定，就会产生各种形式的变化，但是，不管政府职能的界定因各种因素的影响而发生什么样的变化，就总体而言，市场经济体制下的政府职能应限制在尽可能最低的限度内，因为市场经济体制的一般特征是以市场为基础，并把市场作为资源配置的基本调节机制。如果政府职能任意扩大，就会否定或破坏市场机制的基础作用，从而否定或破坏市场经济体制。这就是说，政府调节和市场调节虽然存在着相容性，政府调节主要采用通过市场的调节手段，而不是直接的控制，但政府调节和市场调节之间总是存在一定的矛盾。

当然，把政府职能限制在尽可能最低的限度内，并不意味着不要政府的作用，或者政府的职能越少越好。有学者明确指出：世界上有两种坏的政府，一种是管得太多的政府，它导致专制；另一种是管得太少的政府，它导致软弱，政府职能应在这两者之间进行选择，确定相应的区间和边界。

二、中介服务中的政府

政府自产生以来，大体经历了专制政府、权威政府和中介政府这样三个阶段，就经济职能而言，不同阶段的政府有很大的差异。中介政府则是高度文明的现代社会里才出现，在现代社会人们还常常要问政府是否是中立的问题。

1. 政府是否是中立的

政府行为是有偏好的。一般来说，在现代国家，左翼政党执政的政府会倾向于增税和增加社会保障、社会福利，缩小不同社会群体的收入差距，以维护社会公正；而右翼政党执政的政府会倾向于减税和减少社会保障、社会福利，以扩充经济自由。但对于社会公众来说，不同的社会群体对政府行为偏好的认识则有差异。就社会成员的收入状况来区分，低收入人群会认为政府偏好于富人，对富人的征税不够多，对穷人的保障则太少，导致社会的贫富差距太大。高收入群体则可能认为政府偏好于穷人，税收实行累进税，收入越高税率越高，而有些人不用工作，就能够依赖政府补贴而衣食无忧。就不同资源的提供者来区分，厂商认为企业在经营的过程中已经是对社会有贡献，其生产产品改变了资源的使用状况，增加了社会就业，却在经营活动中被征税，收入要纳税，消费时还要纳税。被雇佣者则抱怨工资收入在整个国民收入中的比例过低。不同的社会群体都对政府都有意见，都认为政府行为是不公平的。但其实，这正是补贴社会群体有了那么多的抱怨才使政府行为趋向于公正，才显示出政府行为的公正性，只是政府行为的公正性是在“不公平”中实行的。

一个政府既要考虑社会稳定、经济发展，又必须从中注意到生产发展的需要和消费满足的需要，既要考虑社会公平，又要考虑经济效率，政府行为要在这几种不同的目标间进行权衡，以体现其公正性。

为了鼓励投资和生产，对高收入者既要征税，但税率不能太高，否则会伤害投资的积极性，从而使整体经济失去活力。但不征税或税率太低，则会使政府难以维持，由此产生的后果不论是高额的政府债务或是政府行为失效，其代价都是整个社会所难以承受的。所以纳税完全用得上那句“取之于民，用之于民”的话，只是从税入到税出的过程，在结构上与某个纳税人的利益会有不一致的地方。我们每个社会公民应该认识到一个现代政府行为的公正性。

当然政府的公正还是不排除在具体操作上的经济人身份的，所以对政府行为的监督我们认为还是必要的。

2.政府如何做好中介服务

这个问题我们在前几章中均有涉及，一是从政府的投资中体现政府的中介身份，政府投资的直接目的不是为了自己的盈利，并不是要增加政府自身的财富积累量，政府投资为的是社会与经济的稳定和发展。二是政府的转移支付活动中体现的中介身份，在进行转移支付的过程中，政府除了自身的机构可以增加外，政府既没有合法的组织收入，又没有其成员的个人收入，无论是社会保障基金，还是公债付息等，政府成员往往是社会保障享受最少的社会成员之一。因为他们有工作，生活优越于他人，轮不到他们“享受”其中一些社会保障内容。三是一般经济政策的引导。政府经济政策的引导从冠冕堂皇的角度看也不是为了自己。设立证券交易使投资人有了投资渠道和投资收益，使企业有融资渠道，企业规模得以扩大。利率的升降也不为别的，都与促进生产和消费有密切的关系。

在政府的投资、转移支付、出台种种经济政策和采取种种经济措施的过程中政府实行了它为社会生产者与消费者、投资者与就业者、个人与社会组织等之间的中介服务。

政府做好中介服务一般必须有一定的组织，这种中介组织既有半官方色彩，也受到成本—收益、社会效益与经济效益的约束，这种中介组织在财力上受政府支持或资助，它的所谓的官方性质完全是由资源的来源程度决定的，因为我们知道有大量的中介组织是不受政府在资金上支持或资助的。它们就是要通过中介服务而实行盈利，而政府的中介服务（包括政府的中介服务组织）是非盈利性的，财务上全面地接受政府监督，对政府负责。

政府的中介服务显然有一大块属于政府自身基本职能的必要组成部分，它既不能委托中介机构来完成，也无法委托中介机构来执行，如社会保障，在所有发达的市场经济国家，几乎都已有政府自己直接来承担的。社会保障支出成为政府支出的主要部分。

政府的种种中介服务，本身表明政府就是一个中介体的化身，在现代社会中越来越显示出这一点，而政府的权威性将逐渐将体现在政府的服务质量上，而不是在专政机构的力量上，我们在这里加上这一小部分内容的目的也在于说明这一点。

所以政府的中介服务一定要制度化、法制化。制度化、法制化既便于政府搞好中介服务，以便有章可循，也便于社会成员对它的监督，因为政府的中介服务是社会公共权力延伸的产物。既是因为权力属于公众，又因具有垄断性与社会中介机构服务的可选择性是有区别的。

第三节　政府经济职能的趋势分析

从市场经济的发展历史来看，政府经济职能是经历了一个逐步发展变化的过程的。在自由市场时期，各市场经济国家都信奉“管得最少的政府就是最好的政府”这一信条，政府的经济职能因此被局限在一个很小的范围内，即主要是维护市场微观运行的基本框架和为社会提供公共产品。随着市场失灵状况的严重，经济运行出现周期性的且越来越严重的经济危机以后，尤其是在1929—1933年的世界性经济大萧条以后，各国政府都加强了对经济的干预，一直到20世纪80年代，政府对经济的干预程度越来越深，政府经济职能普遍得到了强化，与此同时，政府失灵的状况也得到了充分的展现。一般认为，20世纪七八十年代出现的“滞胀”现象就是由于政府对经济的过度干预所导致的。20世纪80年代以后，在新自由主义经济学的影响下，欧美各主要发达国家重新开始了私有化的浪潮，政府从经济领域逐步退出，其经济职能——主要是对微观经济的直接干预职能——逐渐弱化。但在2008年开始的新的一轮金融危机的影响下，以美国为首，各国政府又重新强化了其经济职能，加强了对经济的干预。

总体上来看，政府经济职能的变化主要有两个特征：一是其核心的内容基本是稳定的,如提供公共产品、维护经济稳定等;二是政府经济职能的调整总是和经济运行的状况相关,如经济缺乏效率时,缩小其职能范围,在遭遇经济危机时,强化其经济职能,但总体上来说,政府的经济职能是逐步扩大的和逐步强化的。

一、市场主体利益冲突与政府职能强化

1.政府经济职能的目标

市场经济下,政府行使其经济职能的实质是要维护社会经济秩序,维护市场经济公平竞争的环境,促使市场微观主体提高效率。宏观的考察政府的经济职能,可以从两个方面来看,一是政府的基本经济职能,即作为政府在经济上的基本存在意义的职能,目的在于为市场机制的运行提供制度框架,以确保市场经济的稳定和效率。二是随着市场机制的发展,而在基本经济职能以外发展起来的职能,可以称之为宏观干预职能,这些主要是针对市场失灵的,因而随着市场失灵的表现不同而相应的变化。相对于基本职能而言,宏观干预职能在具体的经济活动中表现为经济政策,而这些经济政策总有一些比较确定而具体的目标。

宏观经济政策是指政府为了克服市场失灵、增进社会经济福利而制定的解决经济问题的指导原则和措施,其希望实现的目标大体上有四个,即充分就业、价格稳定、经济持续均衡增长和国际收支平衡。

充分就业是政府经济政策的首要目标。所谓充分就业,是指在某一货币工资水平下,所有愿意工作的劳动力人口都能得到就业。一国的劳动力人口是指处于劳动年龄的人口减去在校成年学生。通常以失业率作为衡量是否达到充分就业的指标。按照凯恩斯的理论,失业分为三类:摩擦失业、自愿失业和非自愿失业,摩擦失业是指在生产过程中由于难以避免的摩擦造成的短期、局部性失业。如劳动力流动性不足,工种转换困难所致引起的失业。自愿失业是指工人不愿意接受现行工资而形成的失业。非自愿失业是指工人愿意接受现行工资,但是找不到工作的失业。按照凯恩斯理论,只要消除了“非自愿失业”,就等于实现了充分就业。但在货币主义者看来,社会总是存在“自然失业率”,“自然失业率”是指在没有货币因素干扰的情况下,让劳动市场和商品市场自发作用时,总供给和总需求都处于均衡状况的失业率。一般认为,一个正常的经济体,其“自然失业率”约为4%～6%。

价格稳定是宏观经济经济的又一个重要目标。价格稳定是指价格总水平的稳定,价格总水平的稳定通常用价格指数变化来表示,即用不同时期一般价格水平变化的百分比显示。价格指数有三种:消费价格指数(CPI)、生产价格指数(PPI)和国内生产总值折算数。这些价格指数的变化反映一个国家物价的稳定状况。其中以CPI使用最为普遍,所谓CPI是对一个固定的消费品篮子价格的衡量,主要反映消费者支付商品和劳务的价格变化情况,也是一种度量通货膨胀水平的工具,以

百分比变化为表达形式。

价格的稳定不是说任何商品价格都固定不变，而是指价格指数的相对稳定。一来不同商品之间的价格依然会有不同水平的变化，另外，一般来说，只要 CPI 小于 3%，仍然可以认为价格是稳定的。

政府发挥经济职能的第三个目标是经济持续均衡增长。经济增长是指在一定时期内社会所生产的人均产量和人均收入的持续增长，通常以一定时期内 GDP 和人均 GDP 的增长率来作为衡量指标。使经济持续均衡增长是出于对市场机制自身作用造成的经济周期变化、大起大落而实施的调控目标。经济的周期变化大起大落会危及生产要素的合理利用，当经济低迷时使生产要素严重过剩，造成生产要素的大量浪费；而经济超速发展时又会导致人们对生产要素的掠夺式利用，还会带来环境问题，影响长远发展。如何使经济做到持续均衡增长，保护生产要素的合理利用，为一国经济甚至社会的稳定创造条件，成为政府宏观经济政策目标的又一个主要内容。

政府发挥经济职能的最后一个目标是国际收支的平衡。随着市场联系的国际化，国际经济交往日益密切，如何平衡国际收支，也就显得十分重要。从市场机制自身作用看，进出口的变化是以盈利为导向。外贸收支变化会出现急剧变化，这种情况从一国实施的国际经济关系来看会带来消极作用，冲击一国国际收支的平衡。所以，一国收支平衡既反映了一国经济实力与稳定状况，也反映了该国经济、社会能否持续发展的问题。从当前大多数国家的发展情况看，希望国际收支能够保持顺差，以便能增加黄金与外汇储备，提高自己的经济实力以应对全球性经济危机，对发展中国家而言，这方面尤其迫切。发展中国家既要对外开放引进外资，又要防止对外开放过程中国际资本对本国的冲击，能够保持国际收支的顺差，对抵御世界性的金融风险有着十分重大的意义。越是开放，越要防止国际资本的冲击。

2.政府发挥经济职能的主要手段

政府在发挥经济职能的过程中，有一个逐步深化与完善的过程。总的来说，政府经济职能的发挥是伴随着市场经济的发展而加深的，调控的方法也逐渐丰富起来，有经济政策、经济立法、计划管理、行政监管等等。我国政府用经济政策和经济活动对经济进行干预和调节，主要是通过“国家调节市场，市场引导企业”的调节机制来实现的。主要是运用财政政策、货币政策、收入分配政策和汇率政策等来实现其经济职能的目标。

(1)财政政策的运用

财政政策包括财政收入政策与财政支出政策。现代财政收入来自于税收、公债与赤字预算这样几个方面。其中税收是主要的财政收入来源。前面我们已介绍过，税收根据征税对象不同，分为财产税、所得税和流动税等几大类。财产税是对不动资产或房地产即土地和土地上的建筑物等征税。所得税是对个人或公司的所得征税。流动税是对流通中商品和业务买卖的总额征税。财政支出主要分耗尽性支出和转移性支出，耗尽性支出是指政府的支出引起了对资源的消耗，排除了私人资本利用这些资源的可能性。如政府采购、公共工程建设支出等。因为政府在这些方面支出的增加有可能会引起私人支出减少。同样的社会经济资源，当政府使用以后，私人资本就不可能再使用了，产生财政支出的"挤出效应"。转移性支出是指政府用于社会保障、补贴、公债、利息等的支出。这些支出政府起到的是一个中介人的作用，不与私人资本争资源。

根据财政政策对于经济运行的不同影响，可以把财政政策区分为扩张性财政政策和紧缩性财政政策。在经济衰退时，工人失业增加，企业开工不足，部分资源得不到利用，经济正常运行和发展主要受需求不足的限制。这时政府一般会采取扩张性财政政策，增加财政支出，降低税率，缩小税基、减少征税范围，以刺激总需求，从而降低失业率。增加财政支出包括增加政府采购，增加公共工程的支出，增加转移性支出等。这样做的结果，直接增加了社会需求，还带动了工资、利润的增加，刺激了私人消费和投资。

在经济高涨时期，社会经济资源已被充分利用，并出现短缺，经济的正常运行和发展受到了资源供给不足的限制。这时，政府会采取紧缩性的财政政策，减少财政支出，提高税率，增加税收，并发行公债，吸引个人及各经济单位的货币，以抑制总需求，控制通货膨胀，最终使私人消费和投资需求下降。

财政政策的运用又被称为"逆经济风向行事"，在经济高涨时对它实行抑制，使经济不会出现过热，从而防止通货膨胀的出现；在经济衰退时对它实行刺激，使经济不会造成严重萧条和失业增加，有助于经济稳定增长。当然财政政策的运用还会遇到相互抵消和诸多因素的影响，人们对它的预期效果应有清楚的认识。

(2)货币政策的运用

货币政策一般是指政府通过对中央银行的影响或控制，由央行调控货币的供应量来影响投资和整个经济，以达到一定经济目标的行为。货币政策也可分为扩张性货币政策和紧缩性货币政策。前者通过增加货币供给，降低利率来带动总需求的增加。后者是通过削减货币供给，提高利率，增加消费成本，以抑制总需求。

一般而言一个国家的中央银行主要通过三大政策工具来调节货币的供应量。

①再贴现率政策。再贴现率政策是中央银行通过提高或降低再贴现率的办法，来影响一般商业银行及其他金融机构的货币供应量，促使货币供应量变化，调节经济的办法。中央银行是商业银行的"最后贷款人"，当商业银行急需资金时，可以用它对工商企业贴现的票据向中央银行进行再贴现。这里的贴现率实际上是中央银行向商业银行的放贷利率。中央银行提高贴现率，增加了商业银行的贴现成

本，商业银行就会因融资成本上升，融资数量减少，而被迫提高对企业放款的利率，从而减少了社会对货币的需求，达到了收缩信贷规模和货币供应量的目的。降低贴现率，出现的情况就会相反，货币供应量就会增加。贴现率的调整还有“告示性效应”，即向公众表现央行的政策意向，起到宣传效果。

②存款准备金率政策。存款准备金率政策是指中央银行在法律所赋予的权力范围内，通过调整商业银行交存中央银行的存款准备金比率，控制商业银行的信用创造能力，间接地控制社会货币供应量的活动。

存款准备金率的高低，会直接影响信贷规模和货币供应量。从商业银行来讲，上交的存款准备金愈少愈能创造存款，扩大放款，增加利润。当然盲目降低存款准备金率，放款剧增，既容易出现通货膨胀，也可能出现储户挤兑，就易发生金融危机。为了控制信贷规模和维护银行的安全，各国一般都用法律规定各银行应保留的现金准备比率，以保证金融体系的安全。

存款准备金率政策是一个威力巨大的货币政策工具，准备金率的升降对银行的存贷款起着倍数的收缩与扩张作用，所以一般各国政府在运用这一手段时均比较慎重。

③公开市场业务政策。所谓公开市场业务政策是指中央银行在证券市场上公开买卖各种政府证券以控制货币供应量及影响利率水平的行为。公开市场业务政策主要是通过影响商业银行体系的实有准备金，来进一步影响商业银行信贷量的扩大和收缩，通过货币供应量的增加和减少，影响市场利率水平。公开市场业务政策的基本做法是中央银行根据形势的发展，当需要收缩银根时，就卖出证券，收进货币；当需要刺激经济，增加货币投放时，就买入证券。运用公开市场业务政策的优点是对货币投放量比较容易控制，因而也就比较容易实现一定的政策目标。

货币政策的实施往往有一个“时滞效应”，不能立竿见影，有时货币政策手段的选择会与政策目标有距离，不能通过一定的传导机制发挥作用，所以货币政策的实施，其效果也是受到限制的。

(3)收入分配与福利政策

收入分配政策的基本内容是政府通过调节工资和个人所得税税率、确定社会保障和社会福利政策等手段，调控收入总量和收入结构，规范分配行为，尽可能使公平和效率得到兼顾。公平与效率是一对矛盾，过分强调效率损害公平，反过来会影响效率，过分强调公平会损害效率也影响公平。公平与效率在市场经济中更是无法得到统一，只有不断地动态调整，才能减少冲突，促进经济的发展。解决公平与效率问题，在政府与市场间应有一定的分工，政府调节以公平为目标，市场调节则以效率为准绳。政府在兼顾市场效率的基础上进行调节，通过开征个人收入累进所得税、遗产税等手段控制高收入阶层的收入，通过确定最低生活费标准，增加转移支付和福利开支等措施，提高低收入阶层的收入，在政府调节下使收入趋向公平化，以利于市场活跃，刺激需求增加。西方发达国家的政府在经济高涨、通货膨胀压力增大时，也会采取对工资和物价的管制，以抑制过度的消费需求。

(4)汇率政策

汇率是指两国不同货币之间的比价。汇率又称汇价或外汇行市，汇率的变化会引起国际收支、国际贸易的变化。人们运用汇率政策的变化来调控经济，就是要根据本国的国际贸易状况和国际收支状况，来决定本国货币的升值还是贬值。本币贬值意味着降低了本国出口商品的价格，提高了外国进口商品价格，从而引起出口增加，进口减少。本币升值意味着提高出口商品的价格，降低了外国进口商品的价格，会出现进口增加、出口减少的情况。本币的升降是各有利弊的，本币贬值虽然带动了出口，会引起国内市场的繁荣与就业的增加，但本币贬值同时是以本国资源的低价转移，一部分商品价值得不到实现为代价的。本币的升值，虽然进口增加，对国内企业的压力增大，但进口成本降低，同样的外汇数量可选择的资源范围扩大，也有吸引外国资本投资的作用。所以不少国家往往是利用本币贬值，以降低出口商品的价格，提高本国商品在国际市场上的竞争能力，扩大商品出口，减轻国内市场的压力。

汇率的变化从总体来说是由一国的经济实力决定的，一国经济实力强劲，产品结构符合国际市场需求，技术含量高，代表国际发展趋势，那么一般会在国际贸易中处于有利地位，它的国际收支状况也好一些，货币的币值也高，即会出现升值。反之，就会贬值。但汇率的变化还会受到下列因素的影响：①一国的国际收支状况。如果一国的国际收支有较大顺差，那么国际上对该国货币需求就会增大，货币币值就会上升。②利率政策。当一国利率提高时，国际金融市场上的游资就会从利率相对较低的国家流出，而进入该国，使这一国家的外资供应量增加，汇率就会下调。③通货膨胀状况。一国出现通货膨胀，说明该国货币的内在价值已经下降，如果别国货币价值仍然不变，意味着该国货币相对于别国货币的价值而言是降低了，汇率下跌。④关税政策。关税的高低与所需外汇成反比。关税越高，所需外汇增加，外币就会升值，本币就会贬值。影响汇率的因素还有投机者预期心理等。

运用汇率调节经济，它能产生的作用往往与一个国家的市场开放程度相联系，在实行外汇高度管制的国家，汇率的作用就受到了极大的限制。所以汇率调节在不同国家有不同的作用。

政府对经济采取的干预和调节政策还有物价政策、产业政策。物价政策是指对一些公共产品价格、居民生活的必需品价格实行管制，这类产品若要提价往往要经过听证，居民调查等形式才能决定。产业政策是政府按照经济发展目标，确定支持、鼓励什么产业，限制什么产业，以促进经济结构合理化和组织合理化的政策。

政府的产业政策虽然对企业没有硬性约束，但因具有前瞻性和整体性，一定条件下也能为企业所接受。

3.政府发挥经济职能的依靠手段

(1)法律手段的干预和调节

市场经济是一种法治经济。政府为市场主体的活动提供法治框架和行为规则，并以强制力来保证其实施。这是政府行使其经济职能的法治基础。政府依靠法权的力量，通过经济立法和经济司法，运用法律、法规来调控经济，目的是为了使经济得以平衡发展。法律在调节经济活动过程中，对经济活动当事人具有普遍的约束力。与其他调节手段比起来，法律手段有这样的一些特点：

①法律手段具有权威性。法律是国家意志的体现，具体强制力，人们在自身的经济活动中就要首先考虑自己的行为是否符合经济法规的要求，并考虑因这种活动的后果而应负的法律责任。任何经济活动的主体都不可能凌驾于法律之上而行事。在长期的司法实践中，往往采用的是所谓公开、公正、公平的原则，以监督法律的实施，充分体现法律的权威，对公开的“权高于法”的行为实行严厉惩处。

②法律调节具有强制性。虽然行政手段的调节也具有一定的强制力，但由于它只是政府力量与意志的表现，政府受任期限制，每一届政府往往代表某一阶段的政策要求，其强制性无法与法律调节相比拟。法律调节的强制性表现在任何违法行为都将得到惩处，对于违抗执行的，会实行强制措施，以确保法律的权威。

③法律调节具有规范性。经济法规的定性和定量都十分强调科学性与可操作性，对每一个条文都会作出明确细致的规定和唯一的解释，形成了法律调节的规范性。

④法律调节的相对稳定性。法律法规的形成是长期实践的结果，再经过一定的立法程序而形成，形成后也就具有了相对稳定性。经济政策的调节与法律的调节就有差别，经济政策是易变的，它针对的是某一时期经济变化与要求，而当采取的经济政策发生效用后，往往又要对政策作进一步调整了。法律调节不只是针对某一具体要求而作出的，它是要体现大众的、长期的要求，起到维护社会经济秩序长期稳定的作用。

在现代市场经济中，发达的市场经济国家大多强调用法律手段调节经济，立法也比较完备，在一些西方国家，主要的法律包括了：调节生产者之间关系的《反托拉斯法》(美国 1890 年)、《经济力量过度集中排除法》(日本 1947 年)；调节雇主与雇员之间关系的《国家劳工关系法》(美国 1936 年)、《劳动关系法》(英国 1991 年)；调节生产者行为的《公共卫生法》(英国 1961 年)、《污染控制法》(英国 1974 年)；调节生产者与生产者之间关系的《统一商法典》(美国 1952 年)等等。西方发达的市场经济国家运用法律手段干预和调节的范围已十分广泛，几乎到了有需要就有法律的地步。并且有一种趋势，许多原来属于政府行政与政策范围的经济活动与关系也在立法形式上加以确定，还在组织上将一些经济组织从政府辖属，划归议会(国会)辖属，以防止政府行为短期化所带来的危害，确保经济发展的长期稳定。

(2)行政监管手段的干预和调节

从总体来讲，市场经济是反对过多的行政监管的，主要认为行政监管会抑制竞争而导致效率下降；行政监管增加，导致政府扩张，政府运行成本提高，各方税负增加；行政监管由于本身需要监督，政府本身也具有经济人的特质、有一定的偏好，会导致不公正与寻租行为的出现；行政监管因信息滞后，它的科学性本身也值得怀疑。所以市场经济国家运用政府行政行为的监管是受到一定排斥的。但从 20 世纪 30—40 年代开始，政府在经济行为中的作用有了加强，这是因为行政监管自身具有的一定优势，起到了弥补其他调节手段的作用，行政监管的主要优势是灵活方便，有一定程度的强制性、整体性与实施过程中的时效性。采取的措施能较快起到应有的效果，使用起来可以克服包括时间在内的各种阻力，尤其适应对一些法律无法顾及的、突发性的、非常紧迫的经济问题的监管。

一般国家运用行政监管的内容包括工商行政管理、物价管理、公共环境卫生管理、工会和行业协会的管理、商品质量的监控管理等。

如德国政府为了公共环境卫生管理就采取了多种手段，包括：环境意识与环境道德的宣传，与环境污染者进行直接谈判；直接参与对污染的治理，发布禁令和命令改善环境状况，要求污染者承担相应负担，解决外部负效应；对有效从事环保的单位实行必要的补贴，鼓励搞好环保；确认污染排放的标准等。法国政府对物价管理也相当严格，一些关系到居民生活必需的物价上涨，均需得到政府有关部门的审批，控制生活资料价格指数，保障居民生活水平提高。

日本是一个行政监管比较全面的国家，他们除了吸纳一般国家行政监管的许多手段外，日本的行会管理、政府官员与企业间的人事结合，经济计划引导等手段也采用得相当普遍。

发达国家的政府利用自己从第二次世界大战以后迅速庞大起来的经济职能和行政力量，对经济干预和调控具有加强的趋势。

二、市场主体成熟与政府职能弱化

市场经济条件下的经济活动主体主要是厂商和消费者。但在现代经济中，政府对经济进行干预，以发挥政府经济职能，其重点干预的是厂商。厂商在经济活动中有一个从不成熟到逐步成熟的过程。所谓厂商的成熟，是指厂商对市场规律和政府干预的理解，以及对自身行为的约束。厂商的成熟表明在厂商追求自身利益最大化的经济活动过程中，政府不必过多地对厂商行为加以干预，而决不意味着政府可以在某些方面放弃自身的经济职能，因此与政府的职能扩大并不矛盾，换句话说，政府干预并不是政府的全部经济职能，随着市场主体的逐步成熟，弱化的只是政府对市场的干预部分，而不是政府职能的全部。

市场主体的成熟过程来自于这样几个方面：

1.不断的市场冲击

企业内部高度有纪律有组织和生产的高效率，与整体的社会生产的无序状态并存。这种情况在早期的表现还算是比较单一的，但随着经济的到了以后就更为复杂，出现时而是企业的高效率带来高收益，时而是高效率带来高浪费，直到一部分企业的破产，这就教训了企业必须关注市场变化，并从中掌握其规律，在对市场规律性的把握中还要突出企业的个性化，避免出现整个社会的一哄而上，一哄而下的结果。市场的不断冲击对厂商的成熟是有意义的，没有危机的切肤之痛，厂商也不会成熟。

2.对政府引导的失误与政府引导的弹性理解

政府具有父爱主义，这从整体而言，与政府和厂商的利益是共同的有关，企业的发展，就业增加，社会稳定，税源丰厚，对政府和企业都是有好处的。所以从根本上讲政府对企业的父爱是有理由的。但政府的父爱主义措施，如给企业减免税款、出口退税、信贷优惠等，使企业经营好坏与最终利益疏离开来，会导致部分企业的沉沦而不思自进，在这一病灶进一步扩大后政府无力进一步实施父爱措施，而使部分企业衰亡。政府的父爱会增加政府对厂商干预的要求，同时也使企业愿意接受政府这种引导和干预，出现干预过度，使企业自身活力萎缩。政府的引导虽然具有父爱主义特征，但家长制的行事方法和一刀切的统一政策与千变万化的市场要求是格格不入的。这种引导或干预本身具有悖论：过度的引导和干预产生一哄而上，一哄而下。有个性的引导和干预，使引导和干预的空隙增大，但会产生引导失效，造成一部分企业无所适从。事实上只有通过政府行为与市场行为的反复较量，才会使厂商懂得了自己立足市场自我判断的必要性，产生出适者生存的强者。

3.企业家和经营者队伍的成熟

在这里讲的企业家和经营者队伍的成熟主要是指企业家所拥有的管理企业的直接经验与间接经验。搞好企业管理是一门科学，随着企业家自身文化素质的提高，企业管理理论和知识的丰富。企业家和经营者们积累了大量的企业管理经验，既获得技术创新、管理创新、制度创新的内涵与意义，也掌握了不少把握好风险合约与竞争合约的知识，并由于自身素质的提高而能运用自如。这一切也为企业在尖锐激烈的竞争市场中避免风险，获得生存、盈利和发展的能力准备了条件。

企业家作为企业核心，他们的成熟当然要求政府减少对市场过度干预，政府在对市场干预方面的职能会趋于弱化。

企业的竞争区域间的不断扩大，使企业自身在解决矛盾中的能力下降了。一个企业往往除了利用其他国家的政策外，主动地调节与其他地方企业，甚至消费群体、劳动者之间的矛盾能力会因国别不同而有所下降。再从我们已知的公共产品供给的增加要求政府的经济职能强化这点讲，公共产品这个概念对一个具体的消费品而言，是一个动态的概念。某一物品今天还是私人产品具有排他性和竞争性，明天就有可能具有非排他性和非竞争性。如因竞争而导致某些产品生产的增加，拥挤状况的解除，那么这类产品就从私人产品变为公共产品了。当然今天因技术原因与生产规模的原因，一些产品还不可分割，具有非排他性和非竞争性，明天就有可能是另一种情况了。从总体来讲公共产品向私人产品转变的趋势有加快的迹象，但这不影响公共产品形式在总量上的不断增加，因为有许多公共产品的出现并不是从私人产品中转变出来的，而是从消费者的需求中产生的。

三、政府经济职能的合理定位

政府的经济职能从总体看是在加强和增长的，这是由人们对公共产品的要求有不断扩大趋势等多种因素决定的。但将市场主体自身不断成熟这样的特点结合起来进行比较看，政府的经济职能的增强过程大体上要经历过这样的几个阶段：

第一阶段经济发展初始时期，政府主要在基础设施、资本投入启动、人才扶持政策等方面投入较大的精力与资本，为私人资本大规模动作打下基础。可以对内提供优惠政策，对外吸引境外资本，这时的政府经济职能还是比较大的，按德国经济学家李斯特的观点，一个国家在经济发展的初期是离不开政府干预的，以便于本国资本的成长，提高本国资本的竞争能力。这种观点还是比较符合现代社会的一些新兴发展中国家的实际的。当今世界国与国之间发展差距十分巨大，一些弱小国家要想迅速崛起，发展自己的民族产业，没有本国政府的扶持是不可能的，肯定会被其他大国、强国的经济冲垮。但这一阶段的政府作用又要防止好越俎代庖的问题，干预过分了，干预得太具体了，企业也就会有依赖与无奈，对企业的成长反而也是不利的。

第二阶段为一个国家的经济已经进入成长期以后，政府就应该只在企业成长的软环境上提供服务，建立起公正、公平的政策与法律环境，提供发展导向与咨询服务，为企业走向国际提供中介服务等。这一时期从资本投入量来讲，政府可以大大降低投入，就是一些公益性的服务也可以在防止了垄断的情况下交由厂商来完成。政府的主要职能是培育市场主体的成熟，而这时的培育包括让企业在优胜劣汰的竞争中经受生生死死的考验，而没有必要去拉一把，只要你竞争的环境是公正公平的，适者生存与发展，在企业界是必有以不适者死亡与退出为代价的过程的。

政府在这时可以说几乎没有什么经济职能可言，但千万不要忽略了制定政策是多么的重要。现在有一种观点,认为投资比重大,政府投资或政府支出占 GDP 的比重越高越表明政府在经济活动中的作用越重要,这实际上是误解了政府的作用。政府从其诞生开始起,它的重要性是由其在对人民的服务功能中的状况来体现的,政府对人民的服务是多方面的,最主要的是安全服务,为全体人民提供生命安全、经济安全、国防安全等等。这些服务的分类会有部分交叉,但这能说明政府的主要作用并不是看在经济活动中的作用,更具体地说并不是由投资的多少决定的。

第三阶段,当一国经济进入了相对发展时期,国内市场主体已日臻成熟,国内企业有能力参与国际竞争的时候,政府的作用应该作进一步的调整。一方面要在投资规模巨大、厂商还无力无法顾及的高风险高新技术领域作大量的投入,从这一点讲这一职能有点回复第一阶段的感觉,但已是一种飞跃,而不是简单的回归。这时的政府在经济活动中的参与程度会提高,会有较大的财力投入。另一方面要加大社会保障资金的支出。

从政府增加社会保障支出的角度看,所需要的资金一般占政府预算的比例在30%～50%,而在高风险高新技术方面的投入也应逐步加大。从这个角度来看,这时政府的经济职能是加强了。这种加强并不是由人们的主观意志决定的,而是有客观的经济发展要求决定的,是不以人的意志为转移的,符合马克思主义的历史唯物观。

政府经济职能问题并不是一个简单就能回答的问题,我们对其趋势的把握是以市场经济的正常运行为前提的。但国家间的情况不同,各国在实际动作中还是会有不同结果的。政府职能的最终确定只能最终由各国的实际情况来决定。

从目前的情况看,我国正面临着经济发展从第一阶段向第二阶段过渡,所以政府就该逐步减少以耗尽性支出为主的投入,而将精力集中到培育市场成熟,建立公正公平的市场竞争环境上来,适当做一些属于第三阶段的事情,即在社会保障上投入必要的精力和财力,又在高风险、高新技术的研制开发上集中必要的资金,然后投入或转移到相关的部门中去。

【学习与思考】

1. 为什么说市场经济条件下政府投资是必要的?

2. 影响政府投资方式选择的因素有哪些?

3. 我国投资方式的演变过程与我国市场经济体制的确立过程存在着什么样的内在联系?

4. 我国目前政府投资还存在着哪些问题?

5. 如果界定政府的经济职能?

6. 市场经济条件下政府有哪些特色职能？

7. 政府经济职能的主要目标有哪些？

8. 政府如何运用经济手段调控经济？

参 考 文 献

[1] Jean-Jacques Laffont. Public Economics Yesterday, Today and Tomorrow. 2002

[2]Williamson, O. E 1979, Transaction-Cost Economics: The Governance of Contractual Relations, Journal of Law and Economics

[3]Barzel,Yoram 1985,Transaction Costs: Are They Just Costs? Journal of Institutional & Theoretical Economics

[4] Caves, Richard 1967,American Industry :Structure ,Conduct ,Performance ,2nd ed. Englewood Cliffs, New Jersey: Prentice-Hall Inc

[5]Coase,R,1960,"The Problem of Social Cost", Journal of Law and Economics

[6] Hammond, P. Theoretical Progress in Public Economics: A Provocative Assessment. Oxford Economic Papers. 1990

[7] D. Joseph Stiglitz. Moving Beyond Market Fundamentalism to a Mo re Balanced Economy[J]. Annals of Public and Cooperative Economics, 2009(3)

[8] Jim Tomlinson. Managing the Economy, Managing the People: Britain C. 1931—70[J]. Economic History Review, 2005

[9] Nicholas Stern. Towards a Dynamic Public Economics[J]. Journal of Public Economics, 2002

[10] The International Development University of Birmingham. Development Management (Public Economic Management and Finance)[EB/OL]. http://www.idd. bham. ac. uk/ degree/pg/development-management-public-economic-finance. sht ml, 2010-10-04/2010-11-08.

[11]Martin Feldstein. The Transformation of Public Economics Research: 1970—2000[J]. Journal of Public Economics, 2002

[12] Peter J. Hammond. Theoretical Progress in Public Economics: a Provocative Assessment[J]. Oxford Economic Paper, New Series, 1990

[13] J. E. Stiglitz, Guo Qingwang et al. translate. "Economics of Public Sector". 2005

[14] Chen Zhenming. "Theoretical Foundation of Public Economic Management". 2006

[15] Wang Dingyun, Wang Shixiong. "A Theoretical Review and Practical Analysis of Western New Public Administration". 2008

[16 Wang Xiangyang. "Constitutionalism and Managerialism". 2001

[17] Wu Jiapei. "Relation between Economics and Management". 2000

[18] Yang Ge. "Research Progress in Theoretical Study of Public Economic Management". 2005

[19] 刘远风. 公共经济理论与方法评述[J]. 行政事业资产与财务,2011 年第 1 期

[20] 洪刚. 对西方公共经济理论中国化问题的思考[J]. 理论导刊,2011 年第 2 期

[21] 胡莹. 收入分配的决定机制研究——两种研究思路的比较分析[J]. 求实,2006 年第 8 期

[22] 曹丁. 公共物品的"有限"供给[J]. 辽宁行政学院学报,2011 年第 3 期

[23] 钟培武. 论扩大内需背景下基本公共服务体系的投资建设[J]. 甘肃理论学刊,2010 年第 3 期

[24] 胡火明. 论治理视野下地方公共产品的供给[J]. 理论与改革, 2004 年第 6 期

[25] 熊景维. 公共经济管理理论研究述评[J]. 天津行政学院学报, 2011 年第 4 期

[26] 姜涛. 论我国城市公共经济趋势与对策[J]. 知识经济,2011 年第 13 期

[27] 蒋茜,赵净,贾甫. 马克思绝对地租理论新探[J]. 黑龙江社会科学, 2011 年第 4 期

[28] 陈振明. 公共经济管理的理论基础. 何谓公共部门经济学[J]. 中国工商管理研究, 2006 年第 8 期

[29] 杨戈. 公共经济管理理论研究进展[J]. 经济学动态,2005 年第 2 期

[30] 王定云, 王世雄. 西方国家新公共管理理论综述与实务分析[M]. 上海:上海三联书店, 2008

[31] 樊勇明,杜莉. 复旦博学 MPA 系列. 公共经济学[M]. 上海:复旦大学出

版社，2007

[32] [美] 约瑟夫·尤金·斯蒂格利茨. 公共部门经济学(第 3 版)[M]. 北京：中国人民大学出版社，2005

[33] 黄恒学. 公共经济学(第 2 版)[M]. 北京：北京大学出版社，2009

[34] 黎民. 公共管理学[M]. 北京：高等教育出版社，2004

[35] 高鸿业. 西方经济学[M]. 北京：中国人民大学出版社，2005

[36] 周三多，陈传明. 管理学[M]. 北京：高等教育出版社，2004

[37] 徐旭初著. 中国农民专业合作经济组织的制度分析[M]. 北京：经济科学出版社，2005

[38] 许行贯等著. 创新农村经营体制的探索与实践[M]. 杭州：浙江人民出版社，2004

[39] 管爱国，符纯华译著. 现代世界合作社经济[M]. 北京：中国农业出版社，2000

[40]陈树文等著. 公共经济学(第 2 版)[M]. 大连：大连理工大学出版社，2011

[41]高培勇. 公共经济学[M]. 北京：中国人民大学出版社，2012

[42]【英】吉麦尔. 公共部门增长理论与国际经验比较. 杨冠琼、贺军译. 北京：经济管理出版社，2011

[43]李成威. 公共产品理论与应用[M]. 北京：立信会计出版社，2011

[44]卢洪友. 公共品定价机理研究[M]. 北京：人民出版社，2011

[45]【美】阿罗. 社会选择与个人价值[M]. 丁剑锋译. 上海：上海人民出版社，2010

[46]【美】丹尼斯·C. 缪勒. 公共选择理论[M]. 韩旭、杨春学译. 北京：中国社会科学出版社，2010

[47]【爱尔兰】帕特里克·麦克纳特. 公共选择经济学[M]. 梁海音译. 长春：长春出版社，2008

[48]【以】阿耶·希尔曼. 公共财政与公共政策：政府的责任与局限[M]. 王国华译. 北京：中国社会科学出版社，2006

[49]黄新华. 公共部门经济学：理论与实践[M]. 厦门：厦门大学出版社，2010

[50]解建立. 当代中国城乡公共产品供给均衡化研究[M]. 北京：中国社会科学出版社，2010

[51]吕振宇. 公共物品供给与竞争嵌入[M]. 北京：经济科学出版社，2010

[52]商庆军. 公共财政政策的激励相容机制[M]. 北京：经济科学出版社，2010

[53]刘俊英. 政府转型、公共支出调整与中国经济发展[M]. 北京：中国社会科

学出版社,2011

[54]娄峥嵘.我国公共服务:财政支出效率研究[M].北京:中国社会科学出版社,2011

[55]杨继.经济增长中的公共支出:中国的 1978－2010[M].上海:上海远东出版社,2011

[56]张通.中国公共支出管理与改革[M].北京:经济科学出版社,2010

[57]【美】林德尔·霍尔库姆.公共经济学:政府在国家经济中的作用[M].顾建光译.北京:中国人民大学出版社,2011

后　　记

我们这本《公共经济学》教材自 2008 年获得国家网络教育精品课程以后，再次组织了省内外高校相关专业教师进行修订改进。这几年，公共经济问题从理论到实践都有了较大发展与变化，国内研究队伍也迅速壮大，公共经济学理论也得到了广大学者与实际工作者的认可。今天在我国改革开放不断深化，市场经济体制基本确立的情况下，公共经济学理论也有了更广泛的应用条件。政企之间、政府与市场之间的关系可以更加明确应用这一理论，在界定政府与市场基本分工方面也有了更科学的依据，在理论为实践服务中的作用得以更好显现。作为一门当代不断发展和完善的学问，能在中国社会经济的历练中起到点作用，应是我们大家的心愿。带着这样的期愿，我们再次修订出版这门教材，恳请各位专家学者和实际部门的有识之士给予我们更大的关注、支持和批评指导，我们也愿意在不断积累的研究与探索中进行再行修改。

本教材的编写者是浙江大学的任凭、蒋文华、傅夏仙、王若仙、舒泽虎；福州大学的舒展；浙江湖州职业技术学院的翁士增等。我负责全稿结构的设计、内容整理，舒泽虎、陈芬芬在文字校对、数据更新与整理方面对做了大量的工作，浙江大学出版社傅百荣老师为书稿做了认真编辑，对书稿中存在的问题提出了不少意见和建议。对他们的辛勤劳动表示衷心感谢，文稿之中的不当之处当然由我负责，也恳请各位读者、专家学者提出宝贵意见，便于我们在以后的修改中吸收提升。

戴文标

2012 年 6 月端午节